新潮文庫

寝ても覚めても本の虫

児玉　清著

目次

Ⅰ　いつもそばに本があった

Ⅱ　本棚から世界が見える

Ⅲ　わが愛しの作家たち

寝ても覚めても本の虫

本文挿画　児玉　清

I　いつもそばに本があった

どうして本が好きになったか

大好きな作家の新刊書の最初の頁《ページ》を開くときの喜びにまさるものはめったにない。どんな話で、主人公はどういう人物なのか、読み始めのわくわくした気持と心のときめきはまさに最高の気分、つくづく幸せだと思う瞬間である。

僕の大好きな作家は、ほとんどがイギリスとアメリカの作家達で、思いつくままに名前を何人か書き連ねれば、M《マイクル》・クライトン、D《ディック》・フランシス、N《ネルソン》・デミル、J《ジョン》・グリシャム、E《エリック》・シーガル、T《トム》・クランシー、K《ケン》・フォレット、P《パトリシア》・コーンウェル、C《カール》・ハイアセン、A《エイミ》・タン、W《ウイリアム》・サファイアといった人達になる。つまり世間でいうところのエンターテインメント小説の作家ということになるが、今では翻訳を待ち切れずに、ハードカバーがあちらで発売されるや、できるだけ早く買って読むということをこの十数年続けていて、それが現在の僕の最大の楽しみとなっている。

なぜ原書で読むことになったか、それは実に単純な理由で、僕の大好きな作家達の翻訳本が突然といっていいくらいに目の前から消えてしまったからに他ならない。おいしい料理がそれこそ忽然《こつぜん》とテーブルから消えてしまったように……。原因は翻訳を読み尽し、原作に追いついてしまったためである。終戦後、無限と思えるほどあった大好きな作家の面白本の翻訳をどんどん読み進んで、その間舌なめずりするように至福の時を過ごしていたのに、突如予告もなしに終りを告げたのであった。

手持ち無沙汰《ぶさた》に茫然《ぼうぜん》としているうちに、ある日一つのことに気付いた。あちらでは原書の新刊が出ていることを。さあそれからは居ても立ってもいられない状態で、えぇぃもう我慢できない、分からなくてもいいから原書を買って読んでしまえ、となるまでには大した時間はかからなかった。

しかも最初は懸念《けねん》した英語力の方も、猛烈な読みたい一心の力が働いてか、さほどの障害もなく割とスラスラといってしまったものだから大万歳という訳で、もうそれからは無我夢中でハードカバーにのめりこんだ。以来約二十年、今日に至ったということになる。

まさに面白い本を読みたい、その一念が新しい世界を僕にもたらしてくれた訳だ。翻訳書で読んでいて途中から原書へと移行した作家達、例えばフランシスやクライトンから、ハードカバーの裏表紙に載っている顔写真の余りにも精悍《せいかん》な面魂《つらだましい》に惚《ほ》れて読みはじめたグリシャム、『ストリップ・ティーズ』という男心をそそるタイトルについ手を伸ばしたのがきっかけとなったハイアセンまで、本棚には思い出が一杯詰まっている。

僕が翻訳物、所謂《いわゆる》外国小説に憧《あこが》れるようになった直接の原因は、高校時代に遭遇したＳ《シュテファン》・ツヴァイクの『マリー・アントワネット』『ジョゼフ・フーシェ』『アモク』『人類の星の時間』といった一群の小説にある。ツヴァイクのテーマであったデーモンにしびれ、人生の不可思議、人間の運命、宿命といった超自然の力、理性を超えた魔力ともいえる神秘な力に心を深く抉《えぐ》られ、すっかり虜《とりこ》になってしまったのであった。

と同時にまだ見ぬ西欧への憧れが急激に心の中に芽生え始め、一気に外国小説の世界へと傾斜して行くこととなった。このツヴァイクとの出逢《であ》いが大学で独文科へ進む原動力ともなったのであるが、そもそも僕が大の本好きになったのは、子供の頃に沢山読んだ講談本がきっかけであったように思う。タイトルは確か「大日本講談全集」だったと記憶しているが、終戦を挟んだ小学五・六年から中学の初期にかけて夢中で人物伝にのめりこんだものであった。当時は講釈師の口演も盛んだった時代で、席亭やラジオなどで人気の演題の講談を聞く機会は現在よりはるかに多かった上に、なんといっても講談本に描かれている人物の面白さにひかれて貸本屋さんへ足繁《あししげ》く通ったことを憶《おぼ》えている。

〝講釈師見てきたような嘘《うそ》をつき〟ではないが、嘘と誇張と事実がないまぜになった英雄伝は面白くて面白くて心を奪われたものであった。寛永三馬術の曲《ま》垣《がき》平九郎が愛宕山《あたごやま》の男坂の石段を登るときの馬との会話などは、落語調で意表を衝《つ》くおかしさに満ちていて何度も吹き出し、飄々《ひょうひょう》とした平九郎の絶妙な手《た》綱《づな》捌《さば》きに拍手喝采《かっさい》したものであった。

また不世出の大関、雷電為《ため》右衛《え》門《もん》が上覧相撲で陣幕の汚い張手に負けてしまったときに〝陣幕に張りつめられし御上覧　今年や負けても来年（雷電）は勝つ〟とすかさず詠《よ》まれた狂歌のように、当意即妙な会話の面白さも夢中になった原因であった。「粂平内《くめのへいない》」「柳生十兵衛《やぎゅうじゅうべえ》」「千葉周作」「真田《さなだ》幸村《ゆきむら》」「猿飛佐助」「霧隠才蔵」等々、講談本に登場するヒーロー達は皆とても人間臭く、生き生きと描かれていた。彼らの縦横無尽の機智《きち》、勇猛果敢な行動、努力、創意工夫といったものに感嘆し、心躍る爽快《そうかい》無比なる人間ドラマに感動し、夢中で活字を追っているうちに知らぬ間に本の虫になっていた。つまり子供ながらに人間の複雑で不思議な面白さの虜となり、その面白さを教えてくれる本の魅力に取り憑《つ》かれてしまったのだ。

1996.4

わが青春の岩波文庫

その瞬間は何の前触れもなく突如やってきた。所謂《いわゆる》〝春のめざめ〟なるものを実感したのは高校に入った十六歳の頃であった。

中学に入って暫《しばら》くして、「大日本講談全集」から「岩波文庫」の緑の帯、それもはじめのうちは、薄くて廉価《れんか》な一つ星の日本文学の文庫本から読み出した。田山花袋《かたい》の『蒲団《ふとん》』や国木田独歩の『武蔵野《むさしの》』、有島武郎《たけお》、武者小路実篤《むしゃのこうじさねあつ》といった具合で、行き当たりばったり次から次へと読破していった。理解はできなくても、大人の世界を覗《のぞ》き穴から窺《うかが》うように、夢中になって一つ星を制覇し、二つ星三つ星へとひたすら活字を追っていた或《あ》る日、手にしたのが徳田秋声の『縮図』である。書店の書架に『黴《かび》』『爛《ただれ》』と並んでいた秋声の本の題名の、奇妙な感じに少し前から興味を惹《ひ》かれていたのだ。

この『縮図』が僕の心と肉体に劇的な変化をもたらした。冒頭で〝その瞬間〟などと大袈裟《おおげさ》に書いたのも、そのときの強烈なショックが心に灼《や》きついているからにほかならない。読み出した途端に奇妙な感覚に捉《とら》われたが、読み終えたときにはこの世はあたかも別世界、周りの女性という女性が、燦々《さんさん》と光り輝く太陽に似て、眩《まぶ》しくてまぶしくてちゃんと見られなくなったのだ。さあ驚いた。同時に何だか急に自分が恥ずかしくなってきて、電車通学の途中も周囲の乗客からジロジロ見られているようでいたたまれず、顔を赫《あか》くしてじっと下を向いている有様。

文庫本を読むのには都合は良いスタイルだが、心はあらぬ方へ飛んで落ち着かない。ヒロインの銀子が頭にへばりついて離れず、着物姿の女性を見てはドキリ。襟元や袖《そで》口《ぐち》が気になってドキドキ、着物の蹴出《けだ》しがちらりとでもしようものなら、昇天しそうになるほど。今振り返れば、なにやら滑稽《こっけい》を通り越してドタバタ・コミックの世界で我ながらかわいい。勿論《もちろん》、残りの秋声の文庫本は小遣いをはたいて買い求め、妄想を逞《たくま》しくして大人の世界に憧《あこが》れたことは言うまでもない。

人間の複雑で不思議な面白さの虜《とりこ》となり、その面白さを教えてくれる本の魅力に取り憑《つ》かれたと前に書いたが、突然の〝春のめざめ〟によって、さらに男女の愛、恋の不思議も加わったのだ。自意識過剰の少年にとって本は、好きな女性に巡り合える絶好のチャンスであることもわかって、読書への傾斜は一層深まったのだ。その読書欲のメインを支えてくれたのが岩波文庫。範囲は緑の帯から外国文学の赤帯、さらには青帯、白帯へと広がっていった。

僕の青春を代表するものは何か、と考えていたら、「岩波文庫」がぽかりと浮び上がってきたのだ。今でも書店に寄れば、必ずと言っていいくらいに岩波文庫の書架の前に立つ。そして昔に比べて一層鮮明で艶《つや》やかな赤、緑、青、白の帯色と紙質の良い文庫本を、自分の青春を確かめる想《おも》いでざっと見渡す。懐《なつ》かしさと思い出に胸がキュンとなる感じで暫《しば》し佇《たたず》むが、背表紙の題名を眼で辿《たど》ってゆくうちに次第に心は暗くなり、悲しい気持ちに捉われてしまうことも多い。

なぜならば、青春時代に夢中で読み漁《あさ》った「わが青春の軌跡」ともいえる思い出の本のほとんどが書架から姿を消してしまっているからだ。かつて僕たちの時代、「岩波」は文庫本の代名詞であった。岩波と言えば文庫本を指し、文庫といえば岩波であった。膨大な量を誇り、整然と書棚に並ぶ岩波文庫を前に、僕らはどれほど心をときめかせたことか。まさにあの当時は、岩波文庫は文庫本の王者であり〝青春のときめき〟そのものであった。

時の流れとともに、一冊また一冊と懐かしき本がその岩波の棚から消えていった。約四十年前と比較すると、消滅してしまった本の多さに愕然《がくぜん》とし悲しくなる。なかでも学生時代に専攻したドイツ文学の消滅の度合いは特に激しく、殊《こと》のほか悲しい。消えてしまった一つ星の本を挙げてみよう。シャミッソーの『影を失《な》くした男』、アイヒェンドルフの『愉《たの》しき放浪児』、グリルパルツァーの『維納《ウィーン》の辻《つじ》音楽師』、メーリケの『旅の日のモーツァルト』、クライストの『ミヒャエル・コールハースの運命』、ケラーの『射撃祭』『グライフェン湖の代官』『失はれた笑ひ』『狂へる花（ウルズラー）』、シュミットボンの『街の子』、カロッサの『ドクトル・ビュルゲルの運命』、そしてシュニッツラーの数篇、ホフマン、シラー、ワーグナーにシュトルムと大変な数になる。

二つ星、三つ星さらに四つ星と加えていけば、その消えた文庫本の数は驚異的なものとなる。そうなった事情は、勿論それなりにあったと思うが、折角の貴重な文化遺産をと嘆くのは僕だけだろうか。違った形で出版されていることを考えあわせてみても、やはり惜しまれてならない。

ポケットに少なくとも必ず一冊は岩波文庫を入れて歩いた青春の日々。岩波文庫は読書以外でも貴重な存在であった。喫茶店でコーヒー代を友だちも持ち合わせていなかったとき、お腹《なか》が空《す》いているのにゲルピンだったとき、岩波文庫はいつでも古本屋さんでお金に換えることのできる心強い味方であった。古書店は文庫本大歓迎で、必ず定価の半分以上の値で買い取ってくれた。だから三つ星クラスを一冊持っていさえすれば、いざというとき古書店でいつでも換金でき、コーヒー代やラーメン代は十分間に合った。

〝一杯の珈琲《コーヒー》から、夢の花咲くこともある〟。流行歌の歌詞ではないが、精神の貴重な糧《かて》であった岩波文庫は、一杯の珈琲となってまさに夢の花も咲かせてくれた有難い存在であり、空腹を現実に癒《いや》してくれる「アラジンの魔法のランプ」でもあったのだ。

1996.5

僕にとっての稀覯本《きこうぼん》

『子供より古書が大事と思いたい』（青土社）。このショッキングなタイトルの本の著者は鹿島茂《かしましげる》さん。大学教授である鹿島さんの十九世紀フランスのロマンチック本に焦《こ》がれた末の〝買うも地獄、買わぬも地獄〟と本の帯に書かれたコレクション地獄の恐怖の物語は、コレクターの心情が事細かに心憎いまでに見事に描き出されていて、この上なく楽しめた。その上、達意の文章で綴《つづ》られたフランス古書事情や市場の現状は実に新鮮で興味をそそられたのであった。

稀覯本蒐集《しゅうしゅう》に狂奔する姿はまことに傍目にもおかしく、何度も吹き出しながら、しかし本好きを任ずる人間なら誰もが共感できることでもあり、おおいなるシンパシーとともに本を閉じた。そこでふと僕は世間で言うところの稀覯本なるものを持っているのかなと考えた瞬間、さっと二冊の本が頭をよぎった。

その本とは、昭和二十二年刊のヒマワリ社の松田瓊子《けいこ》著『紫苑《しおん》の園』と昭和二十年刊の恒星社厚生閣の山本一清《いっせい》著『海王星〝発見と其《そ》の後の知識〟』の二冊である。もちろん両者ともいわゆる稀覯本という範疇《はんちゅう》には入らないだろうが、僕にとっては何物にも代え難い、宝ともいえる貴重な想《おも》い出の本である。にわかにどこへしまったかと書棚をかき回し、二冊の本を見つけ出して手にしたときには、過ぎ去りし青春時代がまたぐんと身近に戻ってきたのだ。

中学に入って暫《しばら》くして、一端《いっぱし》の文学少年気取りで純文学にのめりこんでいたとき、二歳年かさの姉は、いわゆる少女小説の虜《とりこ》になっていた。彼女の書架には百花繚乱《りょうらん》という形容がぴったりの、見るからにそれらしい装幀《そうてい》の本がずらりと並んでいた。日頃姉の少女小説趣味を苦々しく感じていた僕は、ことあるごとに〝いい年をして、センチで甘ったるいお涙頂戴《ちょうだい》の綺麗《きれい》きれい本に溺《おぼ》れるのはみっともない。早く脱皮せよ〟などと無体なことを言っては議論を吹っかけていた。

そんなある日、僕は姉の部屋にそっとしのびこんだ。本棚から少女小説の典型的な奴《やつ》を一冊無断で持ち出し、いかにこういった本が下らないかを力説してギャフンと言わせてやろうと考えたからであった。どれにしようかと物色しているうちに、一冊の正方形の小さな本に目が止まった。引き抜いてみると、表紙には当時一世を風靡《ふうび》した中原淳一《じゅんいち》描く、あの独特の夢見る瞳《ひとみ》の少女が可憐《かれん》な花を手に愁《うれ》いのポーズで立っていた。裏表紙にはヒマワリが一輪咲いていた。これだ、と心の中で叫んで素早く自分の机へと戻り、意気揚々と読みはじめた。ところが、やがて何だか奇妙な気持ちになっていった。徹底的にこきおろそうと読めば読むほど、話にひきこまれていく自分に気付いたからだ。

これはいかんと思いつつ次第に感動の波が心の底からこみあげてくる。ヒロイン香澄を中心にくりひろげられる心清らかな少女たちの物語に、ついには不覚にも涙がこぼれ落ちた。なんと美しくきれいな心の世界なのか！　清々《すがすが》しさに心洗われる感動の余韻に包まれ、僕は本を手に茫然《ぼうぜん》としていた。そして一方でミイラ取りがミイラになったことの意外さに愕然《がくぜん》としていた。このショックは巻末に載っていた音楽評論家あらえびすの野村胡堂《こどう》氏の『娘、瓊子を語る』を読んでさらに広がった。野村氏はあの銭形平次の生みの親であるが、それによれば著者の松田瓊子さんは、野村家から松田家に嫁いだあと、二十三歳と四ヶ月という若さでこの世を去っていたのだった。

感動したばかりか、この本が大好きになったと姉に告白することもならず、また友人に少女小説に心から共感しふるえたと語ることもできず、『紫苑の園』は以来三十数年僕の本棚の奥深くにひっそりと隠されることになった。

ところが十五年ほど前、テレビドラマのシリーズ物に出演していたとき、僕の母親役であった葦原邦子《あしはらくにこ》さんの御主人が中原淳一画伯であることに気付き、実はと『紫苑の園』の話をしたところ、葦原さんは驚いて「あなたがあの本のことを知っていて、しかも感動したなんてこんなに嬉《うれ》しいことはないわ。私も大好きな本でしかもあの本をもう一度ぜひ読みたいという人たちが沢山いるので、復刻本を作ることに決まったばかりなのよ」と熱っぽく語ってくださった。

事の偶然に僕もびっくりしながら、『紫苑の園』の素晴らしさを心おきなく話せる嬉しさに、それこそ三十数年ぶりに胸のつかえがおりたのであった。

その数ヶ月後、紙質も悪く、焦茶色《こげちゃいろ》にまで変色してしまっていた原本と、真新しいピカピカのひとまわり大判の復刻本を手に僕は姉の家を訪ね、詫《わ》びた。事の次第を初めて知った姉は笑って復刻本を手にし、問題の原本を黙って僕に戻してくれた。かくして『紫苑の園』は晴れて僕の稀覯本ともいえる一冊となったのである。

一九九六年三月二十五日、この日誰もが夜空を仰いだ。発見者に因《ちな》んで「百武彗《ひゃくたけすい》星《せい》」と命名されたコメットが発見後初めてわが地球に大接近したからである。生憎《あいにく》と当日の東京の空は曇天で肝腎《かんじん》の彗星を肉眼で見ることはできなかったが、長く尾をひく百武彗星の雄姿をニュースのテレビ画面で見て感動したのは僕だけではあるまい。日本名がついていることでなにやら、あの著名なハレー彗星よりも愛着を感じてしまうのだが、昔は帚星《ほうきぼし》つまりコメットは、不吉を表わす象徴のようなものだった。帚星が夜空に輝く下で、飢餓に苦しむ老婆《ろうば》が茫然と佇《たた》ずんでいる江戸時代の絵を見た記憶も甦《よみがえ》る。

翌三月二十六日、人類の熱い視線を浴びながら、われらが百武彗星は、気の遠くなるようなはるか未来での再会を約して果てしなき宇宙の彼方《かなた》へと飛び去って行った。彗星の通り過ぎた後の星空はいつものように輝き、見上げる僕の心には今回の宇宙の壮大なページェントによってひきおこされた崇高な気分とでもいえるような清々しい心と、またそれによって改めて認識させられた「人間のちっぽけさ、はかなさ」が去来した。と同時に胸焦《こが》れる想いで夜空に「海王星」を探した中学時代が心に甦ってきた。目くるめくような物事への好奇心を湧《わ》き立たせてくれたのが、僕にとってのもう一冊の稀覯本、山本一清著『海王星〝発見と其の後の知識〟』である。

かつて多くの科学者が天王星の予期せぬ奇妙な運行から、外側にはさらに大きな惑星があるに違いないと推測し、ニュートン力学を応用して未知の遊星の質量を計算、位置をはじき出そうと懸命になった。化学者から職の関係で天文学者へと転向したフランス人ルヴェリエがはじき出した位置は、「日心黄経三百二十六度三十二分」とおぼしき辺り。新遊星の質量は太陽の九三〇〇分の一、公転周期は二一七・三八七年、〃余の示す位置を凝視せよ、さらば遊星は見ゆべし〃と書き添えられた彼の手紙が、ベルリン王立天文台の大望遠鏡を主管するドイツ人のガルレ博士宛《あて》に発送されたのが一八四六年九月十八日。この手紙がガルレの許《もと》に到着した九月二十三日が、運命の日となった。

ガルレは直ちに天文台に上り、所定の位置に望遠鏡を向け観測を始めた。そして星座にない八等級の星を発見、この星こそ新遊星の「海王星」であることが確認されたのであった。この発見情報に世界は熱狂し、誰もがルヴェリエの偉業を称《たた》え、学者たちからも賞賛の嵐《あらし》が巻き起った。ところがルヴェリエとはまったく別のところでもう一人の天文学者が、独自の計算方法によって同時期に新遊星の位置を確定していたのである。

その人の名はアダムス。イギリス人の彼はルヴェリエよりもむしろ先行する形で位置を特定した論文を書き上げ、グリニッチ天文台長であったエァリ博士に送っていたのだ。不幸なことに、質問上の行き違いからエァリはこの論文を重要視せず、望遠鏡で観測しようとしなかったためにアダムスはムザムザと第一発見者の栄誉に浴するチャンスを逃してしまったのである。観測者の判断と行動がルヴェリエとアダムスの命運を分け、ルヴェリエのみが新遊星発見の栄誉を担《にな》う日々が続いた。しかし、時の経過とともに次第にアダムスの計算方法も本物であることが周囲から認められるようになり、チャンスをあたら無にしたエァリに非難が集まって、アダムスに同情の声が寄せられるようになった。発見当初は新遊星の名前も「ルヴェリエ」と命名される筈《はず》であったのが、アダムスの功績も加味される形で「海王星」と決定したのである。

海王星発見にいたるまでの息づまるような数学者、天文学者の計算レースはまさに固唾《かたず》を飲む面白さで、子供心にワクワクドキドキ。心底から興奮を覚え、ノンフィクション物の面白さに目覚めさせられたのであった。また人生や運命の不思議さといったものに強烈な好奇心と興味を抱くきっかけともなったのである。

昭和二十二年という終戦直後の貧しさと物資不足を反映して、定価十五円のこの本は、装幀もまったくもってお粗末というべきで、四一頁《ページ》のペラペラに薄い本である。しかしこの薄く紙質も悪い一冊の本が僕にもたらしてくれた感動と影響は、計り知れないものがある。

1996. 6〜7

クリスティを読んでいない

　超人気作家だったのに、まだ一冊も読んでいない作家がいる。誰あろう、かのA《アガサ》・クリスティだ。この話をすると、誰からもえっ信じられない、どうして？という言葉がきまって返ってくる。僕はそのときいつも〝喰わず嫌いなのかな〟と答えることにしているのだが、実はこのクリスティ嫌いには一つの事件があった。
　話は四十七年前の学生時代へとぐんと遡《さかのぼ》る。当時、ドイツ文学科の学生だった僕は、そのころから出版がはじまった早川書房のポケット・ミステリ、通称ポケミスに夢中になりかかっていた。最初に手にしたのは忘れもしない、N《ニコラス》・ブレイクの『野獣死すべし』であった。書店でタイトルの妙に単純にひかれて買ったのだが、読み出したら止まらなくなった。最愛の一人息子が轢《ひ》き逃《に》げされ、子煩悩《こぼんのう》だった探偵作家が憎き犯人への復讐《ふくしゅう》を誓い、見えざる敵を追いかける物語はスリリングで、サスペンスフルな上に主人公の気持がぐんぐんこちらに伝わってきて、シンパシーに胸を熱くしながら読了したのだった。この一冊をきっかけに英米の国際謀略スパイ小説、冒険小説、ハードボイルド小説といった広義のいわゆるミステリにどっぷりと浸ることになっていったのだから、僕にとっては記念すべき作品ということにもなるのだが、事件はその矢先に起きた。

ある秋の日の午後、僕はぼんやりと教室の窓から机に頬杖《ほほづえ》をついて抜けるような青空を見つめていた。すると「なんだ、こんな本を読んでいるのか」といきなり大きな声とともに、机の上に置いていた丁度読みかけのポケミス、E《エリック》・アンブラーの『恐怖の背景』を取り上げた奴《やつ》がいた。誰かと思って見たら、僕の大嫌いな先輩学生がニヤニヤと僕のポケミスの頁《ページ》をめくっていた。むっとして僕は黙って本を取り戻そうとすると、彼は、僕の手をよけながら、〃どうせ読むならこんなげてものスパイ小説じゃなくて、本格ミステリ作家の本を読まなきゃね〃といって僕の本をぽんと机の上に軽く投げて戻した。この一年先輩の学生とは、日頃文学上の問題からクラシック音楽やポピュラー曲、映画や絵画、とあらゆることでことごとく意見が合わず絶えず喧嘩《けんか》状態。いわゆる猛烈に虫の好かない僕にとっては天敵みたいないやな奴だったのだ。聞きたくはなかったが、僕は聞き返した。〃本格ミステリ作家とは誰のことですか？〃と。彼は横柄《おうへい》な口調で答えた。「アガサ・クリスティに決まっているじゃないか」

この瞬間から、クリスティと僕の縁は切れた。あいつが好きな本を読むものか、僕は意地でもクリスティなんか読むものか、と心に誓ったのだった。以来今日まで、なにやら半世紀が過ぎようとしているが、クリスティは一冊も読んでいない。いや、途中、決心の余りの馬鹿馬鹿《ばかばか》しさに、『ナイルに死す』を購入したのだが、結局読まずに、今も本棚の上段の隅に置いてある。果してクリスティを読まずに死ぬのか、青春時代の酸《す》っぱさを胸に甦《よみがえ》らせながら僕は毎日本棚を見上げている。

2003. 10

女性ハードボイルド作家の時代到来

「タイム」誌によれば、昨今のアメリカのミステリ界の特徴は女性ハードボイルド刑事や探偵の活躍にあり、その代表はP《パトリシア》・コーンウェルの描くヒロイン、スカーペッタであるという。知的でクールで孤独、検屍官《けんしかん》という立場で、非情冷酷な天才殺人鬼と対決する姿はこれぞ「女性ハードボイルド」。日米両国で立て続けに出版された『死体農場』と続編といえる『私刑』（ともに講談社文庫）によって、コーンウェル・ファン、スカーペッタ・ファンがどっと増えたことは間違いない。作者も美女なら、彼女の描くヒロインも美女。美女で凄腕《すごうで》の検屍官に僕もどっぷりと感情移入して、デビュー以来、毎度彼女への熱き思いに身を焦《こ》がしているが、スカーペッタの登場を待ちわびる読者は世界中にいて、新作が出版されればたちまちベストテンのトップへと躍り出る。

今や女性もハードボイルドの時代か、と書店を歩いていたら、「ちょっとスゴすぎ。女のハードボイルド新機軸」という文字が眼に飛びこんできた。なになにと手にした本が『マイアミ・ピュリティ』(青山出版社)。V《ヴイッキー》・D《デユー》・ヘンドリックスというアメリカの新人女性作家の処女作である。本の帯にはさらに、「自由に生きたらR指定、ピュアな女はバイオレンス、絶賛! 酷評! 賛否まっぷたつ! 世界の出版社もぶっとんだ!」とあった。そりゃ宣伝文句だから、なんとでも書けるよなぁとパラパラと読み出したらハテ、歌の文句ではないがどうにも止まらなくなった。どうも最近は同じようなことが度々起こる。ちょっとのつもりが深みにはまってしまうのだ。事実D《ダニエル》・スティールの『MALICE』(邦題「敵意」アカデミー出版)がそうである。法律家として著名であり、善行の人と評判の父親に十三歳のときから四年間もレイプされ続けてきた娘グレイス。それも病身の母親の願いによって……。ちょっとのぞき読みするつもりが波瀾《はらん》万丈の物語の虜《とりこ》となり抜けられなくなってしまったのだ。

スティールといえば、一九八五年頃に初めてハードカバーを一冊買ったのだが、そのきっかけは裏表紙に載っていた、モデルもかくやと思える作家の美貌《びぼう》にあった。しかし表紙を開いて驚いた。ずらっと並んでいる既刊の多作ぶりにビックリして、きっと中身も薄いに違いないとやめてしまったという、いわくつきの作家であった。それから十年程、新作を発表すれば必ずベストテンの上位に、ときにはトップに立つ彼女の作品はずっと無視して読まずにきたのだが、『FIVE DAYS IN PARIS』（邦題「五日間のパリ」アカデミー出版）というタイトルの、パリの部分に強く惹《ひ》かれた。ベストセラー作家に敬意を表して一冊くらいは読まなくてはと読みはじめたのだが、見事彼女の毒気に当てられすっかり虜になってしまったのだから可笑《おか》しい。あえて毒気と書いたが、とにかく一度読みはじめたら絶対に読者の心をそらさない文章力をもっている。読みやすく、判《わか》りやすくてテンポがいい、それに話が上手とくれば鬼に金棒。いうなれば、『ゲームの達人』（アカデミー出版）までの良き時代のS《シドニー》・シェルダンと同じように、これでもかこれでもかと事件を連続させ、読者の心を摑《つか》んで離さない魔力を秘めているスッポン作家の一人である。

大分横道にそれてしまったが、話を『マイアミ・ピュリティ』に戻せば、ヒロインは三十六歳になる元ストリッパーのシェリーで彼女の同棲《どうせい》相手は札つきの前科者ハンク。物語はシェリーが酔っぱらった彼に猛烈に殴られ、仕返しに同じく酔っぱらっている彼女が反射的にカセットプレイヤーで男の額を叩《たた》いたところあっさりと死んでしまったことから始まる。彼女は警察に逮捕されるが、ハンクが名うての前科者であったことが幸いして無罪放免となる。しかし、以前にも増して一層酒浸りの毎日となってしまう。世間にとっては悪人でも、ハンクは彼女にとってはベッドではかけがえのない最高の男だったのだ。

そんなある夜泥酔《でいすい》した彼女は暴漢に襲われ、こっぴどく殴られ病院にかつぎこまれる。意識の戻った彼女は病院で禁酒生活を強いられる中、重大な決意をする。突然やる気が湧《わ》いてきて、まっとうに世の中を生きてみようとはじめて本気で考えたのであった。かくして就職したのが「マイアミ・ピュリティ・クリーニング店」。

母親が経営し、一人息子のペインが切りまわす店で懸命に働くうちに、いつしかペインに惚《ほ》れ、二人はやがて熱々の仲になる。ところが、シェリーにとって特上ランクの男であったペインには隠された秘密があった。果たして二人の恋の行方は……。

セックス描写もどきどきさせるが、この小説の白眉《はくび》はヒロインのシェリーのストレートにしてダイナミックな虚飾のない性格にある。一見破天荒で滅茶苦茶《めちゃくちゃ》に思える彼女の言動こそ実にピュリティ、つまり純粋で清潔で潔白。しかもこの潔白は一切の不純不潔を容赦しない。痛快無比ともいえる彼女の言動に読者はぐいぐいひきこまれ、話の奔流に身を委《ゆだ》ねているうちに、汚れは綺麗《きれい》にはじき飛ばされ、洗浄される。『マイアミ・ピュリティ』のクリーニング効果は抜群であり、不思議な魅力をもった作品に、女流作家による女性ハードボイルド小説なるものの黄金時代到来かと一人合点し、絶妙ともいえる翻訳の素晴らしさに改めて訳者の名前を見てドキリとした。

キョウコ・モリの『シズコズドーター』と『めぐみ』(ともに角川文庫)を訳した池田真紀子さんではないか。これらは『紫苑《しおん》の園』にも共通する清らかな感動に包まれる物語で、性質としては両極端に位置するともいえる二人の作品を、ものの見事に的確に捉《とら》えて料理する翻訳の技は凄腕中のスゴ腕。こりゃ翻訳家も女性ハードボイルドだと感嘆することしきりであった。原作者のキョウコ・モリさんにインタビューする機会を得ることもでき、僕の想《おも》いはさらに増幅されることとなったのだった。

1996.9

〝ジャンク・フード〟のような愉《たの》しさ

今やアメリカを代表するベストセラー作家となったリーガル・サスペンスの雄、

J《ジョン》・グリシャムの『THE RUNAWAY JURY』（邦題「陪審評決」新潮文庫）の初版本のコピー数はそれまでの出版史上最高という二百八十万部。これを積み上げたらどの位になるのかと想像していたら、ちゃんと答えを出してくれた雑誌があった。全部を積み上げればエンパイヤー・ステートビルの二百倍、エヴェレストならその十倍の高さになり、四一七頁《ページ》のこの本を縦につなげて並べていくと長さは八七〇〇〇マイル、地球の赤道を三回り半する距離となり、二百八十万という数はオレゴン州の人口と同じだというのだから凄《すご》い。

具体的な比較に改めて二百八十万部という初版本の莫大《ばくだい》な量を実感したのだが、ちなみに定価二六ドル九五を掛けてみると、しめて七五四六万ドル。一ドル一一〇円として換算すれば約八十三億円ということになる。どうだまいったか！という感じだが、『シズコズドーター』の作家キョウコ・モリさんはグリシャムの小説を評してズバリ一言〝ジャンク・フード〟と宣《のたも》うた。

「ジャンク」とは本来「がらくた」といった意味のようで「ジャンク・フード」を辞書で引けば、ポテトチップスや砂糖でまぶしたシリアル食品の類《たぐい》ということになる。

前に、女性ハードボイルド作家について書いたが、NHKの「週刊ブックレビュー」のインタビューで初めてお目に掛かったキョウコ・モリさんにも強烈で鮮烈な印象を受けた。何事にも曖昧《あいまい》さを嫌い明快に答えようとするモリさんは、ズバリど真ん中に剛速球を放り込む速球投手に似たストレートさ。その爽《さわ》やかさたるや格別なものがあり、どちらかといえば神経質そうなほっそりした日本風の「静」の、それもやや暗い感じの人柄を予想していただけに、眼を見張る思いでインタビューを終えたのだった。目下「エンターテインメント作家」№.１のグリシャムは「ジャンク・フード作家」という批評は番組収録後の控室での雑談の際飛び出したのだが、彼女のピュアな作家精神を一層際立《きわだ》たせる痛快な言葉として響いた。

〝僕の大好きな作家でグリシャムの本はとても面白いと思うんですけど〟と話すと、〝でもただ面白いだけでは読んでも貴重な時間がもったいないでしょ〟とニコニコと話すモリさんこそまさにハードボイルドであった。

ところで話は変わるが、最近のハリウッド映画つまりアメリカ映画からタバコを吸うシーンが消えてしまったように思うのは僕だけだろうか。かつてのハリウッド映画の黄金期には、あれほど沢山のタバコの名場面があったというのに……。

イギリスの「エコノミスト」誌によれば現在地球上で一日に煙と消えるタバコは約百五十億本。アメリカだけでも一日十億本が消費されるという。タバコ会社の利益は莫大なものでアメリカを代表する優良企業である。ところがここにきてタバコ会社の前途にただならぬ暗雲が漂いはじめた。先ほどの映画にも影響を強く及ぼしているように、喫煙に対する批判は今や地球規模の問題。特にアメリカは殊《こと》のほか厳しく、公《おおやけ》の場ではほとんどタバコは吸えない状態となっている。さらにPL法などによって、タバコによって被害を受けたとタバコ製造会社を相手どった巨額な賠償金請求の訴訟も目白押し。もっともこれまでも決してタバコ会社にとって平穏無事な道であったわけではない。一九六〇年代から度重なる訴訟の嵐《あらし》に叩《たた》かれながらも今日まではなんとか無事に切り抜けてきたのだ。しかし最近の事態はタバコにとってはより深刻なものとなってきているので、もしこれからの裁判で敗訴ということにでもなればタバコ製造会社のダメージは計り知れないものとなる。さきのアスベスト訴訟で大倒産となった一件やシリコン注入の豊胸手術で訴訟され破産に追い込まれたシリコン製造業者のように、いやそんな規模ではないまさに人類史上最大の倒産劇が出来《しゅったい》する可能性すら否定できない。果してタバコ製造会社は生き残れるのか？　誰もが興味津々《しんしん》で見守る中で、しかもこの事態に呼応するかのごとく出版されたのがR《リチャード》・クルーガーの「アメリカの煙草《たばこ》百年戦争、公衆衛生と恐れを知らぬフィリップ・モリス社の勝利」とサブタイトルのついたノンフィクション『ASHES TO ASHES』だったが、この本によって世論が高まる中、絶好のタイミングを計ったかのように発売されたのがグリシャムの『THE RUNAWAY JURY』だった。

物語の舞台はミシシッピ州のメキシコ湾に面したとある港町。この町で夫を肺ガンで失った女性が、死因は長年にわたる喫煙にあるとアメリカ大手のタバコ会社を訴えた裁判が今しも始まろうとしていた。小説はその裁判の陪審員選定の場面からスタートする。そこに登場するのが、これまでの数々の裁判でタバコ会社を勝訴に導いてきた「陪審員フィクサー」のE・R・フィッチなる人物。今日も彼は勝訴を確信し、いろいろと手を打っているのだが、陪審員の中に二人だけ、彼の綿密なる調査網をもってしても経歴の探れない男女がいた。物語はフィッチとこの二人を中心に進行していく。この本の副題に「陪審員たちには必ずリーダーがいて、裁決は全《すべ》て彼次第」とあるように、アメリカの裁判の勝敗の行方はひとえに陪審員リーダーをいかに掌握するかにあるのだが、そのあたりの実情が如実《にょじつ》に描かれていて、まことに興味はつきない。

〝ジャンク・フード〟ならではの面白さ愉しさを満喫できる。〝ジャンク・フード〟の一方でキョウコ・モリの世界もさらに素晴らしく、だから読書は止《や》められないということにもなるのであった。

1996.10～11

大統領夫妻を直撃した本

〝なぜかくも敵意ある攻撃に身を晒《さら》されるのか？〟記者たちも訝《いぶか》るほどアメリカのファースト・レディだったヒラリー夫人は事あるごとに非難を浴びた。クリントンが大統領に当選したとき、ヒラリー夫人ほどマスコミを含め国民の期待を一身に浴びたファースト・レディはいなかった。素晴らしき美女のうえに素晴らしき才能。アメリカの最も優秀なる弁護士の一人にも選ばれた彼女は、世の中にかくも天から全《すべ》ての才を授けられた女性がいるのか、ともてはやされた。

ところが大統領夫人として月日を追うごとに次第に彼女の言動や意図することに批判が集中しはじめた。彼女の長年の企画でもあったヘルス・ケア・プランも結局大方の反対を受けて大幅に後退せざるを得なくなったばかりか、ホワイト・ウォーター疑惑やトラベル・ゲート事件の渦中《かちゅう》の人物として、疑惑の対象となり、一九九六年の年明けにはアメリカ大統領夫人としては初めての大陪審からの虚偽の宣誓をしたとの召喚を受けた上に、時を同じくして出版された彼女の自伝ともいえる作品に関しても、本の製作に長いこと携わってきた女性の編集者を本の完成間近に突如解雇し、あたかもヒラリー夫人一人で全てを書いたかに見せかけたとニュース・マガジンで非難されるなど、物議をかもすことばかりが連続する。

さらにはアメリカの良心を代表するといわれる、「ニューヨーク・タイムズ」紙の常連コラムニスト、W《ウイリアム》・サファイア氏からも〝わが国のファースト・レディは生まれつきの稀代《きたい》の嘘《うそ》つきだ〟と同紙のコラムで正月早々にきめつけられた。自国の、しかも世界に冠たるアメリカの大統領夫人を「先天的稀代の嘘つき」と糾弾してしまうあたりはさすが言論の自由の国だと感心しきりだが、よほどの確証と確信がなければ公《おおやけ》の場で書けることではないはずだ。

この言葉に早速に反応したクリントン大統領は「もし自分が大統領でなければ、サファイア氏の鼻っ柱に強烈な一発をお見舞いしたところだ」と側近に語った。この言葉は直ちに世間にも伝わり、サファイア氏もさらに応酬するという形で「タイム」誌ではシャドー・ボクシング、つまり陰の戦いということで掲載され世間の注目を集めたものであった。

そして夫君であるクリントン大統領もスキャンダラスな事件にはこと欠かない。ヴェトナム徴兵忌避問題から女性問題さらにはホワイト・ウォーター疑惑と、大統領自身の問題から、夫妻がらみの疑惑と次から次に出現するトラブル。しかし不思議なことに問題が出来《しゅったい》するたびに〝もう駄目だ、クリントン大統領は死に体《しにたい》だ〟とささやかれながら、いつのまにか不死鳥のごとく甦《よみがえ》り、何事もなかったようにケロッと大統領を続けた。実に打たれ強いというか、ロープ際《ぎわ》に追いつめられながらも決して音《ね》を上げないタフな人物である。政治家としてのカリスマ性もかなりもっているようで、表面上はヌーボーとした感じだが、強烈な個性の持主であることがうかがえる。アメリカの大統領夫妻を漫才コンビにたとえては申し訳ないが、ヒラリー夫人がつっこみなら、クリントン大統領はぼけといった絶妙なコンビという気もしてまことに興味深かった。

アメリカで誰もが口にしたクリントン夫妻に関する有名な笑い話がある。大統領となった年に故郷であるアーカンソー州のリトル・ロック市に凱旋《がいせん》帰国したとき、ヒラリー夫人のかつての恋人がガソリン・スタンドの経営者になっているのを見た大統領が、「よかったね僕と結婚したお陰で君はファースト・レディになれて」と言った。すると、すかさずヒラリー夫人は「彼と結婚していたら、彼がアメリカ大統領になっていたわ」と澄まして答えたというお話。

このジョークに象徴されるように、クリントン大統領はヒラリー夫人の単なる操り人形なのか？　こうした数々の疑問に答えるかのようにアメリカ大統領選があった九六年にはクリントン夫妻を扱ったフィクションとノンフィクションの二作品が出版され、ハードカバーの両部門のヒット・チャートのトップにそれぞれ君臨し世間を騒然とさせた。

前者のフィクションは著者がアノニマス、つまり匿名《とくめい》の作者による『プライマリー・カラーズ』（ハヤカワ文庫）で、後者のノンフィクションは、「ニューヨーク・タイムズ」紙の経済部門専門のコラムニストで、サファイアと同じくピューリッツァ賞受賞者であるJ《ジェームズ》・B・スチュアートが大統領夫妻の周辺を丹念にインタビューして完成させた力作『BLOOD SPORT』である。

フィクションを謳《うた》いながらなぜか名前を隠した『プライマリー・カラーズ』の著者。名前こそ変えてあるが、誰が読んでも明らかにクリントン夫妻の大統領予備選を扱った小説であることは歴然としている。そのうえ、実際にこの選挙に当事者として現場にいた者でなければ書けないようなスッパ抜き的な真実の記述もあると、一時ワシントンでは謎《なぞ》の作家探しの話題も沸騰《ふっとう》し、読書界のみならず政界でも噂《うわさ》が噂を呼んで評判となった。

しかもこの本によって、何やら大統領夫妻の本性なるものを見た思いをした読者がたくさん出現した。高貴さとは裏腹の臓腑《ぞうふ》を抉《えぐ》る毒舌と、悪魔的ともいえる度胸のよさをも見せるヒラリー夫人、そして周囲の者を魅了する不思議なカリスマ性を持つ大統領といったように……。

九三年七月二十日の夕方、クリントン大統領の側近中の側近であった副法律顧問、V・W・フォスター・Jr.の死体が発見された。自殺なのか、それとも「ホワイト・ウォーター疑惑」の秘密を知り尽くしているために何者かに殺されたのか。実際に起ったこの事件から始まるドキュメント作品『BLOOD SPORT』はクリントン夫妻を直撃し、ワシントンの政界をも揺るがした。

フォスター・Jr.の死体発見の報に衝撃を受けて彼の家に駆けつけるクリントン大統領。死体が何者かも分からぬまま事件処理に当たった警官が、事の重大さに気付いて驚愕《きょうがく》する様子など、生々しい描写で綴《つづ》られるドキュメントは、真実を求めて丹念に粘り強く証言者を訪ねて取材した著者の努力が実って迫力がある。

副題に「大統領とその側近」とあるこの本は、ヒラリー夫人の依頼を受けて緒についたのに、真実追求に正義心の勝るスチュアート氏の鋭さに心変わりした夫人は拒否の態度へと急変した。

自己の憶測を排除し、あくまでもインタビューによる証言を基に、クリントン政権の核心へと迫っていくが、疑惑事件を含めクリントン夫妻への数々の批判はすべて両者の独断的な判断や、思慮を欠いた行動や発言、そして無知や言い逃れに起因するものだということが次第に明らかになってくる。

唯一《ゆいいつ》の救いは、少なくとも犯罪という形を成していないということか。ホワイト・ウォーター疑惑の調査委員会でも、この本を証言として採用するという動きもあった。果たしてクリントン夫妻は単なる滑稽《こっけい》さを解さない貪欲《どんよく》でがめついカップルなのか、それともすべての疑惑と批判は現代の英雄としての条件なのだろうか。

1996. 12

世界を震撼《しんかん》させる二大ベストセラー作家

一九九六年八月末、F《フレデリック》・フォーサイスの『ICON』（邦題「イコン」角川文庫）が発売された。「イコン」とは御承知のように、東方正教会でキリスト・聖母・聖徒・殉教者などを描いた聖画像のことであるが、フォーサイスはこの象徴的な本のタイトルのもと、ロシアの近未来に対する大胆な予測を行った。

フォーサイスといえば今でも強烈に印象に残っているのが、ド・ゴール大統領暗殺計画を描いた『ジャッカルの日』（角川文庫）。発刊からすでに二十五年、四半世紀を過ぎた今もなお新しい読者を獲得し続けているという、まさに不朽の超ロングセラー小説である。凄腕《すごうで》のテロリストが厳重な警戒網を突破し、刻々とターゲットの大統領へと迫っていくプロセスは、あたかもドキュメンタリーを読むかのごときリアリティがあり、異常なまでの緊張感に捉《とら》われたことが懐《なつ》かしく想《おも》い出される。

その後の第十一作目に当たる『ICON』の舞台はロシアで、時代設定は一九九九年。物語はその夏、一片のパンが超インフレのため一〇〇万ルーブルにもなり、三年連続の穀物の不作で地方の町では栄養失調による犠牲者が出始めている状態からスタートする。そしてエリツィンの後を継いだチェルサコフという大統領が避暑地へと向かう途中、大統領専用車の中で突然の呼吸困難に陥り、ついには死亡してしまう。そして新たに登場するのが極右政党・愛国国民戦線連合UPFのリーダーのイゴール・コマロフである。彼の愛国者の顔の裏に隠された、恐るべき独裁者の顔。大量虐殺《ぎゃくさつ》をも辞さない人種差別政策、強きロシアのため、あくなき軍備増強を画策するコマロフの将来の独裁政治へのブループリントを描いた「ブラック・マニフェスト」。

物語はこの厳重保管の超極秘書類が、あるミスがもとで党本部から持ち出され、イギリス情報部へ偶然もたらされることで、波乱を迎えることになる。ソ連のアフガン侵攻を事前に小説で予告し、国際政治アナリストとしても定評のあるフォーサイスが的確な情報収集力によってロシアの未来を占ったのがこの作品である。

そのフォーサイスが『ICON』を最後に作家生活から引退するというショッキングなニュースがアメリカ・デルタ航空の機内誌「スカイ」の九六年十月号に掲載されていた。“THE THRILLER IS GONE”とタイトルのついたこのインタビュー特集記事によれば、ロンドンのオランダ公園近くのレストランで『ICON』について記者が話を聞こうとしたところ、突如〝引退する〟とフォーサイスが胸のうちを明かしたという。理由は、作家生活に疲れたことと、十分にお金もできて、すでにイギリスのハートフォードシャーという田園地帯に一七〇エーカーの牧場地も持っており、これからはこの牧場地で引退生活を送るのだという。この牧場では奥さんが、賞を獲得するような羊も育てているのだそうだ。フォーサイスは三八年生まれ。二〇年生まれのD《ディック》・フランシスが九六年も例年どおりきちんと三十五冊目の『TO THE HILT』（邦題「不屈」早川書房）を出版したというのに、読者にとっては実に残念なところだ。

しかしフォーサイスは、彼がこれまで描いてきた諜報《ちょうほう》マンや情報局員、特報部隊員のように、神経がまだ鋭敏で肉体的にも衰えていない現役のトップの状態で、つまり花も実もあるうちに身を引くのが何より、心がそう感じるのだと語る。

書くことが恋しくなるのでは？というインタビュアーの問いには、作家の中には書くことを呼吸と同じように必要としている人もいるが、僕はそのタイプではないし、最近では新作に取り組むのに時間がかかるようになって、だんだん書くことが苦しくなってきた、『ジャッカルの日』以来二十五年の作家生活でもう十分に書くことは楽しんだと答えている。

また、この「スカイ」の特集記事ではフォーサイスが、自分の過去の作品にふれ数々のエピソードを語っているのが愉《たの》しい。六年の歳月をかけて、デビュー作『ジャッカルの日』をようやく完成させたが、出版を引き受けてくれる版元がない。ストーリーは面白くて結構だが、現実にド・ゴール大統領がピンピンしているのに、なぜ彼の暗殺計画を描いた本が売れるんですかとにべもない。やっとヴァイキング社が買ってくれたが、初版のコピー数はたったの八千部。契約金もわずか五〇〇ポンドだった。

さらに次回作のお金として渡されたのがこれまた五〇〇ポンドだったという。超ロングセラーとなった『ジャッカルの日』とこれまた面白さとサスペンスにかけては第一作を凌《しの》ぐともいわれている二作目の『オデッサ・ファイル』（角川文庫）。世界の人気作家として不動の地位を築いたこの二作が、たったの一〇〇〇ポンドから生まれたというのも彼にとっては懐かしい想い出。

ちなみにフォーサイスが『ICON』を発売する前までに売った二十五年間の本の総

数は約四千万部。いかに彼の本が世界中で売れているかという証拠だが、冷戦構造の崩れる前の旧ソヴィエトでは、KGB局員がフォーサイスの新刊が出るたびに局員をロンドンのピカデリー・サーカスにあるハチャード書店に差し向けて数冊買ってこさせ全員で読み耽《ふけ》り、自分たちの誰かが本の登場人物《キャラクター》に使われていないか？と真剣に調べていたという逸話なども、フォーサイスの作品の特徴を裏づけて面白い。

一方日本のジャンボ・ジェット747旅客機による神風攻撃で、崩壊炎上するワシントンの国会議事堂から始まる物語がT《トム》・クランシーの『EXECUTIVE ORDERS』（邦題「合衆国崩壊」新潮文庫）。前作『日米開戦』（新潮文庫）のショッキングなラストシーンをそのまま引き継いで物語が進行する、まさにズバリ『日米開戦』の続編であるわけだが、テクノ・スリラーという新語と新ジャンルをミステリ界にもたらした、今やJ《ジョン》・グリシャムと並ぶ超売れっ子作家トムの、世界に与える影響力とインパクトはフォーサイスとはまた違った意味で実に大きいものがある。

処女作の『レッド・オクトーバーを追え』（文春文庫）で衝撃的ともいえるデビューを果たしたトムに、時の大統領レーガンは〝これこそ真実の作り話だ〟と賛辞を呈した。

当時の極秘情報であったアメリカやソヴィエトの潜水艦の機密事項のみならず、この物語には世界各国の情報機関が驚く情報が満載されていて、出版と同時に一時は〝すわ情報洩《も》れか？〟と大統領からペンタゴンまで慌《あわ》てさせたという、いわくつきのフィクションであった。

以来『EXECUTIVE ORDERS』まで九冊。大ベストセラー作家となった彼の一貫したテーマは「強く誇り高きアメリカ」を描くことにあった。ヒーローとして颯爽《さっそう》と登場するジャック・ライアンは作者の分身であり、強く正しいアメリカを象徴するニュー・アメリカン・ヒーローでもある。つまり、彼の作中での行動はアメリカ人の心を具現するものであり、またアメリカ人の総意を表していることにもなるわけで、彼の本を単にフィクションだから、お遊びだからで済ませてしまうわけにはいかないだろう。

紅蓮《ぐれん》の焔《ほのお》と化した国会議事堂を前に呆然《ぼうぜん》と立ちつくす新アメリカ大統領ライアン。壊滅した政府、議会。国家の中枢《ちゅうすう》を一瞬にして失ったアメリカ。ライアンの肩には想像を絶する凄《すさ》まじき重圧がのしかかる。国家をすぐさま機能させなくてはならないライアン。まったくマニュアルなどない手探り状態で、世界に冠たるアメリカを維持するためにライアンは困難と危機に敢然と立ち向かう……。

書評家の大方の予想、大統領になってしまったライアンは小説の舞台から引退するのでは、との期待（？）を裏切って、堂々と大胆に大統領職の責務を遂行するライアンを描くクランシー。この本の扉には〝戦争を勝利したアメリカ合衆国第四〇代大統領ロナルド・ウィルソン・レーガンに捧《ささ》ぐ〟という献辞がある。

二〇〇一年九月十一日、アメリカで起こった同時多発テロ事件は、アメリカのみならず全世界に衝撃をもたらした。僕は偶然にもリアルタイムで、二機目の自爆機ボーイング767旅客機が世界貿易センタービルのサウスタワーに突っ込む瞬間をテレビで見た。ジェット燃料が爆弾以上の威力を発揮するという旅客機の自爆行為……。目の前で起こったことが信じられない思いで呆然とする中で、僕の脳裏にはクランシーの『日米開戦』のラストシーンである神風自爆攻撃が激しくフラッシュバックしていた。まさにフィクションが現実となったのだ。アメリカをターゲットとする、あらゆるスタイルによるテロ攻撃の危機を想定し、それをフィクションの形で発表し警告を発しつづけてきたクランシーのひとつのパターンが、あたかもテロリストにヒントを与えるような形で実現してしまったのである。この瞬間から、彼の小説のすべてが現実味を帯びて迫ってきた。

1997. 1〜2

〝ライアン〟はアメリカ人の心の具現者か

ケネディ大統領のダラスでの暗殺事件を題材にした映画「JFK」、さらにはニクソン大統領の映画というように、ハリウッド映画界にあって一際《ひときわ》異彩を放つ鬼才監督、オリバー・ストーン。彼の作品の世間に与える衝撃は強烈で、アメリカ国内のみならず全世界に多くの波紋をもたらすといっても過言ではあるまい。

彼の思考のスタンディング・ポイントは反体制にあり、厳しい体制批判から生ずる映画は観客の心を鋭く捉《とら》えると同時に、しばしば物議をかもすこととなり、ケネディ暗殺に関する大胆な解釈はコンサーヴァティブのアメリカ人を刺激し、国粋派のアメリカ人のプライドを傷つけた。

そして「ニクソン」では、これまた独自の解釈を試み、人格の面でも極端と思えるほどカリカチュア化したため、アメリカの良識を代表するといわれる有名コラムニスト、W《ウイリアム》・サファイアまでもが「いくら問題のあった大統領であったにせよ、いやしくも自国の大統領の人格をここまで貶《おと》しめるのは国辱的であり、許されざることだ」と非難記事を新聞に載せた。

多くのアメリカ人が眉《まゆ》をひそめたストーン監督だったが、その彼に鋭く批判の矢を浴びせたのが、作家のT《トム》・クランシーだった。なにせ強きアメリカ、正義のアメリカを標榜《ひょうぼう》するクランシーから見れば、ストーン監督はまさに売国奴ともいえる、いわゆる不逞《ふてい》の輩《やから》となるわけで、自国を辱《はずかし》めることのみを喧伝《けんでん》するかのごとき映画を作るとは何事か！　けしからん！ということになる。

「ＪＦＫ」以来とかく確執のある二人の間には丁々発止と批判の矢が飛び交うこととなったが、また世間も二人の仲の悪さ、意見の喰い違いを野次馬根性よろしく興味津々《しんしん》で見守ることとなる。「ニューヨーク・タイムズ」の「ブックレビュー」誌に載った、ストーン監督のクランシー著『EXECUTIVE ORDERS』（邦題「合衆国崩壊」新潮文庫）に対する書評は誰もが刮目《かつもく》した。どんな喧嘩《けんか》が新たに勃発《ぼっぱつ》するのか、わくわくした者も沢山いたと思うが、かくいう僕も書評をみつけたときには溢《あふ》れんばかりの喜びと好奇心で飛びついたのであった。

ストーン監督は冒頭で、映画のために作られた本、映画化権料は高いであろう、小説としてはあるレベルではあるが、実際に読むとなれば少々たじろぐ、などと寸評を入れたあと、彼独特の皮肉と揶揄《やゆ》の入り交じった文章で次のように述べている。

ライアンの活劇のないこの本にファンはがっかりするであろうし、日本、アラブのイスラム教諸国や中国といった国々を含め、エボラ・ウイルスによる攻撃や、ライアンの家族に襲いかかる魔手といった物語は、作者クランシー自身の暗い性格の心の影による産物で、彼の創《つく》り出す架空の恐怖は危険である。クランシーが自分で勝手に作り出した恐怖やテロからアメリカを救う英雄を創造しても、そんなものは真の英雄でも何でもない。白馬に跨《また》がった騎士ライアンが救う花嫁、つまりアメリカも、作者であるあなた自身でしかない。暗い性格のあなた自身の女々しさなのだ、と決めつけたあとで、最後に、だからといってお互いに個人的な喧嘩を敢《あ》えて公《おおやけ》にすることはよしましょう。そしてあまり真剣になるのもお互いによしましょうと一文を結んでいる。このストーン監督の書評はまことにクランシー作品の正鵠《せいこく》を射抜いていて見事だと感嘆したのだが、どうだろうか。

『日米開戦』と『EXECUTIVE ORDERS』と二作を通じて、日本を敵国とし、中国やアラブ諸国をあたかも悪魔とする小説が読者にある偏見を植えつけることは間違いないことだ。しかも作者が初版で二百万部以上を刷る超のつく人気作家とあれば、そのもたらす影響力の強さを看過することはできないだろう。仮想敵国の脅威を拡大し、やたらに愛国心を煽《あお》ることは危険ですよと指摘するストーン監督の言葉は心に響く。

ここで想《おも》い出されるのは、イギリスの哲学者バートランド・ラッセルの民主政治の難しさについて語った次の一節である。「他人のしていることについて、その人を愛したり憎んだりしないかぎり、あまり興味を持たない。他人に興味を持たなければ、わざわざ他人について知識を求めようともしない。だが、愛したり憎んだりするかぎり、われわれが他人について得る情報は、間違っていることが多い。このことは、とくに、国家間の知識についていえる」。続いてラッセルは、「アメリカ人はとくにこの傾向が強く、好きでも嫌いでもない国に対しては従って何の知識も持とうとしないし、何も知らないこととなる」とした上で、さらに言葉を継いで「もしもアメリカ人が、ある国に好感を持ったり、悪い感情を持つ場合、アメリカの新聞は、状況に応じてその国に関する好意的もしくは、悪意的情報を国民に提供するので、アメリカ人のその国に関する偏見は、大量の知識と称されるものによって、徐々に裏づけられてしまう」（『人生についての断章』みすず書房）と述べている。

一九三〇年代に書かれたこの文章がすでに指摘しているように、関心や興味がなければ人は新聞といえども買わないし、読まない。つまり興味や好奇心を煽るために好き嫌いの感情を露《あらわ》にした新聞なら売れるわけで、そこには当然のごとく意図的な偏向が生じるのは止《や》むを得ないこととなる。ラッセルの慧眼《けいがん》が見抜いたこの民主政治の弱点をストーン監督もクランシーに警告しているのだ。興味を持たせるために作り出した架空の敵意がやがて真実の敵意にいつしか変わってしまう恐れがありますよ、といっているのである。

クランシーが小説の中に登場させた日本という国と日本人は、アメリカ人によっては唯一《ゆいいつ》の知識として頭と心に浸透し、一つの現実の像として結ばれることとなる。ジャック・ライアンをよりヒーロー化するために実在の国家を悪者に設定し、悪人を創造し、その国を懲《こ》らしめ、悪人を罰する。この構図が次第にアメリカ人の心の中に沈潜すれば国家間の関係も正常に運営しなくなる事態も予想される。かつて明らかに敵国として存在した冷戦時の旧ソヴィエトや東欧諸国、また大量の殺人麻薬の根源であるコロンビア、さらにはフセインに代表されるイラクとアラブ諸国といったように、アメリカが現実に対峙《たいじ》している国ではなく、友好国であり、仲間である日本がクランシーの小説の中ではアメリカを害する国として登場する。

クランシーの意図は一体何で、どこからきているのか？　読者の興味をひき、喝采《かっさい》を受けるための格好のターゲットが日本だと彼が考えているとすれば、逆にアメリカ人の心の奥に顕在する「日本憎し」が見えてくる思いがして実に不安になる。エンターテインメントを愛する僕としては非常に気になるところだ。

1997.3

虜《とりこ》になったヒロインたち

一時《いっとき》、本の中に登場する女性に夢中になることがある。二十年ほど前に出版されたW《ウィルバー》・スミスの『二人の聖域』（立風書房）という作品に登場するデブラというユダヤ女性に、猛烈に惚《ほ》れたことがあった。物語のヒーロー、イギリス空軍に助《すけ》っ人《と》としてやってきたイスラエル空軍パイロット、デビッドが惚れる女性なのだ。作者スミスの得意中の得意であるまさに波瀾《はらん》万丈のサスペンスフルな冒険物語に、身も心も翻弄《ほんろう》されながら、デビッドに感情移入して読んでいくうちに、いつの間にかデブラに自分もすっかり惚れてしまったというわけである。

本を読む愉《たの》しさのひとつは、物語のヒーローに肩入れし彼の人生を本の中で生きながら、主人公と同じく物語に登場する女性に芯《しん》から惚れることにある。言葉を替えれば、観念の世界で理想の女性たちに巡り合える喜びとでもいおうか、心から虜になれる女性が登場する小説に巡り合えたときの嬉《うれ》しさは最高である。これはまたまったく個人的な事柄だから、僕がぞっこん惚れこんだ女性の登場する本を最高に面白いと他人に薦めても、まったく受け入れられないこともある。しかしこれがまた楽しい。

とくに男と女ではまったく視点が違うところも面白い。スミスの描いた女性デブラのことを、たまたま当時テレビの連続ドラマ「沿線地図」（TBS）でご一緒していた、岸惠子さんに話したところ、あなたがそんなにいいというなら私も読んでみようかしらと言われ、早速本をお貸しした。

ところが数日して返ってきた彼女の言葉は、決して芳《かんば》しいものではなかったのだ。そんなにあの人が素敵かしら？という多分に批判的な答えにギャフンとなったものである。

読書というのはまったく個人的な体験であるから、いいと思うところ、感激するところ、主人公の好き嫌いは、全《すべ》て人それぞれで、だからこそ読書は千差万別の評価を生むことになり、そこが何ともいえず人間的で素晴らしい点なのだと思う。

ここ数十年の読書の中からいいなあと思う女性の登場する小説を頭の中であげていったら、それが全部イギリスの作家の作品であることに気付き、一体これは何なのだろうと考えてしまった。

ちなみにその作家の名前を列挙すると、W・スミスを筆頭に『非情の海』（至誠堂）のN《ニコラス》・モンサラット、『海の男／ホーンブロワー・シリーズ』（ハヤカワ文庫）のC《セシル》・S《スコット》・フォレスター、『もっとも危険なゲーム』（ハヤカワ・ミステリ文庫）のG《ギャビン》・ライアルをはじめ、L《レオン》・ユリス、B《ボブ》・ラングレー、D《デイック》・フランシスにK《ケン》・フォレットということになる。

好きなヒーローだからこそ、そこには素敵な女性が登場する。好きな女性が描かれているからこそ、その作品により夢中になるというわけだが、僕が惚れこむ女性のほとんどがイギリスの男性作家の描く女性だとなると、現実の世界でも僕はイギリス女性が好きだということになるのだろうか。

イギリス女性といわれて具体的に想像するのは誰であろうか。鉄の女性と讃《たた》えられた元首相のサッチャー女史、それともちょっと古くイギリスの映画女優のヴィヴィアン・リー、それともデボラ・カー、さらにはダイアナ妃。四人に共通するのは、知的でエレガントで強い意志を持っていて清潔感溢《あふ》れるといったところだと思う。

四人とも素晴らしい女性たちであるが、現実のどんな素敵な女性を本の世界の憧《あこが》れの女性にあてはめてみても、どこか違っていて、フィクションの世界の女性のほうがはるかに魅力的に思えてならないのは僕だけだろうか。

「アメリカ人は言葉の正確さにとてもこだわっていて、小説を料理のメニューを見るように読む。だから彼らにとって小説で一番大事なのはプロットなのだ。一方イギリスではプロットなどは二の次で、関心事はもっぱらその小説の持つ雰囲気と登場人物のキャラクターにあるのだ」

とイギリスの文豪、かのS《サマセット》・モームは言ったという。

一概には言えないが、総じてアメリカの小説はプロット主体であるように思える。したがって登場人物もどちらかといえば、ややステレオ・タイプに属するきらいがあり、人物造形上魅力的なヒーローやヒロインということでは、まだまだイギリスの作家の小説のほうに軍配をあげたい。作品の持つ独特のムードの点でも深く読者の心を抉《えぐ》るものがあるように思える。

主人公のキャラクターに惹《ひ》かれるからこそ、小説に心から傾倒し、心の中にヒーロー礼讃《らいさん》とともに彼の愛する女性への憧れが生ずる。イギリスの女性に惚れる所以《ゆえん》である。

かくして、少年の頃に初めて徳田秋声の描いた女性〝お銀さん〟に目くるめくような恋心を抱いて以来、今日まで僕の心を虜にした架空の女性は数知れない。あえなく劇中で死んだ女性に涙し、ヒーローと共に失恋の苦しみを味わい、結ばれた喜びに歓喜の声を発したこともある。これからどんなイギリス女性が僕の前に出現するのか？現実ではないだけにより一層空想は広がり、心は本を読む喜びに満たされる。

1996.8

Ⅱ

本棚から世界が見える

〝面白小説家〟デュマの復権

フランスという国は、なんと粋《いき》な国だ、としきりに感嘆したのは、一昨年のことであった。二〇〇二年のこの年、僕のこどものころからの愛読書であった「三銃士」「モンテ・クリスト伯」の作者、A《アレクサンドル》・デュマの文学者としての功績が見直され、彼の生誕二百年を機に、フランス国民的英雄が祀《まつ》られているパリ市内のパンテオンに彼の柩《ひつぎ》を墓地から移す式典が行われることになったというのだ。それも、なんと、デュマと同じ一八〇二年生れの、あの「ああ無情」でお馴染《なじ》みの文豪V《ヴィクトル》・ユゴーの柩の隣に並んで安置されるというのだ。

経緯はこうだ。デュマとユゴーは同じ歳《とし》ということもあって、生存中は良きライバルとして激しく競い合い、当時の人気を二分する文豪同士であったが、没後のフランス政府の両者の扱いには激しく差がついた。かたやユゴーは、国民的英雄詩人として国葬が行われ、その柩はパリのパンテオンに祀られたのに対し、一方のデュマは、演劇でもエポックメーキングとなる数々のヒット作を上演させ、歴史小説の冒険面白小説であれほどパリ市民をはじめフランス国民を熱狂させ、新聞小説の元祖的存在として圧倒的な人気を勝ち獲《と》っていたにもかかわらず、過激なプロット運びと面白さは大衆に迎合する精神的に低いものと看做《みな》されてか、単なる市井《しせい》の大衆作家として扱われたのだった。

かつて文豪と称《たた》えられたフランスの作家たちの作品があまり読まれなくなってしまったのに、デュマの作品は彼の没後百三十年以上を経た今日もなお、世界中の国々でこどもから老人まで、いや当時よりもむしろ輝きを増して面白小説として営営として時代を超えて読みつがれている、その事実を認めて、デュマの評価を見直したフランス政府の計らいは誠にもって見事で粋なものであった。面白小説が時代を経て価値あるものとして見直されたのだ。

そのことを確めるべく、学生時代の友であった、敬愛するフランス文学者、篠沢秀夫《しのざわひでお》教授とともに、ユゴー、デュマ生誕二百年祭の最中のフランスを訪れた。日程の都合で、残念ながら、デュマの柩がパンテオンに祀られる式典にこそ立ち会えなかったものの、ユゴーとデュマの小説の舞台を、また二人の由縁《ゆかり》の地を丹念に辿《たど》ったあと、パンテオンの地下のユゴーの柩の眠る小さな一室に、特別な許可を貰《もら》って入り、数日後に安置されるべく空いているデュマの柩の場所と隣り合わせに並んでいるユゴーの柩を目の前にしたときの感動は今も忘れられない。一体、デュマはどんな気持なのだろうか、振り返れば今日まで、ひたすら面白小説を読みたくて、うろうろしてきた僕。その大きなきっかけであったデュマ。そのデュマがパンテオンに。僕にとって実に嬉《うれ》しい、心を奮い立たせてくれたニュースであった。

2004. 2

欠陥図書館

建物の外にニョキニョキと露出しているカラフルなパイプ、内臓が外に出てしまったようなユニークな外観でお馴染《なじ》みのパリのポンピドー文化センターは一九九七年から二年間修復工事のため閉鎖されていた。原因は建物の老朽化だったそうで、七七年に開場して以来、パリ名物の一つとして世界中からの観光客で賑《にぎ》わってきた建物だけに、周囲の商店街から、またここを観光の目玉としていた業者から不満の声があがったという。加えてオープンからたった二十年で全面的なリノヴェーションをしなければ使いものにならない建造物とは一体何なのだ、という声がパリ市民の中から沸き上がり、高額な修理費の問題もあって、論議の的になったという。

ところがパリの建造物の問題は、ポンピドー大統領を記念して建てられたこの文化センターに留まらず、ポンピドーの次の次の大統領であったミッテランが壮大な夢を乗せて企画し実行した、不滅の記念碑ともいうべき新しきパリを象徴するはずの新凱《しんがい》旋門《せんもん》を始め、数々の建造物に、これまた早くも危機説が飛び出し、当時は新聞でもこの問題を取り上げ、パリの建築界では批判の声が飛び交った。

建造物の修復問題がパリを賑わしていた二年程前の一九九五年五月七日、僕はパリにいた。この日、フランスでは大統領の決選投票が行われ、結果、十四年ぶりに保守派のシラク候補が当選し、午後四時を過ぎる頃からパリ市内では歓喜する群衆が車のクラクションを鳴らしっぱなしで走り回り、大変な騒ぎとなっていた。

夜になるとこれらの人々はコンコルド広場に集まり始め、やがて周囲の路地という路地も身動きならぬまでに人、人、人で埋まった。彼らは口々に保守派バンザイを叫び、三色旗を振り、熱狂的な身振りでシラク当選を祝っていた。この様子はテレビでも放送され、コンコルド広場に程近いホテルの一室で画面を眺めていた僕は、窓の外から轟《とどろ》くようにじかに伝わってくる熱狂する群衆の声とテレビからの歓声とがミックスする中で、フランス革命の熱気を体験したような思いで興奮していた。

そして翌日は対ナチ勝利のヨーロッパ・ビクトリー・デイの五十周年記念という大祝日。エトワールの凱旋門前でシラク、ミッテラン新旧大統領出席の下、記念式典が行われると聞き、早速駆けつけた。抜けるように澄み渡った青空に翩翻《へんぽん》と翻《ひるがえ》る沢山の三色旗、そしてずばぬけて大きい垂れ幕のような三色旗が凱旋門の真下に地面まで吊《つ》るされ、五月の爽《さわ》やかな風が吹き抜けるなか新しい時代の開幕を告げるかのように揺れていた。

遠目にも両大統領ががっちりと握手をしたと見えた瞬間、上空を轟音《ごうおん》とともにジェット機の編隊が飛び去った。歴史的な瞬間の証人になったような気持ちで、気分が高揚したことは今でも忘れられない。

「トントン」という愛称で親しまれ、愛されていた前大統領ミッテラン、彼の人気は絶大で十四年間の任期中に数々のプロジェクトを実現させた。中でも世界一美しい都といわれるパリに「この世にかつてミッテラン在り」を知らしめる不滅の記念建造物を建てるプロジェクトは、構想の壮大さと華麗で斬新《ざんしん》な建物のデザインとが相まって工事前からとかく批判の声はあったのだが、ミッテランは三〇〇億フランという莫大《ばくだい》な予算を計上し、強引に実行に移したのであった。

ところが九六年のミッテランの死去から一年も経《た》たないうちに、これらの建造物に対する諸々《もろもろ》の不満と不信と欠陥が一挙に表沙汰《おもてざた》になってきたのであった。そのきっかけとなったのが、九六年十二月中旬にプロジェクト最後の建物として、まだ中央部分は未完成のままソフト・オープンしたフランス国立図書館であった。

この超大型図書館は、コンコルド広場と同じ面積の敷地にちょうど本を九〇度の角度に開いて立てたような総ガラス張りの八〇メートルの高さのビルディングを配している。三百年間リシュリュー通りに居を構えていたBNF（フランス国立図書館）では増大するコレクションに対応できず、二十一世紀の超大型図書館として完成が待たれていたのだが、八年の歳月と八〇億フランを投じたこの建物はオープンと同時にクレームがついた。総ガラス張りのビルは本にとって大敵だったのだ。つまり本には大敵の太陽光線が降りそそぐため、急遽《きゅうきょ》改造が命じられた。

しかし、改造費用もバカにならないばかりか、窓からインテリアまで特別な木材を使っている不必要な贅沢《ぜいたく》さやメンテナンスの困難さなど批判が続出した。

そのうえすでに完成していた建物の欠陥が続々と公表されはじめた。若きカナダの建築家カルロス・オット設計になるバスティーユ・オペラ・ハウスは、四万個の石を積んだ壁にクラックが広がり危険信号。パリ市の西部地区に建てられた新凱旋門、ミッテランの強い要望でデンマークの若き建築家オットー・スプレッケルセンによって設計されたこの門も、大理石のスラブが落下する危険をネットを張って辛うじて防ぐ始末。

シティ・オブ・ミュージックに至っては、天井から雨水がじゃあじゃあ漏りの状態で、設計者のフランスの建築家クリスチャン・ポルツァンパルは観客の大ブーイングにあった。いずれも修理には莫大な費用を要するわけで、プロジェクトの中で健在なのは、ルーブル美術館のピラミッドだけと分かり、あまりの無残さにミッテラン神話はドッと崩れようとしていた。

「人間死んだら何残す」ではないが、不滅の名とモニュメントを歴史上に残すべく巨額の国費を投じた計画は、単なる自己顕示欲のための無駄遣いだったのか！　ミッテランの黄金時代をいいことにモダン建築家を押しつけた取り巻きも悪いと断ずる批評家は、結局時代のテストに合格したのはノートルダム寺院とエッフェル塔だけで、二十一世紀のパリは実に心もとない限りだと嘆く。しかし、こうした嘆きをよそに、パリの書店のベストセラー・リストには、ブリジット・バルドーの自伝に次いで、ミッテラン未亡人の本とミッテランの本が並んで売れに売れていた。

1997・4

真の商売上手

ワシントンのホワイトハウス。この、アメリカを象徴するシンボルである建物をめぐる政党資金集め商法が、クリントン大統領を直撃したことがあった。如何《いか》にして政党資金を大量に集めるかは、洋の東西を問わず、政党の秘策の練り処《どころ》である。クリントンが問題視されたのは、公的な施設であるホワイトハウスを使って、がっぽりどころかあくどいまでに莫大《ばくだい》な政党資金集めをするのは違法ではないか、ということであった。

アメリカの政治の中心であるホワイトハウスは、万人憧《あこが》れの聖地。この聖地をダシに、大統領自らがこの人はと思う目ぼしい企業家や著名人の党協力者をお茶や食事のパーティーに招待し、寄付金を募る。招かれた者は、ホワイトハウスという特別に選ばれた者しか入室を許されない聖域で、時の大統領と同席し、知己を得る名誉の上に、記念写真もバッチリＯＫとあれば、高額の政党献金も決して無駄にはならないと計算して募金する。

こうした心理を抜け目なく突いたホワイトハウス商法とも呼べる金集めは実に効果

的で、民主党の巨大な集金マシーンとなっていることが批判の的となり、下院議員で調査団が組まれることとなった。しかし、この募金活動に全く関わりはないと主張してきたクリントン大統領が、実はどうしてどうしてなかなかのしたたかものであったと報じられ、またまた世間を驚かせたのであった。

「タイム」誌によれば、下院の調査に対し、三年間クリントン大統領の下で副補佐官を務めたハロルド・アイクスなる人物が、民主党のこの種の資金集めには全く手を染めたことがないと主張する大統領の言葉を引っ繰り返す、熱心な勧誘の証拠となる大統領自筆の秘密メモを公表したというのである。

リンカーンが書斎にしていたホワイトハウスの一室は、彼が一度も寝たことがないのに、いまやリンカーンの寝室と称され、そのうえトルーマン時代にすっかり改築され、家具は元より壁も二十世紀のものとなっているのに、この部屋に泊まり、リンカーンの亡霊を見たというチャーチル元イギリス首相の話や、オランダのウィルヘルミーナ女王のリンカーンのエクトプラズム存在説もあって、アメリカ国民の間で大人気の部屋。この辺りの事情を見逃さず、バーブラ・ストライサンドやスピルバーグ監督といった著名人を含め、四年間で九百三十八人をホワイトハウスに招き、がっぽりと党の資金稼ぎをしてきたクリントン大統領の荒業は、ことの善悪は別として誠に見事な商魂ということになる。

ホワイトハウス商法の熱心な推進者であることがバレた大統領はすかさず、前任の共和党の歴代の大統領たちも同じことをしていたではないかと、レーガンやブッシュ前大統領のパジャマ持参のホワイトハウス一泊旅行といった例を挙げて、民主党だけに罪はないと防戦にこれ努めた。

ホワイトハウスを金のなる樹《き》に変えたクリントン大統領の計算は一見商売上手に見えるが、この人こそ真の商売上手と思えるアメリカ人に遭遇した。その人の名はウォルト・ディズニー。

三月初旬のフロリダは、痛い程強烈な紫外線を肌に感じる夏の太陽が青空に輝いていた。一九五五年にロスアンゼルス郊外アナハイムにオープンしたディズニーランドは勿論《もちろん》のこと、八三年に開業した浦安の東京ディズニーランドですら一度も訪れたことのない僕が、一足跳びにフロリダ州オーランド空港から南西に三〇キロほど隔たった湿地帯に建設されたディズニーワールドを訪れた。それは僕が司会するクイズ番組「アタック25」の問題作りとタイトルバックの撮影のためであった。

話には聞いていたものの、聞くと見るとでは大違い。ディズニーの夢と理想の完璧《かんぺき》な実現を目指して、ロスアンゼルスの手狭な土地では飽き足らず、東京の山手線の内側の一・五倍の土地を購入し、オープン以来三十年近くを経た今日も、なお着々と工事を進めている構想の壮大さと施設の見事さには圧倒される。これこそアメリカの凄《すご》さ、と心の底から感嘆し、賞讃《しょうさん》の拍手を贈ったのだが、その陰にある、それこそ「お見事」としか表現のしようのない巧まざる商魂の素晴らしさに、時を経るごとにディズニーこそ真の商売上手と確信することになった。

莫大な資金を投資することによって楽園を創造した彼は、徹底したマニュアル作りから生まれる従業員たちの、現代では貴重な笑顔による心からなるサービスで来園者を王様の気分にさせる。夢心地の来園者の前には、すかさず気持ちを捉《とら》えるグッズの数々を揃《そろ》えた店が並ぶ。理想の楽園は、言葉を替えればあたかも一個の巨大なマーケット。ホテル、レストラン、劇場は言うに及ばず、乗り物の恐怖の絶叫の瞬間を逃さずキャッチする記念写真の即売まで、喜びの中で自然に散財させるシステムは、本当にイヤ味の一つも言えない程天晴《あっぱ》れな見事さ。

あまりの商売上手と経営手腕の見事さに、漫画家のウォルトはFBIのスパイではという珍説まで飛び出し、その証拠の文書の写真を掲載した本まで出版されたのであった。

1997. 5

アメリカ人の理想の男

かつてハリウッド西部劇映画全盛期には、映画がはねると奇妙に右肩をいからし、右手を拳銃《けんじゅう》のあると思《おぼ》しきあたりに突っ張ったガンマンよろしき男たちがぞろぞろ映画館から出てきた。その姿を見て自分も同じ気持ちで歩いているのに気づき、可笑《おか》しくなったことが何度もあった。

また四十年も前のことだが、石原裕次郎氏がナイスガイとして売り出し中のとき、僕の友の一人が突如奇妙な歩き方をしはじめた。最初のうちは気付かなかったのだが、渋谷の喫茶店で彼と待ち合わせたとき、入ってくる彼の歩き方があまりにもぎこちないので「足でも怪我《けが》したのか」と尋ねたところ、照れくさそうに「恰好《かっこう》よく見えない？　石原裕次郎の真似《まね》してるんだけど」と彼は応《こた》えた。当時は友人同様、日本中に裕次郎氏の独特の歩き方を真似する若者が蔓延《まんえん》したものであった。

ところで、ジョン・ウェインといえば、アメリカ映画を代表する男優であることに異論はあるまい。一世を風靡《ふうび》した俳優なら、誰もが個性的で独特なポーズや動きのスタイルを持っているものだが、ジョン・ウェインの歩き方は、中でもひときわ印象的だと思うのは僕だけであろうか。「リオ・ブラボー」を監督したハワード・ホークスの表現を借りれば、〝まさに世界を一人で背負って歩いている男の歩き方〟ということになる。アメリカ下院議員の名物男ニュート・ギングリッチ氏は、ジョン・ウェインの歩き方を若いときにずっと真似していたという。彼の義理の父親の証言によれば、タフガイを思わせるギングリッチ氏の若き日の信奉者はジョン・ウェインだったらしい。

この記述を発見したのは一九九七年三月に出版されたハードカバー『JOHN WAYNE'S AMERICA』であった。副題に「名声の政治学」とついたこの本の著者は『リンカーンの三分間』(共同通信社)でピューリッツァ賞を受賞している評伝作家のG《ゲリー》・ウィルズ教授。この本の眼目は「死後十八年も経《た》った今日もなお〝あなたの最も好きな男優〟のトップにランクされるジョン・ウェインとは一体アメリカ人にとって何なのだろうか?」という問い掛けであった。一九九三年と一九九四年のアンケートではクリント・イーストウッドに次いで第二位であったジョン・ウェインが一九九五年の調査ではクリント・イーストウッドを抜いて、ついにトップの座に返り咲いた。死後十数年を経てますます人気の高まるジョン・ウェインに注目したウィルズ教授は、彼の人気の秘密を探ることはアメリカの本質を抉《えぐ》り出すことにつながると考えて、三年の歳月を費やしていろいろな角度からジョン・ウェインを解剖した。

因《ちな》みにトップテンの男優を列記すると、①ジョン・ウェイン②クリント・イーストウッド③メル・ギブソン④デンゼル・ワシントン⑤ケビン・コスナー⑥トム・ハンクス⑦シルベスター・スタローン⑧スティーヴン・セガール⑨アーノルド・シュワルツェネッガー⑩ロバート・デ・ニーロという順番になる。お分かりのように、この中で故人はウェインのみである。しかも、ランキングはずっと続くのだが、第一位にランクされているポール・ニューマンの六倍もの票がジョン・ウェインに投じられているというのだから驚く。四十歳にしてアメリカの男優の人気No.1になって以来、七十二歳で亡《な》くなるまでずっとトップの座を維持してきたウェイン。その彼が死後一時イーストウッドに奪われていたトップの座を奪い返したのだから、いかにアメリカ人が彼に憧《あこが》れているかがわかろうというもの。

生涯一度も兵役に服したことがないのに、〝彼こそアメリカ兵のモデルだ〟とマッカーサー元帥《げんすい》に絶賛されたウェイン。退役軍人会からゴールドメダルを、また海兵隊からも勲章を授けられ、第二次世界大戦での実戦のヒーローたちよりもはるかに深くアメリカ人の心に刻印されたヒーロー、ジョン・ウェイン。その一方で、ウェインこそアメリカをヴェトナム戦争へ突入させ、多くの若者たちを死の戦場へ追いやった張本人だと糾弾する評論家もいる訳だが、スクリーンに登場するウェインの姿は、彼の本性や人格をはるかに越え、アメリカ人に最も望まれる〝男の中の男〟として熱き憧れの理想像となって、アメリカ人の胸に結実する。スクリーンの中のジョン・ウェインこそアメリカの望む姿であり、ジョン・ウェインのアメリカとは、つまりフロンティア・スピリッツのアメリカとイコールであるという作者の結論は実に多くの示唆《しさ》に富んでいる。

1997.6

タイガー・ウッズとダブル・ボギー

スーパースター、タイガー・ウッズの出現によって、アメリカのプロゴルフ界に異変が起こった。一九九七年のフェニックス・オープンでのこと。16番パー3のショートホールの周りには、なんと二万人という大観衆がタイガーのショットを見ようと集まっていた。そのほとんどは酒を飲んでいない穏健な人たちだったのだが、タイガーがこのホールでホール・イン・ワンを達成した瞬間にギャラリーは狂乱の群衆へと早変わり。拳《こぶし》を突き上げ、足を踏みならし、大声で祝福し、ティー・グラウンドにはビールの空き缶や飲みかけの缶まで投げ込まれるという、かつてPGAゴルフ・ツアー競技のコースでは見られなかった、異様なまでのハイ・ヴォルテージを示した。

タイガー・ファンの期待が一気に歓喜へと爆発したということだが、天才ゴルファーの出現によってゴルフのファン層がぐんと広がり、ゴルフをしない人たちまで若きヒーローの姿をひと目見ようと、コースに押しかけはじめたことが原因だという。マスターズの最終日には、四千四百万人のアメリカ国民がテレビに見入ったと報告された。そして、四大トーナメントの中でも最も価値があるといわれるマスターズに、ぶっちぎりの新記録のスコアで優勝したことによって、タイガー熱は一層高まった。以前はゴルフ用具店に姿を見せなかった子どもたちが俄《にわか》に続々と道具を求めにつめかけ、アメリカ中のゴルフ練習場やドライビングレンジには子どもたちが群がるようになった。懸命にクラブを振り回す子どもたちの背後には、厳しい眼で見守る母親や父親の姿が見られるようになった。

彼らが第二第三のタイガー・ウッズを目指していることは言うまでもないが、若きスーパースターの出現がアメリカ一国のみならず、世界中のゴルフ界に強烈なインパクトをもたらし、新しい波とも呼べるブームを起こしたことは間違いない。

ところで、あなたは「ボギー」を知っていますか？と聞くと、誰もがゴルフ用語のパーより一つ多く叩《たた》いたスコアを指す「ボギー」のことだと思うに違いない。だが、僕のいうのは、「ボギー」の愛称で親しまれたハリウッド・スターのこと。ジョン・ウェインと並んでアメリカを知る上で忘れてはならないハンフリー・ボガートなのだ。

数年前アメリカを旅行中に楽しい雑誌に遭遇したのだが、それはハリウッド映画史百年を記念して批評家たちが今日までの映画スターの中からベスト・ハンドレッドを選んだエンターテインメント誌の特集号であった。

百年の映画史上トップに選ばれたスターは誰なのか？　それこそ興味津々《しんしん》でページを開いたのだが、このトップが「ボギー」ことボガートであったのだった。十数年前に彼のアメリカでの人気の凄《すご》さをニュース・マガジン等で読んだことがあったので、ある程度の知識はあったのだが、まさか死後四十年以上も経過した今日、ハリウッド映画史百年という歴史で考えたときに、ボガートがなみいるスターを押しのけてトップに君臨するとは想像だにしなかった。

このことがあってから、機会あるごとに百年史上のトップに選ばれたスターは誰だと思いますかと質問するのだが、誰一人として「ボギー」の名を口にした人はいない。

若い人たちにいたってはボガートという名前すらほとんど知らない状態で、答えを教えても不思議がる訳でもなく、知らなくて当然と白けたムードさえ漂ってしまうこともショックであった。かなりの年輩で、終戦直後のハリウッド映画黄金期に青春時代を過ごした事情通の人たちも、トップがボギーだと知ると、〝へえ、なんで？〟という顔をする。彼らの推すトップスターの名前はまちまちだが、だいたいチャップリン、クラーク・ゲーブル、ジョン・ウェイン、ケーリー・グラント、ゲイリー・クーパー、そしてジェームズ・スチュアートといったところ。実は雑誌を手にした僕の頭にとっさに浮かんだトップの座はジェームズ・スチュアートだった（因《ちな》みに彼ジミーは第三位、そして気になる第二位は女優のキャサリン・ヘップバーン）。

ボガートの代表映画は何かといえば、「カサブランカ」と、オスカーを手にした「アフリカの女王」であろう。苦虫を噛《か》みつぶしたような渋面顔で、眼のギョロリとした、やや悪漢面《づら》ともいえるボギー。

スタイルも際立《きわだ》っていい訳でもない彼が、なぜトップに君臨するのか？　ニューヨークの著名な外科医を父に、雑誌の売れっ子CMライターを母として、裕福な家に生まれたボギー。彼の悪戯《いたずら》っ子を思わせるやんちゃな生き様と、良家に育った者の持つ上昇志向を必要としない融通無碍《ゆうずうむげ》なリラックスした態度から発散される男の魅力は、個性的な顔だちと相まって、ソフィスティケイトされたアメリカ人の心を引きつける。

三度目までの結婚は無残ともいえる大失敗。しかし、四度目にローレン・バコールと

に
いう最良の伴侶《はんりょ》を得た彼は、スターとしての輝きを一層増し、男のダンディズムに益々《ますます》磨きがかかった。

彼の伝記はこれまでにもたくさん出版されたと聞くが、九七年の春にまた新たに二社からハードカバーが刊行された。タイトルは両者とも『BOGART』。まさにダブル・ボギーということになるが、批評家を含むインテリ層に死後もしっかりと人気を持つ「ボギー」と、一般大衆に投票させれば断然トップの「ジョン・ウェイン」はアメリカを知る上で実に貴重な存在であると思う。

1997.7

〝夢の国〟の裏の顔

「エコノミスト」誌が経済面、社会面、政治面そして生活面でのあらゆる統計上の数値を参照して十年ごとに「世界でいちばん住み心地のよい国調査」を行っている。一九九〇年代のトップに立った国はスイスだった。八〇年代の調査で一位だったフランスが六位に転落した原因は重税のためであったという。

スイスの美しさは、誰もが認めるところ。何度かこの国を旅して、いつも心の底から感心するのは、景色の素晴らしさもさることながら、スイス国民の観光立国の一員としての徹底した自覚の高さである。塵《ちり》一つ落ちていない道路と庭、綺麗《きれい》な花で飾られた家々の窓、ピカピカの窓ガラス、隅々まで丹念に刈られている草原。初めてこの国を訪れたときの感動と驚きと羨望《せんぼう》は、三十年近くたった今日もなお鮮烈だ。

もともと大自然の景観に恵まれていたとはいえ、国民が心を一つにして手入れに手入れを重ねて磨き上げたからこそ、世界でもっとも美しい国と呼ばれるようになった訳で、美しさの陰に隠されているであろう努力の凄《すご》さに感動を覚えるのだ。

また中立国という立場を保持し、二十世紀二度にわたってヨーロッパに吹き荒れた戦禍を無傷の状態でくぐり抜けてきた国でもあるスイスには、「美しい国」とともに「平和を愛する国」というイメージもしっかり定着している。日本でも「あなたのいちばん好きな国は？」とアンケートを取れば、必ずトップになるというスイス。とここまで書くと、スイスはまさに理想の国、夢の国ということになるのだが……。

たしかにこの国は外側から眺めているか、あるいは一介の旅行者、つまり一観光客として接する分には、まことに素敵で麗《うるわ》しき国家である。しかし、何らかの利害関係をもって接するとなると、タフでしたたかで凄腕《すごうで》、辣腕《らつわん》、喰えない腕っこきの商売人といった、別の顔が見えてくる。だからこそ戦争の嵐《あらし》の中を無事くぐり抜けられたのだともいえるのだが、最近のこのスイスという中立国に関するニュースは、第二次大戦中のナチスとの微妙な繋《つな》がりを匂《にお》わせるものが多く、「完全中立」という看板の陰に隠されていた商魂のたくましさと貪欲《どんよく》さといったものが次第に表沙汰《おもてざた》になってきている。

第二次大戦後暫《しばら》くして、赤十字の本部が置かれた中立国だったにも拘《かか》わらず、意外にも必死でナチスを逃れて亡命を求めたユダヤ人たちに救いの手を伸べず、ムザムザと国境で見殺しにしたという黒い噂《うわさ》も飛び交いはじめた。

またスイスといえば銀行王国。まともな金から怪しげな金まで、世界中の資産家たちの金品財宝を秘密金庫や匿名《とくめい》口座で預かるスイスの銀行。守秘義務の確かさが顧客の評判を生み、信用を今日まで築いてきたのだが、その守秘義務を盾に第二次大戦中に匿名口座を開いたものの、財産を託したまま虐殺《ぎゃくさつ》されてしまった多くのユダヤ人の財産を猫ばばしていると取り沙汰されるようになった。

「ニューヨーク・タイムズ」紙がある訴訟について報じている。訴えを起こしたのはアメリカ在住の元ルーマニア人、ヴァイスハウスさんで、第二次大戦中、スイスの銀行の匿名口座に隠し預金をしたまま、ナチスによってアウシュビッツの強制収容所へ送られ殺された父親の預金を戻して欲しいというものである。彼女はたった一人生き残った娘で、その預金で自分たちの失われた人生を再建したいのだと訴えている。また、彼女の弁護士の談話として、彼女の他に三千人以上の同じ境遇のユダヤ系の人たちが訴訟に踏み切る構えでいると伝えている。ヴァイスハウスさんは過去五十年間に三度もスイスの銀行に父親の預金について問い合わせたが、いずれも〝口座番号が分からなければダメ〟の一点張りで、まるでラチがあかなかったという。一説によれば、ホロコーストの犠牲となったユダヤ系の人々のスイスの銀行への匿名預金はもうすでになくなっているという。

このことを裏付けるかのようにスイスの歴史学者、ペーター・フーク博士は、大虐殺の犠牲者の眠っていた預金はかつて東ヨーロッパの国々で戦後共産化のため強制没収されたスイスの企業への政府の賠償金として使われたのでは、と推測している。また、アメリカ上院議員の銀行業務委員会のヘッドを務める（九七年当時）ニューヨーク州選出の共和党上院議員ダマト氏は、ホロコースト生き残りの人たちを招き公聴会を開いた結果、スイスの銀行業務に携わるトップの者たちが、承知で預金を握り潰《つぶ》している確証を得たと語っている。

父親の預金を返すことこそ「正義の道」だと主張するヴァイスハウスさんの訴訟はどのような道を辿《たど》るのだろうか。

1997.8

名画の運命

かつてパリのポンピドー文化センターを訪れては、ヨーロッパの名画の数々に見惚《みと》れたことがあった。ある日のこと、陳列されている名画の下に提示されている簡単な説明書のいくつかのプレートに「UNCLAIMED」という言葉のあるのを発見し、とても奇妙な気持ちになった。

アンクレイムドとは持主不明ということ。これほどの世界的な名画の持主がなぜ判《わか》らないのか？　そんな馬鹿《ばか》なことがあるのか？と不思議に思った訳だが、第二次世界大戦中にナチスに没収され、元の持主の消息が不明になってしまったためとわかった。戦争の傷跡が今日もはっきりと残されていることに改めて慄然《りつぜん》としたことが忘れられない。

暫《しば》し、絵の前に佇《たたず》んでいるとき頭をよぎったのはバート・ランカスター主演の映画「大列車作戦」であった。フランスの誇るルーヴル美術館の名画がドイツへ運び出されようとするのを阻止するため、フランス鉄道員のレジスタンス全員が知恵と勇気をふり絞って必死の戦いを挑む物語。何度も映画館やテレビで見て、忘れられない思い出の映画の一つである。

この物語の原作者は、当時ジュ・ド・ポーム美術館の館長であったローズ・バラン女史。彼女の書いた僅《わず》か三頁《ページ》の記録をもとに、レジスタンスだった人々やフランス鉄道の全面協力を得て、ジョン・フランケンハイマーが監督したこの映画は、鉄道映画の傑作としても話題となったものであった。ああ、あれかと思い出される方も多いと思うが、列車の向から先の駅の名前を次から次へと変え、列車があたかも確実にドイツへと向かっていると思わせて、実はフランス国内を堂々巡りさせているというトリックは実にスリリングだった。驀進《ばくしん》するSLの映像とともに今でも場面の幾つかが直《す》ぐ眼に浮かぶ。

結局、作戦は成功し、ドイツへ運ばれるのを見事阻止する訳だが、バート・ランカスターの大活躍と彼に協力する宿の女主人役のジャンヌ・モローのリアリティある名演技が忘れられない。そしてレジスタンスとして登場する鉄道員たちの個性溢《あふ》れるキャラクターも、しっかりと胸に刻まれた映画だった。

後年、パリの東駅から特急列車でドイツのフランクフルトへ向かったとき、途中通過する駅が「大列車作戦」の中に出てきた駅名と同じであることに気づき、狂喜する思いで車窓にしがみついたことがあった。このときの大興奮が忘れられず、以降パリからフランクフルトへはこのザールブリュッケン経由の列車の旅を繰り返し楽しんでいる。

一九九七年三月にアメリカで一冊の本を手にした。第二次世界大戦中にいかに多くの名画がナチによって盗み出されたか、そして戦争終了後に、それらの名画がどのような運命を辿《たど》ったのか？を追跡調査したものである。

本のタイトルは『THE LOST MUSEUM』（邦題「ナチの絵画略奪作戦」平凡社）で、副題には「世界の名画を盗んだナチの陰謀」とあった。著者は「ワールド・メディア・ネットワーク」の編集主幹のＨ《エクトール》・フェリシアーノ。かつて「ワシントン・ポスト」紙の文化欄担当の記者であった彼が、パリに住みつつ七年間かけて行った調査をもとに発表した作品である。

ヒトラーやゲーリング、さらにはナチスの高官によってドイツへ盗み出された莫大《ばくだい》な数の名画は、戦後取り戻され、正規の持主に無事戻ったものもあるが、冒頭に書いたように持主がユダヤ人強制収容所などで死亡したり消息不明となってしまい、帰る場所のないままフランスに保管されている作品は二千点をくだらないという。そして問題なのは、中立国という立場を利用してスイス国内で不当に取引された、ナチスによって盗み出された多くの名画である。ドガ、マチス、マネ、シスレー、コロー、そしてピサロといった名匠たちの作品が秘《ひそ》かにスイスに持ち込まれ、表向きは正規の取引という形で、スイスの画商たちによってコレクターたちの手に、格安ともいえる値で売り渡されたのであった。

一九四五年三月、連合国側の勝利が目前となった時点で、アメリカ、イギリス、フランスの三国は、戦時中ナチスにより持ち出された名画のスイス国内での取引に注目し、スイス政府に捜査への協力を求めた。スイス政府は一旦《いったん》は協力を約束しておきながら、戦後になると行政上の口実と法的解釈の違いを盾に、結局は拒絶ともいえる態度で調査を握り潰《つぶ》してしまったのであった。連合国側はこうしたスイス政府の態度に深い遺憾の意を表したが、スイスの法律の壁に阻《はば》まれて手の打ちようがなかった。その法律とは、持主が盗まれたとわかってから五年以内に申し立てなければ、正規の形で商取引された絵画は返すに及ばずというものである。ほとんどの名画は四〇年にドイツへ運び去られたもので、返済の請求がなされたのは終戦の四五年以降であるから、スイスの裁判所に提出された返還要求訴訟の全《すべ》ては却下されてしまったのである。

かくして、戦後も正当な持主に戻されることなく、ドガ、マチス、マネ、シスレー、コロー、そしてピサロの作品の幾つかはスイスの武器製造メーカーのオーナーで美術愛好家のエミル・G・ビュールレの個人美術館に飾られているという。しかも、これらの名画の経歴書からその辺りの経緯は全部削除され、あたかも正規のルートを経て現在の持主の手に入ったかのように見事に改竄《かいざん》されているという。前にスイスという中立国の平和な顔の陰に隠れているタフネスとハスラーな面にふれたが、自国の利益と国民の財産を守るための狡智《こうち》とも思える、徹底したエゴイストぶりが次々にこうした本によって明らかになっていく。今後国際間でどのようにスイスが対応するのか、興味あるところだ。

1997.9

夢ふくらませたスイスの物語

永世中立国スイスの暗部について考えていた矢先、「怒りがスイス銀行の金庫の鍵《かぎ》を開けた」という見出しのコラム記事が「ロスアンゼルス・タイムズ」紙の紙面を大きく飾った。筆者は第一期クリントン政権の財務省の高官を務めたロジャー・C・アルトマン氏。実はこのコラム記事の掲載される数日前に、まさに歴史的ともいえる展開があったのだ。スイス銀行協会がユダヤ人預金者千七百五十六名のリストとその預金総額が四二〇〇万ドルであると公表したのだ。アルトマン氏はこれを「道義」が商業の世界でも強烈な力を発揮した希有《けう》な事例の一つだとした上で、「世界中から湧《わ》きあがったスイス銀行への怒りの波が、遂《つい》に開かずの扉であった金庫の鍵を開けさせたのだ」と論評した。これまで長年にわたってスイスが作り上げてきた「ヒトラーの第三帝国の脅威の前に、弱々しく必死に身を守る弱小中立国」というイメージがいかにフィクションであったかを世界中が知ることになったのである。

スイス政府は明らかにヒトラー政権に加担し、すべて承知の上でホロコーストの被害者の財産を銀行の守秘義務を盾に猫ばばしようとしたことは明白で、こうした行為は醜いばかりか弁解の余地などまったくないと、アルトマン氏は切り捨てている。しかも被害者数と金額はまだ納得のいかない数字で、特に四二〇〇万ドルという預金は一九四〇年代の金額に換算すると、たったの五〇〇万ドル相当にしかならず、とてもじゃないが、こんなに少ないはずはないとつけ加えている。

アルトマン氏が指摘するように、世界に冠たる力を示してきたスイス銀行協会が、世界中からの非難の声に屈して初めて鉄の規則を曲げたわけだが、これから続々と現れるであろうホロコーストの犠牲者の家族や縁者たちからの訴訟や要求にどのように対応するのか。また戦後半世紀を経て、次第に露呈してきた暗い事実を、スイス政府が国際社会に対してどのように釈明するのか。失われつつある「麗《うるわ》しの国スイス」のイメージ復活をどのように図るのか、成り行きが注目される。

スイスの裏面にばかり目が向いてしまったが、ここでぽっかりと心の中に浮かび上がってきたのが、学生時代に熱中したスイスの作家G《ゴットフリート》・ケラーの作品であった。彼の長編教養小説『緑のハインリヒ』は忘れえぬ作品で、四冊本の分厚い岩波文庫の思い出が懐《なつ》かしく胸を揺する。ゲーテの「ヴィルヘルム・マイスター」の影響を強く受けたといわれるこの小説の主人公ハインリヒに傾倒し、彼の絵の修業の道をともに歩く想《おも》いで深く感情移入して小説にのめり込んだ。彼が遭遇する女性に憧《あこが》れ、特に激しく焦《こ》がれた美少女アンナと熱いキッスを交わすたびに、まるで当事者のような興奮に捉《とら》われるといった有様であった。

ケラーは長編ばかりでなく、死後、新聞の追悼文で「短編のシェークスピア」とまで賞讃《しょうさん》された。スイスの架空の町ゼルトヴィラを舞台に描かれた『村のロメオとユリア』に代表される、心温まる素敵な人々が織りなす『ゼルトヴィーラの人々』の短編集がある。ほかに『射撃祭』『グライフェン湖の代官』も夢中になった小説で、写真でしか見たことのないスイスの美しい光景と重なり、お伽話《とぎばなし》とも思える清らかな人間の物語は僕の心に深く沁《し》みた。

ハインリヒと同じように少年時代から画家を志していたという作家ケラーの自然描

写は的確で、スイスの森や湖や山々の清冽《せいれつ》な美しさが見事に伝わってきて、スイスへ行きたいという思いがぐんぐんと膨らんでいったのであった。

そして、この思いをさらに増幅したのが、スイス・アルプスのアイガー北壁の美しさと、この北壁に秘められた勇敢なる登攀史《とうはんし》の記録、H《ハインリヒ》・ハラーのノンフィクション『白いクモ』（二見書房）であった。スイスのベルナーオーバーラントの北部に位置する三九七〇メートルの高峰アイガー。その北壁は「魔の北壁」「人喰い壁」と呼ばれ恐れられていた。絶えざる悪天候と落石と雪崩《なだれ》。高度差一六〇〇メートルの絶壁は北に面しているために一年中凍結していて、登攀することの難しさは勿論《もちろん》のこと、ルート選択の難しさも重なって長い間人間を退けてきた。

「白いクモ」は北壁の難所の名前で、この他にも「死のビバーク」や「神々のトラバース」といったミステリアスな響きを持つ難所で有名なアイガー北壁は、神々《こうごう》しいまでに美しく、雄大な姿で屹立《きつりつ》する。この北壁に挑戦したクライマーたちの悲壮にして勇敢、かつ崇高な物語は、僕の心を打ち、荘厳《そうごん》なる写真は僕の心を虜《とりこ》にした。

かくしてケラーの生地チューリッヒとアイガー北壁の麓《ふもと》の村グリンデルワルトは、僕の学生時代の憧れの地となったのであった。

1997.10

コンピュータvs.人間、チェスの対決

コンピュータとの戦いについに敗れた男がいる。彼の名はゲリー・カスパロフ。人間が仕掛けた罠《わな》をコンピュータが見事に回避したのだ。カスパロフはご存知のように世界最強を誇る、チェス世界選手権連続王座保持者。彼は一九九七年五月に行われた、これまた世界最強を誇るチェス・コンピュータ、IBM社の「ディープ・ブルー」と名付けられた機械との対戦で、ワールド・チャンピオンとして初の敗北を喫した。

このニュースはたちまち世界中に報道され、画面や紙面に躍る〝コンピュータ勝利〟の言葉はチェス愛好者のみならず、一般の人々の注目を集めた。

僕がチェスに強い興味を抱いたのは、四十五年も前のこと。敬愛する作家の一人、S《シュテファン》・ツヴァイクの絶筆となった作品「チェスの話」がきっかけであった。一度もチェスをしたことのない中年男が、現役バリバリの世界チェスチャンピオンに挑戦し、あわや相手を負かすところまで追い詰めるという、実にスリリングで夢のような小説である。

第二次世界大戦中、ナチス・ドイツのゲシュタポに捕えられた一人の博士が、長期間尋問のためにホテルに軟禁される。ベッド以外何一つない白い壁の部屋での生活に、彼の精神は絶望的な状態になっていく。知的生活を送ってきた彼にとって何よりも耐え難いのは、活字のない世界に追い込まれたことであった。本も雑誌も辞書も新聞も一切読むことのできない毎日は、博士の精神を荒廃させ、活字を読みたいという渇望《かつぼう》は日増しに膨んでゆく。ついにはこのままでは発狂してしまうという恐怖におののくようになる。まさにゲシュタポの狙《ねら》い通りの効果が現れたのだ。そんな博士を救ったのは、深夜から明け方にかけて夜ごと行われる尋問の前に待たされる部屋で、ある夜、壁にかかっていた親衛隊将校のマントのポケットから、とっさに盗んだ一冊のチェスの本であった。

チェスのことは何も知らなかったが、活字に飢えていた博士はむさぼるように、過去数十年間に行われた名人戦の棋譜を毎日夢中で眺める。そして全《すべ》てを暗記してしまうのである。彼は毎日、朝昼晩と時間を定め、過去のチェス名人戦のゲームを頭の中で再現し、それを繰り返すことによって精神の荒廃を辛うじて免れたのであった。

そして釈放後、博士は大西洋航路の豪華客船上でチェスの世界チャンピオンに遭遇し、初めての実戦で驚異的な力を発揮する。過去の名人戦の棋譜を暗記、プログラミングすることで人間コンピュータとなった博士はチャンピオンを追い詰めるが、結局は際《きわ》どいところでかわされ敗退してしまう。原因は、頭の中で敵と味方に分かれて勝負を続けてきたために頭が混乱してしまったことと、ナチス・ドイツの恐ろしい影が突然彼の心に甦《よみがえ》り、恐怖で錯乱状態に陥ったためであった。

九六年「ディープ・ブルー」と初めて対戦したカスパロフは、粘り強くコンピュータの手を分析し、熟慮に熟慮を重ね、人智《じんち》の限りを尽くして精神面で動揺することのない機械の混乱を誘い、誤った手を指させることに集中した。その結果、三勝一敗二分けで相手を退け、チャンピオンの面目を保った。しかしIBM側はかなりの手応《てごた》えを持ち、さらに改良を重ねれば翌年は勝てると確信したのである。

その間の事情を記述したハードカバー、タイトルもズバリ『KASPAROV VERSUS DEEP BLUE』が九七年五月にスプリングラー社から出版された。著者のM《モンティ》・ニューボーンは国際チェス・コンピュータ協会の会長でカスパロフとの対戦を実現させた仕掛け人でもあった。「ディープ・ブルー」とカスパロフとのマッチゲームの直前に発売されたこの本は、約五十年に及ぶチェス・コンピュータ開発の苦闘の歴史を綴《つづ》り、悲願である人間最強のチェス・プレイヤーを負かす日が間近いことを示す一冊で、「チェス・コンピュータの時代がやってくる」という副題がついている。

結果はまさに予想どおりとなった訳だが、前年勝ったカスパロフを翌年の対戦で完全なる自信喪失へと追い込んだのは、一勝一敗一分けで迎えた第四戦に、カスパロフが必殺技として自信満々で放った誘いのハメ手をコンピュータがものの見事に見抜いたことにあった。カスパロフはのどから手が出るほど欲しがるはずと、罠のクイーンをしかけたが、コンピュータは取らず別の手を打つ。チャンピオン・カスパロフは、一年前とは見違えるほどコンピュータが進歩したことを感じ、にわかに相手への恐怖が頭をもたげたのであった。

それ以後、カスパロフは精神的優位を一挙に失ったように精彩を欠いて敗退した。これこそチェス・コンピュータが初めて人間を凌駕《りょうが》した歴史的な一瞬であった。果たしてカスパロフは巻き返せるのか、人間はもうチェス・コンピュータに永遠に勝てないのか、世界中が注目したが、その後「ディープ・ブルー」は引退してしまった。

1998.1

赤ワインに目覚めた本

学生時代、ドイツ文学に憧《あこが》れていたからというわけではないが、僕はドイツの白ワインが大好きだ。フルーティーでフレッシュ、爽《さわ》やかな飲み口に、どこの国でも、料理がなんであろうとも、前菜、魚、肉料理すべてをドイツ白ワイン一本槍《いっぽんやり》で通す。それもできることならモーゼル・ザール・ルヴァーの逸品の銘柄で……。だからワインに関しては、いつもお子様ランチだと笑われるが、実はなぜか赤ワインにとても弱いのだ。

　もともとアルコールに格別強くないせいかもしれないが、四十年ほど前の学生時代、国産赤ワインの口当たりの良さに、つい飲みすぎて猛烈にひどい目にあったことからくる潜在的恐怖症なのかもしれない。理由はともかくあのまったりというか、こくと渋みのある赤ワインを飲むとめちゃ酔いしてしまうのだ。

　二十数年前、当時はめったに口にすることができなかった、幻の銘酒といわれたフランス、ブルゴーニュのロマネ・コンティをがぶ飲みできるチャンスがあった。友人の一人フランス通の教授が張り込んで大量に買ったのである。この席に招かれた数人の客が、すべて超感嘆の声を発しては飲み、かつ唸《うな》っている中で、僕だけは「なぜこれが？」と「悪女の深情け」とも思えるロマネ・コンティの芳醇《ほうじゅん》さに一人辟易《へきえき》していた。まさに〝猫に小判〟の夜だったわけだが、どうも人間というものは過去の経験からそう簡単には抜け出せないようだ。

というのも、終戦時に小学校いや国民学校六年生であった僕にとって、ワインはめくるめくような遠い大人の世界の飲み物であるばかりか、言葉でしか知らない現実に見ることのない代物《しろもの》であった。戦後の焼け跡の何一つない極端な耐乏生活、食糧難、物資不足の時代である。ワインといったいわゆる贅沢品《ぜいたくひん》はただただ物語に登場するだけのもので、どんな味がするのか勝手に想像するばかりであった。

一九八九年に東西ドイツを隔てる壁が崩れたとき、東ドイツからどっと西側へと繰り出した人々はコカ・コーラとバナナに群がったという。壁には関係なく自由に飛び込んでくるテレビやラジオの電波によって、また小説や雑誌などによって、コークとバナナのことは知っていても、東ドイツのほとんどの人はまったく口にしたことがなかったから、それがどんな味なのかわからなかったのだ。中には実際に食べたり飲んだりしてみて、想像していたものとはまったく違った味に驚いた人もいたに違いない。

僕も物語に登場するワインの味をいろいろと想像しているうちに、いつしかワインの味が頭の中にできてしまっていた。その味は、葡萄《ぶどう》。つまり葡萄のジュースのようなものと思いこんだのであった。

今でこそ、フランスワインもドイツワインも日本中どこでも買える時代になったが、高度経済成長期以前の日本では、赤玉ポートワインがせいぜいであった。そしてポートワインを最初に飲んだときの違和感は今でも忘れられない。想像上の味とのあまりの違いに愕然《がくぜん》としたのだ。人工的な甘さのうえに強烈なアルコールを感じてショックだった。違う、違うと飲みつづけているうちに猛烈な酔いが気持ち悪さとともに襲ってきた。

翌日の頭の痛さと気分の悪さは絶望的なものであった。この瞬間からワインに対する僕の憧れは、しばらくの間、完全に消えてしまったのだが、十数年後にフランスの白ワイン、ソーテルヌの超甘口のシャトー・ラフォリ・ペラゲに遭遇して突如復活した。とろりとして甘く、フルーティーでおいしい白ワインに、「あ、これこそ僕が子どもの頃からずうっと思い描いていた理想の味だ」と叫んでいた。年齢とともに超甘口から爽やかさとあっさり感のある、やや甘口のドイツ白ワインの方へと移行してきたのだが、あの出逢《であ》いが今日まで尾を引いている。

そんな僕が、あの『南仏プロヴァンスの12か月』(河出文庫)の作家ピーター・メイルの小説『CHASING CÉZANNE』(邦題「セザンヌを探せ」河出書房新社)を読んで、突如フランスの赤ワインを猛烈に飲みたくなったのだ。どうしたわけか、彼の本からは料理と飲み物のおいしさが漂ってきて、空《す》き腹のときに読んだりすると、別に食べ物のことが書いていなくてもお腹《なか》がクーッと鳴ったり、喉《のど》がグビリとしたりするから不思議だ。彼の描く南仏プロヴァンスという土地柄が原因なのか、それとも作者自身が食いしん坊であるためか、とにかくメイルの本を読むと、妙に心が浮き浮きとしてきて、豊かな自然の恵みの美味なる食卓が目の前に浮かぶ。

特にこの小説は主人公たちが機会あるごとにレストランに入り、食事を楽しむ件《くだり》があることもあって、彼らの口にする赤ワインがにわかに魅力的に輝き始めたのであった。メイルのフランスへの憧れがそのまま読む者の心を弾ませてくれるのか、彼の書く文章の飛び抜けた面白さがそうさせるのか、メイルのエッセイと小説にすっかり洗脳されたのか、それまでわが家の隅で不遇な扱いを受けて転がっていた赤ワインをテーブルの中心に引っぱり出して開けた。グラスに注ぎ、ぐっと一杯口にしたとたん、今まで毛嫌いしてきた赤ワインがまるでウソのように暖かく丸く、芳醇な香りとともに身体《からだ》中にひろがった。そして、ピーター・メイルの小説の楽しさがまた一段と広がったのであった。

1998. 2

S・シェルダンの迫力

一九九七年の年始めから十二月末まで、アメリカの書評誌「パブリッシャーズ・ウイークリー」のハードカバー・フィクション部門のベストセラー・リストのトップの座に輝いた作家の名前を順に列挙してみよう。

P《パトリシア》・コーンウェル、M《マイクル》・クライトン、D《ディーン》・クーンツ、J《ジョン》・グリシャム、N《ネルソン》・デミル、ここで再びコーンウェル、D《ダニエル》・スティール、C《チャールズ》・フレイジャー、S《シドニー》・シェルダン、C《クライブ》・カッスラー、A《アン》・ライス、J《ジェームズ》・パタースンそして再びフレイジャーということになる。フレイジャーを除いては、既に日本でもお馴染《なじ》みの人気作家ばかりであるが、その中で特筆すべきは超ベテラン作家のシェルダンである。超訳という不思議な言葉で一時日本を席捲《せっけん》したヒットメーカーの彼の『氷の淑女』(徳間書店)は日米同時出版ということで、話題となったが、アメリカでも久し振りに、たった一週ではあったがトップの座に顔を出したのだ。〝老兵いまだ消えず〟といった感じでとても懐《なつ》かしかった。

原著のハードカバー『THE BEST LAID PLANS』を発売当時に開いた第一印象

は、行間がやたらと空いていて、老眼の僕には実に読み易《やす》く有り難い本だということだが、『ゲームの達人』（アカデミー出版）あたりを境にしてストーリーばかりを追う骨格だけのやせ細った物語に思え、作家の精神と肉体の老いが作品から感じられるようで、妙に寒々とした思いで読み始めたのであった。といっても、読者の心をキャッチするセンサーは益々《ますます》健在で、陰謀と企《たくら》み、そしてプロットの巧みさは流石《さすが》の技。さらに、今回は大統領を扱って、迫力と話題性が増したことが受けて、ポンとトップに躍り出た。

そのシェルダンに九七年十二月半ば、突如インタビューをする話が持ち上がり、急《きゅう》遽《きょ》ロスアンゼルスはビバリーヒルズにある彼の豪邸を訪ねることになった。

世界で最も多くの小説を読ませた作家シェルダンの総発売冊数は二億八千万という天文学的数字で、翻訳された国と言葉の数もギネスブックに載る世界記録。これまでに出版された彼の著作の表紙のモニュメント額が両側にずらっと飾られたコリドールを抜けると、広大な書斎があり、シェルダン氏自らニコニコと僕を迎えてくれた。素晴らしい庭を見渡すことのできる大きな窓を背にして彼のデスクがあり、その前には広いテーブルと豪勢な客用のソファーが置かれていた。

ソファーに案内され周りを見回すと、周囲の壁にしつらえられた本棚にはギッシリとハードカバーが並んでいて、部屋の広い空間に置かれたグランドピアノと相まって見事な雰囲気を作り出していた。手前のテーブルに眼を戻して驚いたのは、テーブル一杯に山積みとなっている本が、この一年間にベストセラー・リストを飾った作家たちのハードカバーであったことである。絶えず電話がかかってきて、応対に寸時の暇《いとま》もない様子のシェルダン氏が漸《ようや》く電話を一区切りさせて僕の前のソファーに腰掛けた。僕が早速、「やはり他のベストセラー作家の作品を絶えずリサーチしているのですか」と質問したところ、答えは意外や意外「他の（ベストセラー）作家の作品は絶対に読まない。なぜなら自分の文体が崩れるから」であった。

これは果たして本音なのか、それとも照れ隠しの建前論なのか見極めるすべはなかったが、何かとても人間的に思えて、愉快な気持ちになった。

部屋に通されてからずっとキョロキョロと辺りを見回していたのだが、一つのことが気になっていた。それは、書斎のどこにもタイプライターやワープロが見当たらないことだった。

「どこで書かれるのですか、まさか手で書かれているのじゃないでしょうね」と質問すると、大きな声で笑われてしまった。彼は最初の頃から、ほとんど全作品が口述筆記であるとのこと。秘書の女性が彼の口述する文章を記録し、コンピュータで処理するのだそうである。

彼の本の読み易さの要因はここにある訳で、平易な言葉を使った語り口で綴《つづ》られる文章は、読者の心に素直に流れ込んでくる。彼の作品が広く読まれる人気の秘密の一端をうかがうことができた。

写真で想像していたよりはるかに偉丈夫で、たくましい感じすらするシェルダン氏は、エネルギッシュで、老いをいささかも感じさせないばかりか、話し方にも迫力があり、圧倒された。作家として世に出るまでに、沢山の下積みの仕事を経験したという彼の話し振りにはいささかの迷いも見られず、言葉は確信に満ちていた。

八十歳を越えたというシェルダン氏のこれからの小説がどんな形になっていくのか、実際に面会してお話をうかがうことができたことで、にわかに興味が湧《わ》いてきたのであった。

1998. 3

南北戦争への郷愁

アメリカで本を出版すれば、必ずベストテンのトップにランクされる人気作家は、

J《ジョン》・グリシャム、T《トム》・クランシー、M《マイクル》・クライトン、P《パトリシア》・コーンウェル、そしてD《ダニエル》・スティールの五人。M《メアリ・ヒギンズ》・H・クラークもかつては常連であったが、現在は本によってはトップに顔を出すが、時折二、三位で止まってしまうことがある。またD《ディーン》・クーンツやS《スティーヴン》・キング、さらにC《クライブ》・カッスラーも冒頭に挙げた作家たちとぶつからなければ、トップの座を占める可能性のある作家で、事実、一九九七年の週間ベストテンのトップに全員がランクされている。こうしたトップの常連組と準常連組といった、並いるベテラン人気作家たちを押しのけ、新人作家のデビュー本がトップに躍り出るケースは一年に一度あるかないかといった確率なのだ。

だが、九七年六月にポンとトップの座にランクされたC《チャールズ》・フレイジャーの『COLD MOUNTAIN』（邦題「コールドマウンテン」新潮文庫）は、一旦《いったん》トップの座を降りたが、年末にかけてまた俄然《がぜん》勢いを取り戻し、トップの座に返り咲いた。それから九八年二月にグリシャムの『THE STREET LAWYER』（邦題「路上の弁護士」新潮文庫）が出版されるまでずっと首位の座を守って売れ続けたことは特筆に値する。評判を聞いて買って読んだ人たちの感動の輪が口《くち》コミで徐々に広がっていったことがベストテンの推移でうかがえる。フレイジャーの作品がアメリカ人読者の心をしっかりと捉《とら》えたことがわかる。

その理由の一つは、小説の舞台が南北戦争であったことにあるだろう。マスケット銃の一斉射撃でそれこそ将棋倒しのようにバタバタと倒れていく兵士たち。そして彼らを平気な顔で踏み越えて進む軍隊。とにかく南北戦争は凄《すさま》じい戦闘の連続で、まさに骨肉相食《あいは》む市民戦争はアメリカ国民の心に深い傷跡を残した訳だが、一方で、悔恨、愛憎、古き良き時代への懐古などがない交ぜになった複雑な感情が今でも強く心の中で渦巻いている。猛烈な郷愁に似た吸引力を南北戦争は持っているのだ。

フレイジャーはノースカロライナとコロラドの両州立大学で教鞭《きょうべん》を執る先生で一九五〇年生まれ。これまで短編小説と旅に関する本は二、三冊出版しているが、長編小説を書いたのは初めて。

物語はヴァージニア州のピーターズバーグの戦闘で、首に重い銃創を受け、生死の境目をさまよう南軍兵士インマンの病床から始まる。奇跡的に一命を取り留め、長いリハビリの末にようやく歩けるようになったインマンは、ある日、大量殺戮《さつりく》が続く戦場に背を向けて、一路ノースカロライナ州最西端の山岳地帯にある故郷コールドマウンテンへと旅立った。そこには戦前に愛を誓い合った恋人エイダが待っているはずだった。

戦争はもううんざりだった。彼は死に直面した後、自分の心に正直な生き方、自分の心に適《かな》う生き方を選んだのであった。南北両軍入り乱れての激戦地をくぐり抜けるインマンの旅はサスペンスにあふれ、個性的で魅力ある人々との出逢《であ》いは彼の心に磨きをかける。故郷への旅は試練の道であった。

一方、恋人のエイダにも戦争は重い影を落していた。父親の死によってにわかに収入の道が途絶えた彼女は、もはや「チャールストン・レディ」と呼ばれた、南部の典型的な贅沢《ぜいたく》で優雅な生活は送れなくなってしまったのだった。父親の残した農場での新生活は苦難の連続だったが、その中でエイダは自然に対する愛着を次第に深め、以前の生活では味わうことのなかった人生の充実感に満たされ、大きく成長していく。

南北戦争によって身も心も深く傷ついた若き兵士インマンの人間回帰への冒険旅行は、静かなトーンのリリックな文章で綴《つづ》られ、作者の知性の深さをうかがわせるばかりか、読者の心を奥深いところで力強く捉える。果たして二人は再会できるのか、期待と緊張の高まる中、物語は静かに熱く進行していく。

かくして初版二万五千部だった新人作家のハードカバー小説は、アメリカ国民の心の奥底に一世紀半を経たのちも今なおくすぶる南北戦争に対する悔恨の情をピリピリと刺激し、そしてあのR・J《ロバート・ジェームズ》・ウォラーの『マディソン郡の橋』(文春文庫)を伝説ともいえるベストセラーへと導いたアメリカ人の純愛への熱望をくすぐり、増刷に増刷を重ねることとなった。
もちろんハリウッドも放っておくはずがない。いち早くユナイテッド・アーチスト社が映画化権を獲得し、監督は「イングリッシュ・ペイシェント」でオスカーをさらったアンソニー・ミンゲラに決めたというから映画も大のお愉《たの》しみだ。南北戦争といえば映画の題材としても大ヒット間違いなし。それこそ空前絶後ともいえる超メガヒット作品となった「風と共に去りぬ」の原作者マーガレット・ミッチェルのように小説、映画の両方でフレイジャーは大喝采《だいかっさい》を浴びることになるのか、今後が実に楽しみだ。

1998.4

マイヤーリンクの墓泥棒

人間取り憑《つ》かれると、何をするかわからない。ごくごく普通の市井《しせい》の人間として平凡な人生を送ってきた男が、ある歴史的な謎《なぞ》の事件に興味を持ち、想《おも》いが高じてついにとてつもないことをしでかした。事件の謎を解くため、約百年前に埋められた死体を調べようと、深夜ひそかに墓地に侵入し、墓を暴《あば》き遺骨を盗み出したのだ。

それは想像しただけで身の毛もよだつ恐ろしいシーンだが、実行したのはオーストリア人で家具商を営むフラッツェルシュタイナー。彼が取り憑かれたのは、ハプスブルク王朝の最後の王位継承者であった皇太子ルドルフの自殺事件、世にいうところの「マイヤーリンク事件」であった。

ところで、日常生活でたえずついて回る言葉に、俗にいう「たられば」がある。もしもあのとき、あれがこうなっていたら、こうなっていれば、願望と悔恨を伴ういわば恨み節といえるもので、いってしまえば人生は些細《ささい》なことから大きなことまで、すべて「たられば」の連続の上に成り立っていることになる。僕自身の人生を振り返ってみても幾つかの大きな「たられば」があって、もしもあのとき違った道を進んでいたら、と別の人生を想像しては複雑な気持ちに捉《とら》われることもまあある。

歴史上の事件や出来事も同様で、ナポレオンがワーテルローの戦いでもし勝っていれば、第二次世界大戦中、ヒトラーがバトル・オブ・ブリテンを制してイギリス本土へ上陸していれば、太平洋戦争で緒戦の勝利に沸く時期に日本が早期終戦を果たしていたら、歴史はどう変わっていたか……数え上げたら星の数ほどある「たられば」。「たられば」「もしも」は歴史の禁句であることは百も承知だが、考えれば考えるほど想像力が刺激されて興味をひかれる事件や出来事が山ほどある。その中の一つが「マイヤーリンク事件」である。

もしルドルフ皇太子が自殺などせずに父親であるフランツ・ヨーゼフ皇帝の後を継いで王位に即《つ》いていたら、ルドルフに代わって皇太子となったフランツ・フェルディナントがサラエボで凶弾に倒れることはなかったであろうし、この暗殺事件に端を発した第一次世界大戦は回避されていたかもしれない。もしそうであれば、第二次世界大戦も起こらなかったのでは……。想像は強引さを増すが、次から次へと「たらればは」はふくらんでいく。

進取の気性に富み、リベラル思想の持ち主であった聡明《そうめい》な皇太子ルドルフ。オーストリア・ハンガリー帝国の将来を担《にな》う国民期待の星ルドルフは、なぜウィーン郊外マイヤーリンクにある狩猟用の別邸で、自らの命を絶たねばならなかったのか。しかもルドルフのかたわらに、若き男爵《だんしやく》令嬢マリー・ヴェッツェラの死体があったことから、ルドルフの死はミステリアスな謎の事件として世界中に衝撃を与えたのであった。

一八八九年一月三十日に起こったこの事件についてハプスブルク家はかたくなに沈黙を守り、皇太子の死という事実以外、詳細を全く公表しないばかりか捜査も妨害したため、自殺説、他殺説など様々な憶測が飛び交った。加えてマリーは毒殺か射殺か、合意の上での心中か、無理心中か、はたまた心中を装《よそお》った謀略殺人事件か？と噂《うわさ》は噂を生み疑惑は疑惑を呼んで優に三十を超える解釈が世界中で取り沙汰《ざた》された。ドイツ文学を学んでいた僕にとって、ハプスブルク家の歴史とともに心に深く刻み込まれた謎の事件だったのである。

この謎の事件に一条の光を差す不思議な本が出版されたのだ。冒頭に書いた「マイヤーリンクの謎」に取り憑かれた家具商は、マリーがどのようにして死んだのかをつきとめようと死体を掘り出し、彼女の名前を偽って遺骨をオーストリアの法医学の権威者に鑑定させ、死因と人物を確認させたのである。その結果は、死因は頭蓋《ずがいこつ》骨の損傷から銃弾によるもの、また遺骨の衣類の断片などからもすべての点で死体はマリー・ヴェッツェラであることを示していたのだった。

フラッツェルシュタイナーはこの鑑定結果をオーストリアの各新聞社にスクープとして売り込んだが、余りに突拍子もない話に、ヒトラーの偽《にせ》日記発見ニュースで苦い経験をした各社は誰一人耳を貸そうとはしなかった。しかし、ウィーン在住のフリー・ジャーナリスト、G《ゲオルク》・マルクスだけは散々迷った末に彼の話を聞くことにした。そして、これらの発見が真実であると知り、墓暴きの一切の経緯とマイヤーリンク事件の百年間の謎の究明を一冊にまとめて出版したのである。原題の直訳は「マイヤーリンク刑事事件とマリー・ヴェッツェラの生と死」。邦題は『うたかたの恋と墓泥棒』

（青山出版社）である。

歴史的事件の現場を訪ねていつも感じるのは、妙にはぐらかされたような思いだ。それは、訪れるこちらの事件への思い入れが強烈であるためと、事件現場の風景や建物といったものは何も語ってくれないことにある。十数年前、マンハッタン計画の中心地、世界で初めて原爆を製造したアメリカ・ニューメキシコ州のロスアラモスを訪れたときも、また世界最初の原爆実験を行ったアラモゴードの爆心地に立ったときも、溢《あふ》れるばかりの感情を抱いていたのに、眼前に展開するあまりにものどかで平和な光景に、一種の戸惑いに似た気持ちにとらわれ、妙にはぐらかされた心境になったのだった。

生々しさの度合い、つまり事件後長い年月が経過したことと、想像が勝手にどんどんふくらんでいたことも原因の一つなのだろう。その代わりにといってはなんだが、その印象の落差がもたらすのか、不思議なことに現場に立ったときの気持ちと目にした光景はいつまでも強烈に灼《や》きついていて、折りに触れ鮮烈に蘇《よみがえ》る。

一九九八年三月末、僕はマイヤーリンク事件の現場であるマイヤーリンクへ車を走らせていた。別件でウィーンに来た機会にぜひルドルフ皇太子と男爵令嬢マリー・ヴエッツェラが心中した館《やかた》を訪ねてみたいと思ったからだ。ウィーンから南西約三〇キロにあるマイヤーリンクまでは車で約四十分。問題の館は、ウィーンの森のはずれにひっそりとたたずんでいた。

心中事件後、ヨーゼフ皇帝の命令で館はただちに閉鎖され、カルメル会の女子修道院となった。季節外れとあって訪れる観光客もなく、寒空に教会の尖塔《せんとう》を際立《きわだ》たせていた。気温は零下四度。マイヤーリンク行きを実行できたのは、ザルツブルクからの帰りにウィーン西駅から乗ったタクシーの運転手さんのおかげだった。ホテルまでの道みちマイヤーリンク事件のことを尋ねると、実に明確な答えが返ってくる上に、家具商フラッツェルシュタイナーの墓泥棒事件のことも知っていて、ついには心中の原因は何だったのかといったことまで議論してしまったのだ。

そして、ロベルトと名乗った彼はマイヤーリンクに行くなら、ぜひ自分が案内したいと申し出てくれたのである。マイヤーリンクに立ち寄る半日バスツアーでもと思っていたのだが、三月中は月・水・土しか運行しないということで、それならタクシーでもと考えていた矢先のことだった。値段は？と聞くとバスの四倍でいいというので、それはぜひということになった。

修道院の門扉《もんぴ》の横にあるブザーを押して暫《しばら》く待ってみたがまったく応答がない。仕方なくもう一度押そうとした僕をロベルトが制した。ブザーの音を聞いてから扉までくるのに時間がかかるのだという。事実かなりの間があってからガチャリと戸が開き、中年の女性が顔を出した。

内部は暗く二十坪位の礼拝堂の正面に祭壇があった。廊下にはルドルフ皇太子やヴェッツェラ男爵令嬢の肖像画などが飾ってあり、往時の狩猟館の家具の一部などが展示されていた。短い廊下のどんづまりに記念の絵ハガキや説明パンフレットを売っている狭い部屋があって、これですべて。絵ハガキを何枚か買って元の道をたどって十分程で表へ出た。

不名誉な事件と考えたハプスブルク家は痕跡《こんせき》を消そうとして修道院に大改装した訳だから、何もないのは仕方ないとしても、少しは心ときめかす何かがあると期待していただけに肩透かしを食ったような心境であった。

しかし外に出て寒さに震えながら横の並木道を歩いたり、周囲の景色を眺めているうちに、百年前に起こった事件の舞台に立っていることに気づき、静寂の中を時折吹き抜ける風に鳴る梢《こずえ》の音を聞きながらルドルフ皇太子に思いを馳《は》せたのであった。

車に戻るとロベルトはヴェッツェラのお墓に行こうという。僕はまったく予期していなかった申し出に驚き、この近くにあるのかと聞くと、そうだという。にわかに好奇心に駆られ墓地へ出発したのだった。

ヴェッツェラ家の墓地は、ハイリゲンクロイツの大僧院とシューベルトがあの名曲「菩提樹《ぼだいじゅ》」を作曲した宿〝ヘルドリッヒスミューレ〟の途中にあった。大僧院は中世の文化と学問を高めるのに貢献した美しい中庭が評判である。畑と林ばかりの土の道のかたわらにある百五十坪ばかりのこぢんまりした墓地は土塀で囲まれ、小さな文字で〝ヴェッツェラ家の墓〟と書かれた金属板の標識が塀の上から突き出ていた。

僕が恐る恐る墓地の中をのぞいていると、ロベルトは平気で閉ざされていた鉄の扉を開けて中へ入っていった。大丈夫なのか、と声をかけたのだが、彼はこっちこっちと手招きしながら幾つかの墓標を通りすぎ、左奥中央の墓の前で、これがマリー・ヴェッツェラの墓だと指さした。夜中にここを歩いた墓泥棒の心境はどうだったろうかと想像しながら、生まれつき超がつくほど臆病者《おくびょうもの》の僕はおっかなびっくり男爵令嬢の墓へ近づいていった。

『うたかたの恋と墓泥棒』によれば、暗闇《くらやみ》の中に棺《ひつぎ》が現れたとき、かの家具商はマリーの遺骨に向かって英語で「マリー、楽しもうじゃないか」と挨拶《あいさつ》したという。彼の肝っ玉の太さには感嘆するばかりだが、僕の心は恐怖で凍りついてしまっていた。それればかりか、右肩の辺りがずしりと重くなったような気さえする。墓の前でここ、ここと手招きするロベルトを無視し、僕はポケットからカメラを取り出すと、へっぴり腰でヴェッツェラの墓の方を狙《ねら》ってシャッターを押すなり、一目散に墓地の外へと走り出していた。

車に逃げ込み、ややホッとしたものの、右肩から背中にかけてしめつけられるような痛みは、ぐんと増したようであった。やがて戻ってきたロベルトは、なんで近くで写真を撮らないのかとしきりに不思議がった。仕方なく、怖かったからだと何度も説明したのだが、彼は百年以上も前のことなのに何が怖いのだろうと納得できない様子だった。

恐しさばかりが先に立っていたのに、少し時間がたつと不思議なことに、もう一度あの修道院を訪れてみたくなったのである。恐怖の体験をきっかけに、歴史上の事実ではあっても現実味のなかったハプスブルク家のルドルフ皇太子、マリー、皇帝ヨーゼフ一世、エリーザベト、シュテファニーといった人たちがにわかに生々しく感じられるようになったのだ。

暮れなずむマイヤーリンクの館の前に再び佇《たたず》んだとき、たった一時間ほど前に訪れたときには感じられなかった時の重みが肌で感じられ、「うたかたの恋」はマリーの墓泥棒によって、初めて僕にとって現実のこととなったのだった。

1998. 5〜7

太宰治《だざいおさむ》とゲイシャ物語

好きな文学作品の舞台を訪ねて主人公の歩いた道を実際に辿《たど》ってみる。僕の大好きな旅の一つだ。今回思い立ったのは太宰治の「富嶽《ふがく》百景」。作品の記述はどの程度正確か、記述を辿ることによって作家太宰治の心情にどこまで迫ることができるのか。

僕は富士山に特別な思いがある。それは幼いころから培《つちか》われたもので、戦争中に子供時代を過ごした僕には、霊峰富士という言葉に象徴される、日本のシンボルとしての富士山がしっかりと心に植えつけられている。富士山の雄姿を目にすると、ときめきともいえる感動を覚えてしまうのだ。

終戦から二、三年後のたしか中学三年生のころだったと思うが、「富嶽百景」を読んだときの印象は実に鮮烈だった。ディテールは忘れてしまったが、富士山と月見草の対峙《たいじ》を含めてしっかりと心に焼きつき、爾来《じらい》富士山を見るたびに太宰治と「富嶽百景」を思い出すようになった。

昭和十三年秋、当時二十九歳だった太宰治は作家としての新しい道を模索すべく、またそれまでの人生のゴタゴタにきっぱりと終止符を打ち新たな生活へと踏み出す決意を秘めて、富士山を眼前にする山梨県御坂峠《みさかとうげ》の天下茶屋へと向かったのだった。彼が師と仰ぐ作家、井伏鱒二《ますじ》の招きに応じたのである。

この天下茶屋でのほぼ三ヶ月にわたる滞在生活は、彼のターニングポイントとして見逃せない。翌十四年に発表された「富嶽百景」にはその間の事情が簡潔な文章で見事に綴《つづ》られていて、日本一の山富士山との心の葛藤《かっとう》は読む者の心を深く穿《うが》つ傑作短編となっていることはご承知の通り。

五月下旬、僕は本を片手に作品通りの道を辿って天下茶屋を訪れた。標高一三〇〇メートルにある天下茶屋からの富士の眺めはまさに「絶景かな」という素晴らしいものであった。完璧《かんぺき》なものを前にすると照れくさくなる太宰の面目躍如の「これは、まるで、風呂屋《ふろや》のペンキ画だ。芝居の書割だ」という悪態ともいえる記述が何とも微笑《ほほえ》ましく感じられ、太宰がこの地に立って同じ光景を眺めていたという感動がじわりと湧《わ》いてきた。記述されている建物や光景を前にすると作品がより現実的になり、より心に深く響いてくる。天下茶屋は建て直されて太宰が滞在した当時のものとは変わっているが、茶屋の二階には太宰が使っていた机や火鉢、それにアンカなどが残されている記念の部屋があるのが嬉《うれ》しい。

この二階の部屋の窓から、太宰が見つめていたのと同じように眼前に屹立《きつりつ》する富士山を暫《しばら》く眺めていたら、突如「フジヤマ・ゲイシャ」という言葉が頭をよぎった。戦前のみならず終戦後もかなりの間はこの「フジヤマ・ゲイシャ」は日本を象徴する言葉だった。しかし戦後半世紀以上経た今日、日本各地での三業地の衰退は著しく芸者衆の数も大幅に減り、富士山は健在でも芸者衆は次第に影が薄くなってしまった。かつて外国に日本が紹介される際、常套《じょうとう》文句のように使われた「フジヤマ・ゲイシャ」は今は余り使われなくなったが、依然として外国人の心に深く浸透している。とくに「ゲイシャ」は日本のエキゾチックさを強調するうえでも世界的になり、富士山は知らなくても「ゲイシャ」は知っているという現象が出来《しゅったい》した。現実に英語辞典や独語辞典、また仏語辞典をめくっても、富士山は載っていないが「ＧＥＩＳＨＡ」はちゃんと載っている。

話は少々横道にそれるが一九九七年十二月にアメリカを訪れた際、書店の平台にうずたかく積まれたハードカバーの一つに『MEMOIRS OF A GEISHA』というタイトルがあるのにドキッとした。思わず手に取って見ると、表紙に半玉姿《はんぎよく》と思われるまだ幼なさの残る美女の写真が載っていて、タイトルの下にはＮＯＶＥＬ即《すなわ》ち小説という但《ただ》し書きがついていた。一体、どんな作品なのかと購買欲をそそられたが、「あるゲイシャの回顧録」というタイトルが妙に刺激的で、なにやら外国人向けの際物《きわもの》小説のような印象を強くして買うのをためらってしまった。

ところが日本に帰ってアメリカの書評誌を見ると、この小説がベストテンの中位にいる。しかも十月の発売以来ずっとランキング入りをしていることを知り、しまった、あのとき買っておけばよかったのにという思いが次第に募ってきた。年を越してもベストテンに常駐するロングセラー振りにこの思いは益々《ますます》強まり、ぜひ読んでみようという気持ちになったのである。そして九八年三月　S・ツヴァイク《シュテファン》を個人的に取材する旅行でウィーンを訪問した際に、パリの英語本専門店W・H・スミスでようやく手中にしたのであった。

読みはじめるや、たちまち夢中になってしまった。京都の祇園《ぎおん》の芸妓《げいぎ》としてトップの座に立った実在の人物ニッタ・サユリ。彼女の人生は、まさに波乱万丈という言葉がぴったり。彼女の回想をテープに録《と》り、小説という形で出版されたとはいえ、実話の持つ説得力は強烈で、九歳で人買いに売られた主人公の人生は読者の心を虜《とりこ》にする。

ニューヨークのウォルドルフ・アストリアホテルのタワーといえば、世界的な著名人たちが住んでいることで余りにも有名な豪華マンション。一ヶ月の家賃がどれほどか想像もつかないが、目の玉の飛び出る高額であることは間違いない。ここに居を構えることは最高の贅沢《ぜいたく》であり、まさにステイタスそのもの。このタワーに、戦後十数年で日本人女性が居を構えていたというのだから凄《すご》い。

当時は一ドル三六〇円、そのうえ日本から持ち出せる外貨は制限されており、たったの五〇〇ドルであった。日本はまだ敗戦のショックから抜けきれない混乱の時代だった。海外旅行などは夢のまた夢というときに、すでにタワーの二部屋を和室に改装して住んでいた女性とは一体どんな人物なのか。この人こそA《アーサー》・ゴールデン著『MEMOIRS OF A GEISHA』のヒロイン、ニッタ・サユリさん。戦前、京都祇園の芸妓として名を馳《は》せ、戦後暫くしてアメリカに渡ってニューヨークに料亭を開き、アメリカの国籍を得てタワーに居を構えた実在の人物である。

日本海に面した貧しい小漁村。岬の崖《がけ》っぷちに立つあばら家に、漁師の娘として生まれたサユリは、九歳のとき四歳年上の姉とともに人買いに売られた。もともと貧しかったが、母親が胸を患《わずら》ってさらに極貧の度合いを増し薬代どころか日々の食糧にも事欠くようになったのであった。一九二九年、昭和四年のことである。

中年の男に連れられて京都に着いたふたりは離れ離れにされてしまう。姉に比べはるかな美貌《びぼう》の持ち主であったサユリが預けられたのは祇園の置屋さん。彼女の母親ゆずりの、日本人には珍しい灰色の瞳《ひとみ》が女将《おかみ》の心を捉《とら》えたのであった。

このときからサユリの芸妓人生がスタートし、先行きの保証もないまま、彼女はあらゆる下働きにコキ使われ、また先輩のお姐《ねえ》さんたちの厳しいシゴキに耐えて必死で働くことになるのだが、彼女の心を片時も離れなかったのは姉の居場所であった。使いに外に出されたとき、わずかな時間を割いて姉の行方を探した結果、やっとつきとめた姉の居場所は、なんと遊廓《ゆうかく》の一軒。

事の悲惨さに打ちひしがれたサユリは智恵《ちえ》を絞り、姉との脱走計画を練る。そして打ち合わせた夜に実行するのだが、屋根伝いに逃げる途中で道路に落下し結局失敗してしまう。しかし姉は待ち合わせ場所に現れなかった妹を諦《あきら》め、夜逃げに成功したことを人伝《ひとづて》に聞きホッとする。この日からサユリは覚悟を決め、修業と下働きに日々精進。沢山の稽古事《けいこごと》に追い廻されながら掃除洗濯、皿洗い、料理、裁縫そして買い物、またお姐さん方の走り使いとキリキリ舞の毎日の身を切るような辛《つら》さに耐えることになったのだが、いちばんの苦しみは彼女の美貌への嫌がらせであった。

すでに祇園でも売れっ子芸妓の一人となっていた先輩も、将来、置屋での自分の地位が危うくなると直感し、あらゆる機会を狙《ねら》ってサユリを貶《おとし》めにかかる。弁解の機会すら与えられないままサユリは何度も窮地に立たされるが、その度に類《たぐい》まれなる智力と誠実さでなんとか切り抜ける。サユリは次第に頭角を現しはじめ、数年後には遂《つい》に女将に認められ、置屋の跡取りとしてニッタ家の養女に迎えられ、改めてニッタ・サユリを名乗ることになったのだった。

養女となった彼女が芸と美貌に磨きをかけ、やがて超一流の売れっ子芸者へと成長していく波瀾《はらん》万丈の物語は、読者の心を捉え興奮させる。自分の数奇な生涯を振り返って語り聞かせたものを、著者は約束通り死後一年を経て小説という形で発表した。実録ともいえる回顧録は一篇の物語としての面白さも際立っているが、今やわれわれ日本人にとっても理解を越える言葉となった「水揚げ」や「旦那《だんな》」、さらには戦前の祇園という特殊な世界を、英語の文章で余すところなく伝えている。まことにもって不思議な感覚を伴って刮目《かつもく》させられる小説である。

一九二〇年代初め、国際旅客奨励会（現ＪＴＢ）は日本の観光案内ポスターを製作し、世界の主要都市に配布した。京都の東寺《とうじ》の五重塔をバックに、左下隅には満開の桜の花を、そして右下隅には可愛《かわい》らしい祇園の半玉の芸妓さんを配したポスターで、キャッチフレーズは世界各国の言葉で「日出《い》ずる国へいらっしゃい」。このポスターに触発されたわけでもないだろうが、以後続々と日本を訪れ始めた各国の首脳、政治家、イギリス貴族やアメリカの億万長者、そして著名人や映画スターたちは必ず京都の祇園のお茶屋さんに立ち寄り、芸妓さんの姿を愛《め》でたのであった。結果「ＧＥＩＳＨＡ」は世界語となった訳である。

彼女たちはいわば日本の接待外交官の役割を担《にな》ったわけだが、この本にも分量的には少ないが、著名人の印象を綴った記述がある。

酌をしながら通訳を介して延々一時間余りも退屈な話を聞かされ続けたという、ドイツの文豪Ｔ《トーマス》・マンとチャーリー・チャップリン。へべれけに酔ったＥ《アーネスト》・ヘミングウェイは、真っ白な顔の舞妓《まいこ》さんの美しい真っ赤な口唇《くちびる》を「雪の中の血だ」と称したという。それぞれの人柄を彷彿《ほうふつ》とさせるエピソードである。

こうした海外の著名人の他にはかつての日本の連合艦隊司令長官、山本五十六《いそろく》元帥《げんすい》のお座敷での話が面白い。何事にも勝負強く負けることを知らない元帥に、勝つ秘訣《ひけつ》は何かと質問したところ、元帥は「自分は決して相手を負かそうとして対峙したことはない。ただ相手の自信をうち崩す術《すべ》を模索するのだ。人間は自信が揺らぐと勝利への道に心を集中することができなくなる。勝負はどちらも対等なのだ。絶対に対等なのだ。双方が同じ自信さえ持っているならば……」と答えた。この山本五十六元帥（当時は少将だったのか大将だったのか）の言葉をヒロインのニッタ・サユリは教訓とし、彼女に敵対する朋輩《ほうばい》芸者の戦意を喪失させる話は大いに楽しめる。

ハーバード大とコロンビア大で日本語や日本美術を学び、一時期滞日したことがあるという著者の英文は、日本語のニュアンスと日本人の心の襞《ひだ》を的確に捉えていて実にスムーズで愉《たの》しい上に詩的である。彼女の苦闘の一代記と心の奥に深く秘められた一人の男性への熱き思いは読者の心を魅了し熱き涙さえ誘う。「GEISHA」というエキゾチックさを搔《か》き立てる、またある種神秘さも感じさせる要素に負うところはあるのだろうが、三十六週にわたって、ヒット・チャートの一五位までのランキングの中位にあり続ける人気の秘密は全世界に共通するヒューマン・ドキュメントとしての素晴らしさにあるに違いない。

そしてさらに驚かされたのは、スピルバーグ監督が早速この物語を映画化すると宣言したことである。ヒロインにどんな女性が抜擢《ばってき》されるのかも楽しみだが、京都を舞台にした舞妓さんの物語をスピルバーグはどんな映画にするのか、過去、外国人によって映画化された日本を題材にした物語に感心したことがないだけに、まことに興味津々《しんしん》なところだ。

太宰治の「富嶽百景」の話はフジヤマからゲイシャに飛び火してすっかり横道にそれてしまった。話を太宰に戻そう。人生の大事な岐路に立ったとき、太宰治は必ず富士山の間近に見える場所に居たと長部《おさべ》日出雄さんは『辻《つじ》音楽師の唄《うた》』（文春文庫）で記している。「富嶽百景」をポケットに太宰治と同じ道を歩くと、富士山に対峙し自分の心を深く見つめる彼の心境が何やら惻々《そくそく》と胸に響き、とても真摯《しんし》な気持ちにさせられる。あるときは罵倒《ばとう》し冷笑し、またあるときは感嘆の声を発する太宰治の富士山への心の変化を辿《たど》ることによって彼の文学をより深く身近に捉えられ、ぐんと太宰治に近づいた思いがしたものだ。

九八年は彼の死後五十年ということで桜桃忌《おうとうき》のニュースはいろいろなメディアで報じられ、依然として太宰文学の根強い人気を思い知らされたが、時期を合わせるかのように『人間失格』に関する大量の創作メモが発見されたというニュースは一際《ひときわ》センセーショナルなものであった。このメモによって、これまで自伝的な要素が濃いとされていたこの作品がむしろ完全にフィクション、つまり作者によって創造された小説であることが明らかになったというのである。

太宰治の虚像と実像にはかなり振幅があって、というよりは太宰文学と本人との間には端倪《たんげい》すべからざるものがあって、実に心をそそられるが、彼の文学に耽溺《たんでき》すればするほど一見悩めるひ弱な文学青年といった印象は遠ざかり、骨太で頑健な颯爽《さっそう》として逞《たくま》しい男性像が浮かび上がってくる。「月見草」という言葉から可憐《かれん》な草花をつい想像してしまうが、河口湖で撮られた月見草と富士山の写真を眺めると、どっこい月見草は実に逞しいものだと感じた。
「富士には、月見草がよく似合う」という太宰治の言葉は、秀麗にして磐石な富士と可憐でひ弱ないたいけない草花という対比を表したのではなく、何事にも敢然と立ち向かう人間の強さを月見草に託して表現したのだという思いが強くなる。だから文学の旅は愉しい。

実はこの『MEMOIRS OF A GEISHA』をめぐる話には後日談がある。ハードカバーが出版されてから約三年後に翻訳本『さゆり』(文藝春秋)が出版されたのだが、そのときになって初めて、ヒロイン「サユリ」が実在の人物ではないことを知ったのだ。僕は作者ゴールデンの術中に見事にはまり、実録をフィクションに仕立てたものと思い込んでしまったのである。ニューヨークでモデル探しまでしてしまったのは、何ともお恥ずかしい限りなのだが、小説に引き込まれてしまった余りのご愛嬌《あいきょう》、とお許しいただきたい。

1998. 8〜10

アメリカに根づく感動物語

一九九八年、アメリカ大リーグはホームラン新記録に熱く燃えていた。果たして大リーグ新記録のホームランは何本なのか。タイトルを獲《と》るのはセントルイス・カージナルスのマグワイヤ選手か、シカゴ・カブスのソーサ選手なのか、白熱したレースが展開された。

ロジャー・マリスの記録を三十七年めにしてマグワイヤ選手が塗り替えた六二本新記録の試合を偶然衛星放送で見ていたのだが、その瞬間の鳥肌の立つような興奮と感動は、なにやら久し振りに歴史的瞬間を共にした体験であった。球場全体が興奮の坩堝《るつぼ》と化し、スタンディング・オベイションの歓喜の渦の中、ダイヤモンドを一周するマグワイヤ選手の姿をテレビの画面で眺めているとき、突如僕の脳裏にフラッシュしたのは、ニューヨーク・ヤンキースの不滅の名選手、鉄人と呼ばれたルー・ゲーリッグの送別試合の光景であった。といっても、それはハリウッド映画「打撃王」の一シーンなのだが。

ゲーリー・クーパーがゲーリッグに扮《ふん》し、その生涯を描いた「打撃王」は僕の心に強く灼《や》きついて離れない。中でも送別試合となったヤンキー・スタジアムのシーンは特に忘れられないのだ。三九年七月四日、アメリカ独立記念日。この日、ゲーリッグの現役最後の晴れ姿を一目見ようとヤンキー・スタジアムに集った観客の数は六万二千人。十七年間ヤンキースに在籍し、朋友《ほうゆう》ベーブ・ルースとともにヤンキースの黄金時代を築き、アメリカ全土のみならず全世界に一大野球ブームを巻き起こしたスーパースターのルー・ゲーリッグ。生涯打率三割四分、ホームラン総数四九三本。そして何よりも不滅の大記録と称《たた》えられた二一三〇試合連続出場記録保持者であった彼の肉体はいつしかＡＬＳ、筋萎縮《いしゅく》性側索硬化症に冒されていた。

当時、進行性の小児麻痺《まひ》と診断された彼は、余命いくばくもないことを知り、大観衆の惜別の念と愛情の拍手の中で送別試合に臨んだのであった。このシーンはベーブ・ルースをはじめヤンキースの選手たちが実際に出演して再現されたのだが、妻役のテレサ・ライトの清楚《せいそ》な美しさ、ゲーリー・クーパーの迫真の演技、そして彼を見守る大観衆の素晴らしい拍手と相まって、涙、涙そしてまた涙といった感じで、映画を見終わったあとも暫《しばら》く映画館から出られなかった。懐《なつ》かしい憶《おも》い出である。彼はこの送別試合の二年後の四一年に三十七歳の若さで亡《な》くなった。死因は後にＡＬＳと診断され彼の名に因《ちな》んでルー・ゲーリッグ病と呼ばれるようになった。

マグワイヤ選手の凱旋《がいせん》ランニングともいえるダイヤモンド一周の歓喜の姿になぜ悲壮なゲーリッグの姿が重なったのかといえば、アメリカの大リーグファンの今も昔も変わらぬマナーのよさと暖かさを実感したことと、もう一つは最近とみに感動した一冊の本の影響があったからだ。その本とはダブルデイ社から出版されたノンフィクションのハードカバー、M《ミッチ》・アルボム著『TUESDAYS WITH MORRIE』(邦題「モリー先生との火曜日」日本放送出版協会)である。

九七年十一月初旬にアメリカで出版されたこの本はすぐにノンフィクション部門のベストフィフティーンの第一四位にランクされ、週毎《ごと》に徐々にランクを上げながら年を越し、九八年四月にトップに躍進するやその座に常駐したという全米話題の一冊なのだ。ところが僕がこの本を知ったのは、うかつなことに七月に入ってからであった。いつもあちらの書評誌のベストセラー・リストを見るのを楽しみにしていながら、フィクション部門にばかり気を取られて、ノンフィクション部門でのこの本の静かなブームをつい見逃していたのだ。

ある日、トップの座にいるこの本のランキング入り数が連続三十七週であることを見て愕然《がくぜん》としたのだった。一体、どんな本なのか? 俄《にわか》に興味を抱きタイトルの下の短い紹介記事を見ると、「あるスポーツライターが死を間近に迎えた大学の恩師を毎週訪ねて得たものを綴《つづ》ったもの」とあった。

その後アメリカに取材で訪れた八月中旬、ニューヨークの空港の売店で漸《ようや》くこの本を買うチャンスが訪れたのだった。一九ドル四五、本のサイズも小振りで頁《ページ》数も一九二と旅に最適な本だった。飛行機の中で読み始めたら止まらなくなり、一気に読み切ってしまったのだった。

マサチューセッツ州ウォルサムのブランダイス大学社会心理学教授モリー・シュワルツは学生に慕われる素敵な先生であった。彼の大いなる愉《たの》しみはダンス。いやダンスなしでは夜も日も明けないほどの熱中ぶりであった。その彼が六十歳を越して急に踊れなくなったのだ。あれほど自在に動いた足が。あらゆる検査の結果、ようやく判明した病名は、現在も治療法のないルー・ゲーリッグ病であった。

死の宣告を受けた彼は残された僅《わず》かな日々をベストを尽くして生きることを決心する。このことをテレビ番組で知った教え子である著者、アルボムは火曜日毎にモリー教授宅を訪れ、一対一で講義を受けたのだった。

「死ぬのは自然なこと」モリーはにっこり笑って、また話をつづける。「みんな死のことでこんなに大騒ぎするのは、自分を自然の一部と思っていないからだよ。

人間だから自然より上だと思っている」（中略）「そうじゃないよね。生まれるものはみんな死ぬんだ」（中略）「人間は、お互いに愛し合えるかぎり、またその愛し合った気持をおぼえているかぎり、死んでもほんとうに行ってしまうことはない。つくり出した愛はすべてそのまま残っている。死んでも生きつづけるんだ――この世にいる間にふれた人、育てた人すべての心の中に」（中略）「死で人生は終わる、つながりは終わらない」

確実な死を前に語られる教授の言葉は読者の心を激しく揺さぶり、生きる勇気と感動を与えてくれる。マグワイヤ選手とアメリカの観衆、そしてゲーリッグ選手とモリー教授。アメリカにはまだまだ感動物語がしっかりと社会に定着しているのだ。

1998.11

老いてますます……

作家というのは一体何歳くらいまで小説を書けるのだろうか？　最近しきりに思う。というのも僕の好きな作家には八十歳九十歳を過ぎても小説を書いてもらいたいからにほかならない。毎年秋に一冊、きちんと新作を発表してくれるD・フランシス。英米版の新作ハードカバーを読むのが一番の愉《たの》しみともいえる僕にとって、フランシスはかけがえのない作家の一人なのだ。

彼の誕生日は一九二〇年十月三十一日。〝いつまでもあると思うな親と金〟ではないがここ数年、フランシスが七十歳を過ぎる頃から、今年はちゃんと出版されるのか？と不安と期待でハラハラドキドキとその日を待つことが毎年続いているのだ。幸いなことに九八年の秋も新作『FIELD OF 13』（邦題「出走」早川書房）が出版され、よかった万歳！と大拍手したのだが、なんと彼の第三十九作目に当たるこのハードカバーは短編集、つまりタイトルの示すように十三編の短編を集めたものだったのだ。なんと、と書いたのは、未発表物の短編とはいえ十三編中八編が六〇年から七〇年初期の作品であったのだ。頭を最初によぎった思いは「フランシス、ついに老いたか」であった。長編小説はもう書けなくなったのか？　来年はもうすべてアウトなのか？　短編ならまだいけるのか？　いや今年は短編でお茶を濁しても来年はしっかりと長編小説を出版してくれるのか？　短編集のハードカバーを手にしながら頭の中では沢山の疑問符がぐるぐると回ったのだった。

その後到着した「パブリッシャーズ・ウイークリー」誌の最新号では、初版二十万

女王陛下の騎手
D・フランシス

部を刷ったこの短編集が二週間でベストテンの第九位から第六位へとジャンプしていて、流石《さすが》フランシス、短編集でも皆が待ち焦《こ》がれていたのだ、と何だかとても嬉《うれ》しくなった。更に嬉しさが倍増したのは、この本の宣伝のためフランシスがアメリカの主要都市を回ると書いてあったことであった。キャンペーンに出るということは元気な証拠、来年はぜひ長編小説を、とお愉しみはまだ続く気配にホッと胸をなで下ろしたのであった。

二〇年生まれといえば、あの『ホテル』『大空港』『自動車』でお馴染《なじ》みのA《アーサー》・ヘイリーも同い歳《どし》だ。九七年に出版された『DETECTIVE』（邦題「殺人課刑事」新潮文庫）をアメリカの書店で発見したときには、アレッまだヘイリーは健在なんだとびっくりしたものであった。実は何年か前に彼のハードカバーを読んだきり、余りにも久しぶりだったので、勝手にもう過去の人にしてしまっていたのだった。正確な年齢はあとで日本へ帰ってから判《わか》ったのだが、書店で本を手にしたときはもう九十歳近いのでは、と恐る恐る新刊かどうかを確かめたのだった。ところが読んでみると年齢などまったく感じさせない、いつも通りのいや以前よりむしろぐんとパワーと迫力が増した感じすらするのには再度驚かされた。ヘイリーは大健在なのだ。

じっくりとディテールを積み重ねて物語を構築していく手法は益々《ますます》磨きがかかり、

その丹念さと地道な取材による情報収集力もエネルギッシュで、淡白で枯れたなどというところが毛ほども感じられないのだから嬉しくなる。小説のスタイルも、ヒーローのマイアミ警察殺人課部長刑事マルコム・エインズリーも、ちょっと昔気質《むかしかたぎ》の重厚さがあって、今となっては貴重なヘイリー小説に物語はかくあるべし、という深い充足感を覚えたのであった。

驚いたといえば九六年の、J《ジャック》・フィニイとL《レオン》・ユリスの新作ハードカバーを発見したときのことも忘れられない。はるか三十年以上前に熱中した『五人対賭博場《とばくじょう》』『盗まれた街』『完全脱獄』のフィニイこそ、もうすっかり過去の作家であると思い込んでいたのだが、彼の新作『FROM TIME TO TIME』（邦題「フロム・タイム・トゥ・タイム─時の旅人」角川文庫）をアメリカの書店で発見したときは夢ではないかと我が眼を疑ったほどだった。新作を確認したときの喜びは一挙に青春が蘇《よみがえ》った思いであったが、サブタイトルを見て愕然《がくぜん》とした。なんと二十五年前に出版した『TIME AND AGAIN』（邦題「ふりだしに戻る」角川文庫）の続編だったのである。

一一年生まれであるフィニイはこのとき八十五歳。なんと気の長い話か。二十五年前に出版された本の内容を明確に覚えているファンが一体何人いるだろうか？　僕もこの本を絶対に読んでいたのに、まるで記憶がない。さらに嬉しいショックは、読みはじめたら、まるで八十五歳という年齢などみじんも感じさせない文章であったことだ。また『栄光への脱出』や『QBⅦ』で若き日に熱中したユリスも、同じく九六年七十二歳で二十年前に出版した『TRINITY』の続編である『REDEMPTION』を発表したのだった。

これまた緻密《ちみつ》な文章は年齢などさらさら感じさせないもので、改めてユリスの物語の重厚な感触を久しぶりに堪能《たんのう》したのだった。二十五年ぶりと二十年ぶりの二人の老作家の新刊本を二冊並べて眺めながら、僕はうっとりするほどの感動を覚えていた。まさに愛読者にとってこれほどの有難い贈り物はないからだ。

1998. 12

替え歌だった「アロハ・オエ」

「歴史は繰り返す」などと書くと、なにやら大仰になってしまうが、楽器のウクレレがまた日本でにわかに売れているのだという。なんだそんなことかと笑われそうだが、現に今ハワイを訪れると、これまではほとんど目立たなかったハワイ特産のウクレレがホノルルのカラカウア大通りに面した店のショー・ウインドウから店内の壁にズラリと並んでいる。それこそ子供用の一〇ドル二〇ドルといった安物から一〇〇〇ドルを超える高級品まで揃《そろ》っている。

日本でのブームを反映していることは間違いないが、なぜまたウクレレが流行《はや》り出したのか？　その理由は定かではないが、昭和一桁《けた》生まれの僕にはなんとも懐《なつ》かしく、かつてシャンシャカ、シャカシャカと懸命に打ち鳴らした青春時代が一挙に甦《よみがえ》ってくる思いである。今でこそハワイはいつでも誰でも行けるといっていいほど手近な場所になったが、終戦から昭和四十年代にかけては岡晴夫《はるお》の「憧《あこが》れのハワイ航路」に象徴されるように、遠いはるかなる夢の楽園であった。バッキー白片とアロハ・ハワイアンズや大橋節夫《せつお》とハニー・アイランダースといったハワイアン・バンドは若者の心を捉《とら》え、演奏会場は超満員になったものだった。まさにハワイアン・ソングの時代であった。

そして、この時代に一番お手軽に買えてハワイアン気分を満喫させてくれたのがウクレレであった。驚くなかれ、まったくといってもいいくらいに音楽的才能の欠如している、楽譜も読めない僕ですら、ウクレレを買って日夜シャンシャカ、と両親姉妹を悩ませながら練習に励んでいたのだから可笑《おか》しい。いかにハワイアン・ソングに心惹《ひ》かれたかがわかろうというものだ。

「リトル・バンブー・ブリッジ」「カイマナ・ヒラ」「ブルー・ハワイ」「ハワイアン・ウェディング・ソング」などに心ときめかせたが、中でも心震えたのはハワイを代表するあの「アロハ・オエ」であった。魅力あふれる夢の楽園ハワイの島々は「アロハ・オエ」の暖かい愛の調べで世界中に知れ渡っているといっても過言ではあるまい。

ところで、この歌が実はハワイのオリジナル・ソングではなく、かのヨーロッパの音楽の国オーストリアに昔からある歌の替え歌なのだということを皆さんはご存知だろうか。僕がこのことを知ったのもごくごく最近のことだった。ウクレレ・ブーム再来のニュースを聞いて懐かしさに誘われて超クラシック音楽通の友人にハワイアン・ソングの話を持ち出したところ、彼が「アロハ・オエ」の成立した経緯を話してくれたのだった。

彼の話によれば、一九二五年二月、オーストリアの生んだ名ヴァイオリニストであり名作曲家でもあるフリッツ・クライスラーがアメリカ演奏旅行の途次ハワイを訪れた。このとき彼は、誰もがハワイの歌だと信じていた「アロハ・オエ」が実はオーストリアに古くから伝わる「ヌスドルフへ行こう」（ヌスドルフはウィーン郊外）という民謡を編曲したものであることを聴衆に披露したのである。

クライスラー曰《いわ》く、十九世紀後半、まだハワイがアメリカ合衆国に属していない独立王国であった頃、サンフランシスコに住んでいたドイツ生まれのヴァイオリン教師が、たびたびホノルルを訪れているうちに、ふとしたことでハワイの最後の女王リリウオカラニと知り合いになり、女王から国歌の作曲を依頼されたのだという。おそらくこの陽気なドイツ男は、「オーストリアはハワイから遠い」から絶対にわかるまいと考えたのだろう、ウィーンの民謡「ヌスドルフへ行こう」に少し手を加えて女王陛下に献上したのだ。そして彼は、ハワイのためにすばらしい歌を作ってくれた功績を讃えられて、リリウオカラニ女王から爵位《しゃくい》まで贈られたという。何とも罪深い話だ。

さらにサンフランシスコの楽譜出版社は女王に「アロハ・オエ」の作曲者になって欲しいと要請し、一八八四年「アロハ・オエ」の曲の著作権者はリリウオカラニ女王になったのだという。

クライスラーの説明に聴衆はショックを受け、彼のファンの間にも少なからぬセンセーションを巻き起こしたと伝えられている。

ところで「エーデルワイス」という曲がオーストリアの歌だと思っている方も多いのではなかろうか。実は八四年の夏、僕は日生劇場で「サウンド・オブ・ミュージック」のトラップ大佐役を演じることが決ったとき、劇中でトラップ大佐が歌う「エーデルワイス」はてっきりオーストリア・ザルツブルクに古くから伝わる歌に違いないと、原曲のドイツ語の歌詞を知りたくてオーストリア観光局に問い合わせたのだった。ところが返ってきた答えは「エーデルワイス」はミュージカルのためにアメリカで作られた歌なので、ハリウッド映画としてオーストリアで上映されたときのドイツ語の吹き替え版を送りますというものであった。「エーデルワイス」を含めて「サウンド・オブ・ミュージック」の全曲はリチャード・ロジャースとオスカー・ハマースタインⅡ世の創作による純粋なアメリカ産なのだ。勘違いと思い違いはまさに世に満ち溢《あふ》れているのである。

1999. 1

バハマのヘイリー氏

バハマの首都ナッソーのあるニュー・プロビデンス島の空港に着陸したのは十二月一日の午前十時三十分。陽光さんさんとふりそそぐナッソーの気温は二八度、まさに常夏《とこなつ》の国であった。爽《さわ》やかな海風を肌に心地よく感じながら、みはるかす真っ青な大西洋を眺めつつ海沿いの道路を車で十分程走ったところに作家A《アーサー》・ヘイリー氏のお宅があった。

前に作家はいくつまで小説を執筆できるのだろうかと書いたが、その中の一人、一九九七年に七十七歳で七年ぶりに『DETECTIVE』を発表したA・ヘイリー氏を急遽《きゅうきょ》インタビューで訪ねることになったのだから、世の中はおもしろい。九八年に翻訳出版されたタイトルは『殺人課刑事』（新潮文庫）。物語はマイアミ警察殺人課の部屋から始まる。主人公である部長刑事マルコム・エインズリーが、一日の激務を終え家路につこうと出口へ向かったとき、時計は十時半を回っていた。その瞬間、彼の背後で電話が鳴った。自分への電話だと部下に告げられた彼は、妻のカレンからに違いないと踵《きびす》を返す。マルコムは翌日の早朝からやっととれた休暇を家族旅行にあてて、カナダへ出発する予定だったのだ。ところが、受話器から聞こえてきたのはフロリダ州刑務所の教誨師《きょうかいし》である神父の声だった。用件は明朝七時に死刑を執行される囚人エルロイ・ドイルが、どうしてもマルコムに告白したいことがあると言っているので、是非来てほしい、というものであった。

ドイルを逮捕し死刑へと追い込んだのはマルコムだった。あまりに残忍な殺人の手口に検死官の女性が「人間の皮をかぶったけだものの仕業だわ！」と叫んだことから、〝アニマル〟と呼ばれる残忍非情の殺人鬼ドイル。二つの殺人事件は立証できたものの、絶対に彼の犯行と思われる他の十件の連続殺人事件について彼は無実を主張し、未《いま》だ事件は闇《やみ》の中だった。もしかしたら今わの際《きわ》に全《すべ》てを告白するのでは……。マルコムは「絶対に許さない」と怒る妻の声を後に家族旅行を放り出し、州刑務所へと真夜中に車を飛ばした。

死刑執行直前にどうやら間に合ったマルコムは、アニマルの口から意外な言葉を聞かされ混乱する。まったく新たな殺人を告白したアニマルは、当然彼の犯行と考えられていた市警察委員夫妻殺害に関して「おれはやっていない！」と言明する。彼の言葉が真実だとすれば、誰か別の犯人がアニマルの手口をそっくり真似《まね》て殺人を犯したことになる。だとすれば誰が……。物語は彼の告白の瞬間から、にわかに不気味な予感をはらんで動き出す。

凶悪な連続殺人事件を軸にして綴《つづ》られるマイアミ警察殺人課刑事物語は、たっぷりと時間をかけて集めた資料と、実際に作者が見聞した事実を土台に構築されていて、揺るぎないリアリティを生み出している。定評のある語りのうまさには益々《ますます》磨きがかかり、話のテンポも快調で老いというものを文章から微塵《みじん》も感じさせない。

そのへイリー氏にまず玄関先でお目にかかった。丁度これから散歩に出るというへイリー氏にお許しを貰《もら》い並んで歩き出した。Tシャツに半ズボン、スニーカーという出《い》で立《た》ちで、その歩きの速いことといったら……。毎日四十分の散歩コースということだったが、追いつけないほどのスピードなのだ。

僕は背広姿で汗ダクダク、漸《ようや》く追いつきながら息切れ状態で話をする様子にヘイリー氏はとても気の毒がり、戻ってくるまで家の前で待っていなさいとしきりに言ってくれて結局ギブ・アップ。間もなく七十九歳を迎えようとしているとは到底思えない氏の強靭《きょうじん》さに、先《ま》ずは強烈な先制パンチを喰った感じであった。

それからおよそ一時間後、シャワーを浴びてすっきりされたヘイリー氏は運河に面して芝生の広がる素晴らしいお宅の書斎でインタビューに応じてくれたのだった。

散歩の途中に投げかけた質問、バハマを住居に定めた理由は？の答えは、「ズバリ税金がこの国にはないからだ」であった。自分の心境や感じていることをストレートに話す、氏の一貫した率直な態度であった。沢山の質問を重ねて一番胸に響いたのは、まことに恬淡《てんたん》としていて少しも飾るところがない。

『0－8滑走路』で小説家としてデビューした彼は、立て続けに『最後の診断』『権力者たち』を出版し、ハリウッド映画から声も掛かって作家としての自信を深めたが、なんといっても彼を世界的作家に押し上げたのはご存知『ホテル』と『大空港』であろう。しかし漸くお金が稼げるようになったと喜んだのも束《つか》の間《ま》、ヘイリー氏を驚愕《きょうがく》させたのは重税の凄《すご》さであった。七〇パーセント以上という税率に呆然《ぼうぜん》とするヘイリー夫妻に、バハマという税金天国があることを教え、気候も環境も素晴らしいこの国への移住を勧めたのは彼の弁護士であったという。

以来二十九年、すっかりバハマに馴染《なじ》んだヘイリー氏だが、彼の現在の切なる願いは、作家業のしがらみから離れて真に自由な生活をこの地で送りたいということだそうだ。だから長編小説は『殺人課刑事』で終わり、あとは短編なら書くかもしれないと語る。

二〇年にイギリスの一工業都市に生まれたヘイリー氏は十九歳のとき第二次世界大戦を迎えた。熾烈《しれつ》を極めたバトル・オブ・ブリテンの国を賭《か》けての空の一大決戦はぎりぎりのところでイギリスに凱歌《がいか》が上がった。勝敗の行方はまったくわからず、どちらに軍配が上がっても不思議でない激戦であったことはご承知の通り。不撓《ふとう》不屈のジョンブル魂が祖国イギリスを土壇場《どたんば》で救ったのだ。

しかしイギリス側の損害は甚大《じんだい》であった。多くの若者が祖国防衛のために大空に散華《さんげ》した。その大部分はスピットファイヤーに代表される戦闘機のパイロットであった。ヘイリー氏はパイロットを志したが、生まれた家が豊かでなかったために高等教育を受けられず、そのため希望を変更してナビゲーターになったのだという。

もしも強引にパイロットになっていたらとヘイリー氏は当時を回顧し、バトル・オブ・ブリテンを生き残ることはできなかったであろうと語った。四七年にカナダへと移住、トロントで新聞記者となったヘイリー氏はここでシーラさんと運命的に出逢《であ》う。既に結婚して二児の父親であった彼は離婚してシーラさんと結ばれ、このことがきっかけとなって作家の道をひた走ることになったのだった。

パイロットだったら今日の僕はないとしみじみ語るヘイリー氏の言葉は、僕の胸の中に大きく谺《こだま》したのである。歴史と人生はほんとうにわからない。

1999. 2〜3

奇跡のゴルフ本

古くは文豪シェークスピアから『ロビンソン・クルーソー』を書いたD《ダニエル》・デフォー、『宝島』『ジキル博士とハイド氏』のR・L《ロバート・ルイス》・スティーヴンソンや名探偵シャーロック・ホームズの生みの親のC《コナン》・ドイル、さらにはC《チャールズ》・ディケンズ、T《トーマス》・ハーディ、A《アガサ》・クリスティ、D・H《デイビッド・ハーバート》・ローレンス、E《アーネスト》・ヘミングウェイ、F・S《フランシス・スコット》・フィッツジェラルドにM《マーク》・トウェイン、そして現代ではJ《ジョン》・アプダイクといった作家たちの共通項は？といったら、なんだとお思いだろうか。え、わかりません？　それではお答えしましょう。彼らはいずれ劣らぬ大のつくゴルフ好きなのです。

このあたりの事情は、ゴルフ・エッセイストの故夏坂健氏の『ゴルファーを笑え！』（新潮文庫）に詳しく書かれている。シェークスピアがどうもシングル・プレイヤーの腕前であったとか、ドイルはゴルフをしたいためにというか、ゴルフに熱中する傍らで推理小説を書いていたとか、デフォーはスライス病のひどさにノイローゼ気味であったとか、他にもスティーヴンソンのパット病のエピソードなど、実に興味津々《しんしん》、あの人たちもゴルフで悩んでいたのだ、と同病相憐《あわ》れむ、「同好の誼《よしみ》」と「同病の誼」、苦悩と快感、挫折《ざせつ》と恍惚《こうこつ》といった共通の体験を持つ嬉《うれ》しさに、夏坂氏が文中で指摘しているように、俄《にわか》に文豪たちへの親しみが増したものであった。

こうした文豪のゴルフ好きはなにもあちらの国だけに限らない。わが国でも吉川英《よしかわ》治、丹羽《にわ》文雄氏をはじめ、名前を挙げたら大変な数になることは間違いない。文豪といえどもままならぬゴルフというスポーツに、悪戦苦闘している姿を想像するだけで笑いがこみ上げてしまうのだが、残念に思うのは大のつくゴルフ好きである文豪たちが、ゴルフを題材にした傑作小説を世に残してくれていないことだ。

そりゃゴルフは趣味で熱中しているんだから、仕事とは別だよ、ということなのかもしれないが、傑作ならずともゴルフ小説そのものがないのだ（単なる筆者の無知で、世に彼らのゴルフ小説があったら、ぜひお教え願いたい）。お愉《たの》しみは小説には書かない、ということかもしれないが、ゴルフというスポーツの持つ奥の深さが並大抵のものでないことは、一度このスポーツに手を染めた者なら誰でもわかるはずだ。それだけにゴルフを題材にした小説で読者を夢中にさせてくれる、ホットにさせてくれる面白い作品はないのか、と常日頃探し求めていたのだが、有り難いことに嬉しい本に遭遇したのだ。その本とは『17番グリーンの奇跡』（PHP研究所）である。

この本は『多重人格殺人者』『キス・ザ・ガールズ』『殺人カップル』などで日本でもお馴染《なじ》みの、いまアメリカで人気絶頂のスリラー作家J《ジェームズ》・パタースンと、米国内の数多くの出版物にゴルフ関係の記事を執筆しているP《ピーター》・ドゥ・ヤングの共著。パタースンの小説としては『CAT&MOUSE』と最新作の『WHEN THE WIND BLOWS』（邦題「翼のある子供たち」ランダムハウス講談社文庫）があり、『CAT&MOUSE』も長くベストテン入りしていたが、『WHEN THE WIND BLOWS』は一九九九年二月中旬で、発売以来十四週連続で上位にランクされていることからもその人気ぶりがわかろうというものだ。

その彼がドゥ・ヤングと共著という形で九六年に出版した本が、翻訳出版されたのだった。聞くところによれば、パタースンは大の上に狂のつくほどのゴルフ好きで、シェークスピアと同じくシングル・プレイヤーとのこと。

物語は、十二月二十五日、クリスマスの朝に始まる。シカゴ随一の広告会社レオ・バーネット社に中堅コピーライターとして勤める主人公、五十歳のトラビス・マキンリーは、イリノイ州ウィネトカのクリークビュー・カントリークラブの17番ティー・グラウンドに立って強烈なドライバー・ショットを放った。この日の気温は三度。ぴりっとひきしまった爽快《そうかい》な空気の中を、彼は第二打地点へと歩き出した。彼がなぜ17番ホールからゴルフをスタートさせたのかといえば、理由は単純でこのパー5のロングホールが車を駐《と》めた場所にいちばん近かったからに過ぎない。この日はクリスマスとあってコースには誰もいないのだ。

天気の素晴らしさに反比例して、彼の心は暗かった。結婚生活は二十八年目にしてガラガラと音を立てるかのように崩れだしていた。妻のセアラは教養ある美人でウィネトカ病院の産科医であり、シカゴ大学医学部の準教授でもある。一時は広告マンとしてきらめいたものの、その後は鳴かず飛ばずのトラビス。いつの間にか妻の収入は彼の稼ぎを追い越し、二人の関係はぎくしゃくしていた。彼はもともと妻にふさわしい男ではなかったことを二十八年かかって知らされた思いの毎日で、妻にぞっこん惚《ほ》れている身には辛《つら》い日々だった。それ故《ゆえ》か三人の子供たちも近頃は父親にどう接していいのか途方に暮れている様子。おまけにこのクリスマス休暇明けに会社もクビになりそうだ。

そんなトラビスのゴルフに、この日奇跡が起きた。実は彼は好調時にはプロゴルファー顔負けの見事な腕前のシングル・プレイヤーなのだが、最大の弱点がパッティングにあった。ここぞというときのパットがまるで音痴の合唱隊員のように外れるのだ。パッティングのラインがまるで読めないのである。〝パット・イズ・マネー〟という言葉があるように、ゴルフはパットが決め手になる。プロに伍《ご》して闘う腕を持ちながら、ノーカンのパッティングのためにいつも苦汁をなめてきたトラビスだったのに、なんとこの日はスライスだろうがフックだろうが、おいでおいでをするようにラインが浮かび上がり、その通りに打つと面白いようにボールが入るのだ。

この日の17番グリーンを境にトラビスのゴルフは一変した。自分も驚いたが周囲はもっと驚いた。〝パッティング意気地無し〟と笑われていた駄目男が猛烈に強いハスラー・ゴルファーに変身したのだ。彼はひそかにプロゴルファーになることを決心した。それは彼の幼い頃からの夢だったのだ。このまま家族から、そして社会からまでも軽んじられて人生を終わることを考えれば、失うものは何もない。

こうして彼のプロゴルファーへの闘いの日々が始まった。人生への新たな目的を持った彼の目は再び輝いた。着実に成績を上げ、ついにプロテストに合格する。そしてトーナメントに出場する権利を得た彼に、憧《あこが》れの大スターであったジャック・ニクラウスと最終パーティを組んで優勝争いをするチャンスが巡ってきたのだ。彼を応援するギャラリーの中には、喜びに燃える妻と子供たちの顔があった。彼はプロへの道を突き進む中で男として妻と子供たちの尊敬と信頼と愛情を新たに獲得したのだ。

男にとって決して他人事《ひとごと》とは思えない、こうした人生の状況を設定した『17番グリーンの奇跡』は、ゴルフというスポーツの奥に潜む醍醐味《だいごみ》と魅力をもののみごとに生き生きと描き出しながら、ほのぼのとした人生の暖かみを、そして無限の勇気と希望を読者に与えてくれる素敵な現代のお伽話《とぎばなし》といえる一冊となっている。

1999.4

淀川長治《よどがわながはる》さんの一言

ハリウッド映画史百年を記念して、アメリカの映画批評家たちが映画スターの中からベスト・ハンドレッドを選んだトップが、ボギーことハンフリー・ボガートであったことは前にも書いた。

ところで一九九八年八月、アメリカを旅行中に今度は「ハリウッド百年のザ・ベスト・ムーヴィーズ」という「ニューズウィーク」誌の特別増刊号を発見し、やれ嬉《うれ》しやとばかりに飛びつき買いをしたのだった。一体トップに選ばれた映画は何なのか？それこそ興味津々《しんしん》で雑誌のページをめくった。さて、あなたなら何を一位に選ぶだろうか？　ちょっとの間、考えてみてくれませんか。

僕はボガートが俳優としてトップだったことから、やはり「カサブランカ」かなと思ったのだが、なんと第二位。トップに選ばれていたのは、日本人にとってはおそらく意外と思われる作品だった。いやしかし、よく考えてみると映画通の人ならトップに推して当然といえる作品である。このランキングを見て改めて日本とアメリカの文化の違いといったものを強く感じさせられたのであった。

さて、あなたの選んだハリウッド映画ベストワンは何だったろうか？　アメリカ人の選んだトップの作品は、オーソン・ウェルズ監督・主演の「市民ケーン」でした。どうです当たりましたか。

いやそもそも、あなたは「市民ケーン」をご存知だろうか。

オーソン・ウェルズが監督・主演（脚本もH・J・マンキーウィッツと共同で）し、

当時（四一年）としては画期的ともいえる、それまでのハリウッド映画とは違ったミステリアスな色彩の濃い複雑な構成と大胆かつ機知に富んだ演出によって、新聞界のボスであったランドルフ・ハーストを俎上《そじょう》に載せてずばり批判するという社会派的な要素を持つ映画だった。さらにはカメラマン、グレッグ・トーランドのパン・フォーカス撮影（画面の手前から奥まできっちりと焦点を合わせる撮影技法）という映画ファンの度肝を抜く新鮮な手法もあって、ハリウッド映画界に、いや世界の映画界に一大センセーションを巻き起こした作品であった。

ちなみにオーソン・ウェルズはこのとき弱冠二十六歳。彼の天才ぶりは年齢からもうかがえるが、オーソン・ウェルズの名前を天下に知らしめたのは、彼が二十三歳のときに作ったラジオドラマ「宇宙戦争」である。原作はあのH《ハーバート》・G《ジョージ》・ウェルズのSF小説で、通常の音楽番組を中断し、火星人襲撃の臨時ニュースを流した上で実況中継風に番組を放送したことから、アメリカ中のあちこちで本当のことと勘違いした人々がパニックに陥り逃げ出したという、今では伝説となったお話。

その彼が作った「市民ケーン」はハリウッド映画のエポック・メイキングの作品として大喝采《だいかっさい》を浴びたわけだが、それから半世紀以上も経過した九八年、ハリウッド映画史百年の中でのベストワンの映画に選ばれたのだから、いかにこの映画の与えたインパクトが大きかったかがわかろうというものだ。

話はここで一挙に二十年ほど前に遡《さかのぼ》る。テレビ朝日の土曜の夜に「土曜洋画劇場」という番組があって、僕は一年間、画面に登場して映画解説なるものをしたことがあった。もちろん淀川長治さんの解説による「日曜洋画劇場」はそのずっと前から続いていて評判を呼んでいた。人気の高い洋画を買い取る際に、いわゆるC級作品も沢山抱き合わせで買わされてしまう。これはあくまでも僕の単なる憶測なのだが、こうしたC級作品も放映する機会を作らなくては、ということで「土曜洋画劇場」なる番組枠が急遽《きゅうきょ》設けられたのだと思う。

事実、僕がいくら物覚えが悪いといっても、放映したタイトルを一つも覚えていないのだから、いかに世間に知られていない映画であったかがわかろうというものだ。しかし、だからといって全部がつまらない作品だったかというと決してそうではなく、結構面白いよい映画もあって大いに楽しんだのだった。

事前に放映予定の映画の試写を何度か見た僕は、なんとか淀川さんとは違った視点で解説をしようと思っていた。その一つの方法として映画の舞台となっている場所の地図を多用することにした。小説の舞台を訪ねるわけではないが、その都市なり町なり場所について蘊蓄《うんちく》を傾けて、映画をより面白く見てもらえれば、と考え実行したのだった。

まあ、このようにして四、五回無事放送が済んだあと、その次の映画はピーター・フォーク主演の作品であった。この当時すでに刑事コロンボとして大人気を博していたピーターだったが、僕が解説を担当したこの映画はコロンボで花咲く前の作品で、これまたタイトルがまったく思い出せない、それこそ大ドタバタ劇の、それも話の筋も目茶苦茶のひどい三流、いや四流映画といえるものだった。

解説しようにも、あまりにもお粗末すぎると感じた僕は、自分の心を正直に吐露する形で、「なかにはひどい映画もあるが、しかしこうしたひどい作品を見ることも大切で、いかにひどいかを見極めることで、よい作品をより知る眼を養うことになります。また主演のピーター・フォークの演技もこのあとでコロンボへといかに見事脱皮し変身したかを知る上で実に貴重なまずさです」と話を結んだのだった。

ところが録画撮りを終えた翌日のこと、局の番組担当プロデューサーから、解説を撮り直してほしいとの電話がかかってきたのだった。えっ、なぜですか？と訊《たず》ねたところ、実は淀川さんからクレームがついたのだという。プロデューサーの説明によれば「土曜洋画劇場」の解説を淀川さんがとても気にしていらして、いつも事前にチェックして下さっていたのだが、「解説者がひどい映画と言ってしまってはいけない。

それは見る人に対して失礼なことであり、作った人にも失礼だ。必ず褒めなさい。よいところがどこかに必ずあるはずだから、必ずそこを褒めて視聴者に勧めなさい。だから撮り直しなさい」とのことであった。まだ若かった僕は「ひどい映画はひどい映画と言っていいのではないか、ひどい映画があるからこそいい映画があるのだから……」などなどいろいろ言葉を尽くして抗弁したのだが、「やはり『土曜洋画劇場』も淀川さんの監修なのだから」の一言で結局撮り直すこととなったのである。

あまり記憶は定かではないが、たしか作品としての出来には触れず、ストーリーのみに話の重点を置いて解説することでＯＫが出たのだと思う。それ以降、心の底には大きな不満はあったものの大先輩であり、その道の専門家でもある淀川さんの顔を立てる形で〝褒める〟ことを前提に「土曜洋画劇場」の解説を続けたせいか、その後は一度もクレームがつくことなく契約本数を無事消化し、僕の出番は終了した。番組の方も洋画の保有本数の減少とともに自然消滅という形で土曜の夜から消えてしまったが、僕の心には、淀川さんの〝必ず、どんな映画でも褒めなさい〟という言葉が強烈に焼きつけられた。

そして二十年近い月日が流れた。その間、淀川さんはずうーっと、亡《な》くなられる直前まで見事に「日曜洋画劇場」の映画解説を続けられたことはご存知の通り。

実は、僕がこの話を書いたのには理由がある。それは中野雄《たけし》著『丸山眞男《まさお》　音楽の対話』（文春新書）という本に起因するのだが、丸山眞男は著者の言葉を借りれば、それまで「学問」に値しないレベルにあった日本政治思想史学を東京大学有数の人気講座に仕立て上げ、日本の戦後最高の知的リーダーの一人と言われた学者であるばかりか、日頃猛烈に愛好した音楽を、思想史の譬喩《ひゆ》の芸術として登場させた点でも誠にユニークな人物だという。著者の中野氏が東大生として丸山研究室の門を叩《たた》いたのは昭和二十七年、爾来《じらい》、丸山眞男教授がこの世に別れを告げる平成八年までの四十四年間、丸山の専門分野である日本政治思想史（大学の講座名は東洋政治思想史）の話題は脇《わき》に置いて、会えばひたすら音楽談義に耽《ふけ》った歳月を回顧して一冊にまとめたのがこの本である。音楽を通じて語られる丸山眞男の素晴らしさは、著者の想《おも》いの深さと相まって、読む者の心に新鮮な衝撃と知的興奮をもたらすが、今回僕が取り上げたいのは最後の章となっている「あとがきに代えて」の中の丸山眞男が語った一節だ。

「日本の評論界にはけじめが欠けているね。評論家がプログラムやCDの解説書に筆を執っている。お礼をもらうんでしょう。原稿料の形で……。書けば対象に情が移る。冷静不偏な批評など、期待できないんじゃないかな。もっとも、読む方はそれを計算に入れてのことでしょうが……」

さらに彼は言葉を続けて次のように述べている。

「ぼくが好きなニューヨーク・タイムスのハロルド・ショーンバーク——。この人は絶対に解説文を書かなかった、評論一本です。イギリスのタイムスは、たしか社則で禁じているんじゃないでしょうか。もちろん、その代償は新聞社が評論家に払っていると思いますけれど。日本は、会社も個人も、そこまで行っていないんですね。まだ、何かが違います。君はプロデューサーで、よく解説文を書いていますね。だから、批評文は仮に頼まれても書いてはいけません。評論はしない方がいいです」

著者の中野雄氏は、丸山の生き方で学ぶべき最大なるもののひとつは、このけじめ——精神の貴族性《アリストクラシー》ではないか、この丸山の言葉を聞いた瞬間、彼は心が引き締まるのを覚えたと書いている。

僕がこの文章を読んだとき、とっさに頭に浮かんだのが淀川長治さんの言葉であった。映画に惚《ほ》れ、映画をこよなく愛した淀川さんの「褒めないで誰が映画を見ますか」という言葉の裏には、映画への尽きることない愛情と一途《いちず》な熱き想いがこめられていたことを、いまさらのごとく感じたのであった。「日曜洋画劇場」の映画解説で一切批判的、批評的な言葉を発しなかった淀川さんは、褒めることに徹することで、これまたきちんとご自分の心の中でけじめをつけていらした。そんな思いが、生涯ついに一度もお目に掛かることがなかったのに、猛烈なる惜別の念とともに心中に渦巻いた。

1999. 5〜6

〝危険中毒者〟たちの至福のとき

実にセンセーショナルなニュースが飛び込んできた。一九二四年六月八日の正午過ぎ、八八四八メートル世界最高峰のエヴェレスト山頂近くで霧に巻かれたまま行方不明になっていたジョージ・L・マロリーの遺体が七十五年ぶりにして発見されたというのだ。彼マロリーとチームを組んで頂上にアタックしていた、オックスフォード大学の工学部の学生でボートのクルーでもあったアンドリュー・C・アーヴィンの行方は依然として不明とのことだが、この二人がエヴェレストの登頂に成功したあと、下山の途について遭難したのか、それとも登頂の途中で、登頂を果たさず挫折《ざせつ》したのかは長い間のミステリであった。

その間の事情を詳《つまび》らかにしつつ、日本の登山家のエヴェレストへの凄絶《せいぜつ》なる挑戦を描いた、夢枕獏《ゆめまくらばく》氏の『神々の山嶺《いただき》』（集英社文庫）は僕の大好きな小説で、それこそ読んでいるうちに本当に呼吸困難に陥るほどの迫力に圧倒され、芯《しん》から興奮し、夢中になった作品であった。そしてこの物語に登場するマロリーとアーヴィンのミステリもまた心に深く刻印されたのであった。「なぜ危険な山に登るのか」と訊《き》かれて「そこに山があるからだ」と答えたマロリーの言葉は世界中に知れわたった名句だが、二四年に、もしエヴェレスト登頂に成功していれば、あのニュージーランドのエドモンド・ヒラリーとシェルパ、テンジンの初登頂記録を二十九年も凌駕《りょうが》する、まさに画期的な世界記録だった。夢枕氏によるこの二人の記述で強く心に焼きついたのは、二四年というまだまだ登山の装備も着衣もまったく不備といってもいい時期に、八〇〇〇メートルの厳しい環境に敢然と立ち向かっていった彼らの勇気と忍耐力の凄《すご》さである。ゲートルを巻きコートに襟巻き姿で立っているマロリーの恰好《かっこう》は、ヒマラヤの登山家というよりも坑道へ今しも降りて行こうとする坑夫のようだ。

アメリカのベテラン登山家エリック・シモンソンを隊長とする探検隊によって発見されたマロリーの遺体は、頂上から六〇〇メートルほど下った風の激しい岩肌のスロープにあったとのこと。九九年五月十七日付けの「タイム」誌によると、マロリーはうつ伏せで両手を広げており、手の先は凍りついている岩石を掘り下げるようにしっかりと土の中にめりこんでいた。その姿は周りの雪や岩肌よりもはるかに白く輝いていたと隊員の一人コンラッド・アンカーが報告している。マロリーの身体《からだ》は乾燥した希薄な空気に守られてほとんど完璧《かんぺき》な姿で残されており、腰には安全のためのロープが巻きついたまま、コットンやウールやツイード地の登山着も、ところどころ残っていて、G・L・MALLORYの刺繡《ししゆう》がぼろぼろではあるが確認できたとのこと。状況からすると、明らかに上部から落下したのを必死に手で確保しようとした様子で、しかも露出している彼の身体はピカピカに輝いていて、恰《あたか》もギリシャやローマの大理石の彫像のようであったという。発見者たちは、マロリーの登山家としての素晴らしい肉体に暫《しば》し見惚《みと》れたともいう。ただし登頂成功の鍵《かぎ》を握るマロリーに持たせたコダックのVEST－POCKET・FOLDINGカメラは残念ながら未《いま》だ発見できず、依然として成功か不成功かはミステリのままということだ。

登山といえば、実に興味深い本にマイアミで出会った。作者の顔写真の、その面《つら》魂《だましい》に惹《ひ》かれてハードカバーを買ったことは何度もあるが、表紙となっている写真の恐ろしさに惹かれて買ったのはその本が初めてであった。その写真は突き立てたアイスピックのように屹立《きつりつ》する氷の山の頂き近くの稜線《りようせん》に、ポツンとザイルを手に坐《すわ》っている登山家を撮影したものである。なんとももの凄い写真であり、高所恐怖症の僕は氷の壁にちょこんと腰掛けている黒装束の登山家のアクロバチックな状況を何度も見やっては、お尻《しり》がジーンとしてくるような寒気の中で彼の勇気に感嘆の声を発したのだった。この本のタイトルは『ADDICTED TO DANGER』。いうなれば〝危険中毒者〟とか〝危険にとり憑《つ》かれた人〟という意味。まさに的確で刺激的なタイトルと登山家の凄さに脱帽する思いで思わず買ってしまったのである。

著者は二人で、J《ジム》・ウィックワイヤーという男性が表紙の氷の壁に登っていた〝危険中毒登山家〟、女性のD《ドロシイ》・バリットが彼の冒険登山行を著述家としてフォローする役割を担《にな》っている。ジムの本来の職業は法律家で、シアトルで法律事務所を仲間とともに開業しているのだが、山に魅せられた彼はアラスカからアルプスへ、またアンデスからヒマラヤへと世界の高みへチャレンジを続け、エヴェレストこそ天候の悪化でチャンスを失い征服できなかったものの、マッキンリー、アコンカグア、そして世界で最も危険を伴う登山と言われる世界第二位の高さを誇るK2まで征服した世界的に著名な登山家であった。

その間、落下による事故で肩の骨を折り、クレバスの中で死を覚悟したこともあれば、雪嵐《ゆきあらし》のため行き場を失い二週間の間、氷河上で単独のビバークを続け漸《ようや》く助けられるといったことを含めて、数えきれないほどの死の危険に遭遇しているばかりか、何人もの山登りのパートナーの死に直面している。弁護士である彼は山登りの記録だけでなく実生活のことも几帳面《きちようめん》にメモしていた。これまでのすべてを一冊の本にまとめてはどうかとの依頼を幾度となく出版社から受けたが、まったくその気にならなかったのに、五十六歳を迎えた彼はいろいろな意味で人生の潮時と感じて登山の思い出を一冊の本にまとめることを決心したのだという。

自分の行動の背後にどんな信念と価値観が存在していたのか、またいろいろな事態に遭遇したとき、果たして自分は正しい道を選択したのかなど、自分をしっかりと理解する必要を感じたから、つまり登山を語ることは自分を理解することだということに気づいたからだという。タイトルを〝危険中毒者〟としたのは、仲間の死に遭遇するたびに、また幼い子どもたちや家族のことを考えるたびに何度も、もう二度と登山は止《や》めようと心に誓ったのに結局止められなかったのは、よく考えてみると、孤独を愛するとか、美しさを求めてとか、肉体の限界に挑戦するとか、山仲間との友情の契《ちぎ》りだとか、そうした山への魅力は確かにあったが、その理由をもっとも的確に表現するのは〝危険に魅せられた男〟という言葉なのだという。つまり自分は、危険の魅力にどっぷりと取り憑かれてしまった〝危険中毒患者〟なのだと彼はいうのだ。

なぜ危険を冒してまで高い山に登るのかと訊かれ、「そこに山があるからだ」と答えたマロリー。彼のソフィスティケイトされた言葉の裏にも、ジムのいうところの危険中毒者の心が隠されていると思うのは僕だけであろうか。センセーショナルなニュースとして世界に衝撃をもたらしたマロリーの遺体発見。エヴェレスト初登頂記録の栄冠はひょっとして彼とアーヴィンの手にと世界中が固唾《かたず》をのんだが、その後の推理ではおそらく九〇パーセント近くの確率で（まだ絶対とはいえないが）登頂の途中での遭難であろうということに落ち着きそうである。

僕などはマロリー隊が征服していたら、どんなにかドラマチックか、と胸をわくわくさせていただけに、ヒラリー氏やシェルパのテンジンさんには申し訳ないが少々がっかりという感じ。でもまだ一〇〇パーセントじゃない、カメラも発見されていなければ仲間のアーヴィンの遺体もまだ見つかっていないのだから、厳密にはミステリはまだ終わっていないといえるのだ。

興味があったのは、テンジンは既に鬼籍に入って久しいが、今なお元気一杯、ニュージーランドで学校や病院そして飛行場建設に現場監督として溌剌《はつらつ》として活躍していると聞くヒラリー氏のマロリー発見のニュースへの反応であった。残念ながら彼の反応を報じたニュースにはまだ接していないが、彼のエヴェレスト登頂成功の瞬間の言葉をその後、アメリカの雑誌で知ったとき、山を愛する人たちに共通するのは、ジムの本のタイトルである〝危険中毒者〟であることを改めて痛感したのだった。エヴェレストの山頂をきわめた瞬間、ヒラリー氏は次はどこの山をやろうか、その山をどう攻めるかばかり考えていたというのだから……。そしてニュージーランドに帰ってきた彼が仲間に最初に発した言葉は、「一丁片づけてきたよ」だった。

1999.7〜8

史上最高の続編

「これはひとりの人間にとっては小さな一歩だが、人類にとっては大きな一歩だ」

一九六九年七月二十日、月面に人類として記念すべき第一歩を印したアポロ11号の船長ニール・アームストロングのこの言葉は、月から送られてくる映像にテレビの前で釘《くぎ》づけになっていた全世界の人間の心に響いた。当時三十五歳だった僕も、仕事先の名古屋のホテルの部屋でスタッフ数人とこの人類の歴史的瞬間を見ようとテレビにかじりついていた。アームストロング船長が月着陸船のタラップから月面に降り立ったときの興奮と感動は今も鮮明に思い出される。

興奮を抑えた静かな語り口で交わされるヒューストン基地とのやりとりの中で、宇宙服をまとった月面上の飛行士たちの動きは、色彩や音声を失った夢のなかの不思議の国の映像のようで、現実感のない奇妙な人形劇を見ているような思いにしばし捉《とら》われたものであった。しかしこの瞬間から人間と宇宙との関わり方に劇的な変化が生ずるに違いないという気持ちと二十世紀がまさに科学の時代であり、ライト兄弟によって飛行機が初めて空を飛んでから僅《わず》か六十六年で月面に人間が降り立つことができたという科学進歩のスピードの凄《すご》さを改めて痛感したのだった。

事実この時から、折りにふれ眺める月への思いは一変したのだ。尾崎紅葉の『金色《こんじき》夜叉《やしゃ》』の熱海《あたみ》の海岸での貫一のお宮への名セリフ「来年の今月今夜のこの月も僕の涙できっと曇らせてみせる」ではないが、人生の様々な局面で人間の心に多大な影響を与えてきた〝お月さま〟が、人間の手の届く場所になった瞬間から、神秘的とかロマンチックといった思いがやや消えて、何やら単なる〝そこにある無機的な天体〟といった感じの存在になってしまったように思えるのだが、どうだろうか。

とまあ、あのときの思いを三十年ぶりに振り返ってみたのだが、〝人類の月面着陸〟のニュースは二十世紀の人類史上トップを飾るニュースだという思いがしてならない。二十世紀を振り返る企画がテレビや新聞などのメディアを通じていろいろ行われたが、「あなたが選ぶ20世紀の十大ニュース」という番組でも、アポロ11号の月面初着陸のニュースをトップにあげている人が沢山いたことに、なんとなくわが意を得たりという思いを強くしたのだった。

そんなとき絶妙のタイミングでA《アンドルー》・チェイキンの『A MAN ON THE MOON』が亀井《かめい》よし子訳で『人類、月に立つ』（日本放送出版協会）というタイトルで出版された。「20世紀最大の冒険」と帯に記されたこの本の〝序文〟には、映画「アポロ13」に出演したハリウッド俳優、トム・ハンクスのアポロ計画全体への熱き思いと、この計画を八年の長きにわたってリサーチし素晴らしい本に仕上げた著者への賞賛の辞が載せられている。

彼はこの序文で「人類に十二人の男を月に送り込む英知があるのなら、どんな問題でも解決できるということだ。だからこそ、六度におよぶアポロの月着陸は、この世でもっとも偉大な七つの物語のうちの六つを占めている、とわたしは信じている」とアポロ計画がいかにすばらしい試みだったかを指摘し言葉を結んでいる。

著者のチェイキンは大学で地質学を学ぶかたわら、NASA／カリフォルニア工科大学ジェット推進研究所で火星探査ヴァイキング・ミッションに参加後、研究者と科学雑誌の編集者を経て現在は科学ジャーナリストとして活躍しているとのことだが、彼の調査の素晴らしさと科学への深い造詣《ぞうけい》と体験に裏付けされた文章は読みやすく分かりやすく、アポロ計画の全容をあますところなく伝えている。未知との遭遇の数えきれない冒険の連続が綴《つづ》られ非常に面白い本となっている。

そして著者は、このアポロ計画がほんとうに意味するもの、また、あの七月の夜から何がはじまったのか、人類が別の世界の顔に触れたあの日から限界を持たない人間になったことを示唆《しさ》している。限界を持たないという言葉が重く心に響くのだが、実は今回、月面着陸を取り上げたのは「冒険史上、月面着陸に匹敵するのは、一九五三年五月二十九日の、エドモンド・ヒラリーとテンジン・ノルゲイによる人類初のエヴェレスト登頂だろう」という著者チェイキンの言葉からであった。

何が二十世紀のナンバーワンかを決める訳ではないが、僕の中でエヴェレスト初登頂をはじめ、二十世紀人類史上の特筆大書されるべき事件や人物、出来事、芸術、小説といったものがひとつひとつ気になり出してきたのだった。そして、さらにこうした思いを刺激するかのような一冊が十一年ぶりに出版されたのである。待望久しかったこの本を、あのホラー作家を代表するS《スティーヴン》・キングが、「ニューヨーク・タイムズ」の「ブックレビュー」誌の書評欄で、W《ウイリアム》・P《ピーター》・ブラッティの『THE EXORCIST』(邦題「エクソシスト」創元推理文庫)と並ぶ最も怖い我らの時代のホラー小説だと讃えたからだった。

その本とは『羊たちの沈黙』(新潮文庫)で世界中のミステリ・ファンを震撼《しんかん》させたT《トマス》・ハリスの新作『HANNIBAL』(邦題「ハンニバル」新潮文庫)である。

終戦後しばらくして、ハリウッド映画とヨーロッパ映画が堰《せき》を切ったように日本で上映されはじめたころ、中学から高校へと進学した僕は、親から小遣銭をせびっては学校の先生の目を盗んで、放課後に洋画上映館へと通ったものであった。「未完成交響楽」「美女と野獣」「ガス燈《とう》」「心の旅路」「キュリー夫人」「我等の生涯の最良の年」「うたかたの恋」そして「モロッコ」と、思い出すままに半世紀前に熱中した映画のタイトルを列挙してみたが、映画を見終わったあとでいつも映画好きの仲間と議論になるのは、ハリウッド映画がいいか、ヨーロッパ映画がいいかということであった。

当時そろそろ一端《いっぱし》の文学青年、いや文学少年であった僕は、ハリウッド映画にも心は傾いていたが、ヨーロッパ映画派を自任していたから、なんでもめでたしめでたしのハッピーエンドで終わるアメリカ映画を、心の中では「いいな」と思いつつも、渋い顔をしては「甘ったるい」と批判していたのであった。一方、大のアメリカ映画好きの友は、ハッピーエンドだからいいので、リアリズムだかなんだか知らないけれど、ヨーロッパ映画は夢がなさ過ぎるから好きじゃないと反論するのが常であった。

ただ、激しい議論のあと、決まって話が落ちつくのは、見終わった映画の先が見たいということだった。ハッピーエンドで終わった幸せな二人は、その後どんな生活をしたのか？　悲劇で別れた二人のその後は？　二人はそれぞれどのような道を歩むのか？　生き残ったヒロインはその後どのような人生を送るのか？

映画を見終わったあとの熱い余韻をそのままに想像を逞《たくま》しくしては、最後に「この映画の続きが見たいなあ」という言葉で別れるのだった。完結した映画の先が見たい、続きが見たい、夢の続きが見たい、つまりは永遠に続く物語への憧《あこが》れであった。

映画のヒーローやヒロインに感情移入して自分がその人物になりきり、物語の世界を、自分の生活とはまったく別世界を生きる。だから夢が永遠に醒《さ》めないことを願う、こうした〝続編病〟ともいえる物語への執着は映画のみならず、読書の世界にも波及していき、小説はなるべく長編であるものを求め、読了した本に関しては絶えず〝続編〟をと願うのだった。

ところが、ところが、大きな期待に燃えて飛びついた続編は、どうもいまひとつ、いやいまふたつというか、ほとんどが期待を裏切られる結果となってしまうのだから、世の中は皮肉なものだ。そうなる原因の一つは、こちらの期待がふくらみ過ぎてしまって、勝手に想像力が先走りしてしまった結果、失望感の方が勝ってしまうことになるのだろう。また〝柳の下の二匹目のどじょう〟じゃないが、続き物はオリジナリティと迫力が二番煎《せん》じとなってしまって新鮮味と力強さが消える、といったこともあるのだろう。とにかく〝続編〟イコール〝幻滅〟という図式がいつの間にか頭の中にできてしまったのだった。

さてここで話は戻るが、〝物語〟の続編は〝レイム・ダック〟、つまり〝死に体、退屈物〟だとするホラー作家の第一人者S・キングが、この続編だけはまったく違って実に素晴らしい作品であり、この続きもぜひまた世に出して欲しいとまで言って絶賛を惜しまないのが、T・ハリスの新作『HANNIBAL』なのである。一九八一年に出版された『レッド・ドラゴン』（ハヤカワ文庫）にはじめて登場した、殺人鬼ハンニバル・レクター博士は、その後七年を経て出版された『羊たちの沈黙』で大喝采《だいかっさい》を浴びることとなった。

起居動作は優雅とさえいえる紳士的な博士は、音楽を愛し、しかも音楽に精通しているばかりか文学にも造詣が深く、著名な詩人の詩を瞬時に借用して自分の詩に仕立てることなど造作もない。そして、外国語にも強い。花を愛し、料理を愛する真のグルメでもある彼の本業は精神科医。だが、その裏には〝ハンニバル・カニバル〟つまり〝人食いハンニバル〟と呼ばれるほどの殺人癖という恐ろしい顔が隠されている。

その彼が残虐《ざんぎゃく》無比な方法で九人を殺害した罪で捕らえられ、収監された精神異常者用の最厳戒病棟からマジシャンのごとく脱走したのが『羊たちの沈黙』のラストシーン。映画ではアンソニー・ホプキンスが見事にこの役を演じて大評判となったのはご存知の通り。そして彼を追うのは、この物語のヒロインであるＦＢＩ特別捜査官クラリス・スターリング。二人は立場を異にしながら、次第に奇妙な感情を持ちはじめる。彼女を演じたのは聡明《そうめい》な美女の代表ともいえるジョディ・フォスター。小説の印象も強烈であったが映画の印象もまた強烈で、今でも時折彼女のこの映画での顔が心のなかでフラッシュすることもあるほどだ。この小説が発表されてから実に十一年の月日が流れた九九年六月、ついに待望の〝続編〟が発刊されたのだった。

キング曰《いわ》く、世には一年に何冊も出版する作家がいるが、ハリスの寡作《かさく》ぶりは驚嘆に値する。年月をかけて練り上げた今回の〝続編〟は見事なまでの仕上がりで、長年渇望《かつぼう》していた読者の期待を決して裏切らない傑作だ。それはひとえに作者ハリスが創造したハンニバル・レクター博士のまさに端倪《たんげい》すべからざるという言葉にふさわしい独創的で強烈な魅力一杯のキャラクターにある。このキングの言葉通り、〝続編〟に憧れながら〝続編〟失望症に陥っていた僕も、前作を凌《しの》ぐ面白さに狂喜した。『HANNIBAL』は、永遠に続いてほしい夢の物語との遭遇であった。

1999．9〜10

Ⅲ

わが愛《いと》しの作家たち

WANNABES《成りたがりたち》の新星

アメリカの法律家に作家への夢と苦しみを与えた張本人の一人、J《ジョン》・グリシャム『THE CLIENT』（邦題「依頼人」新潮文庫）は、一九九三年三月三日に発売されるや颯爽《さっそう》とベストテン・トップに躍進し好調に売れ続け、しばらくしてR・J《ロバート・ジェームズ》・ウォラーの『マディソン郡の橋』（文春文庫）にトップの座を譲ったものの発刊元ダブルデイ社九十六年の歴史の中でのハードカバー売上げの記録、すなわち六年前のB《ビル》・コスビー著『FATHERHOOD』（邦題「父親時代」ダイナミックセラーズ出版）二百五十万部をアッサリと抜きさった。

物語は母子家庭に育つ二人の子供、マーク（十一歳）とリッキー（八歳）兄弟が密《ひそ》かにタバコを吸おうと、森のかくれ場へ行くところから始まる。そして、そこで偶然目撃し体験したことがこの兄弟の、母親の運命を大きく変えていく。上院議員殺人事件解決の鍵《かぎ》を握ったと見られた兄弟は次から次へと試練の場に立たされる。

その修羅場をなまじの大人顔負けの智恵《ちえ》と勇気で乗り切る主人公マーク少年の策士ぶり、その彼の依頼を受けて敢然と保護し全力をあげて少年と一家を守る独身女性弁護士レジー。目撃した事実を少年から引き出し証言させようと躍起になって迫る検察側とお馴染《なじ》みFBIの面々。少年の口を封じようと命を狙《ねら》う無法者。法廷内での秘術をつくした駆引きの中にあって自在に牛耳る端倪《たんげい》すべからざる名裁判長殿。前作まで敢《あ》えて難を言えば、と批評家達に指摘されていた登場人物がステレオタイプ的という点も今回は見事にクリア、大人達が十一歳の少年に翻弄《ほんろう》されつつ展開するストーリーは、グリシャム・マジックともいえるプロット構成によって読む者の心を魅了する超面白サスペンスに仕上っている。

この本の記録的な売上げによって、さらなるグリシャム・WANNABES《成りたがりたち》が法律家の中に増殖しつつあるのだが、サテお立会い!!　今やリーガル・サスペンスの教祖様ともなったこのグリシャムが「この人は良いぞ」と太鼓判を押した弁護士作家が遂《つい》に登場した。その人の名はS《スティーヴ》・マルティニ。八八年の処女作『THE SIMEON CHAMBER』（邦題「沈黙の扉」角川文庫）では鳴かず飛ばずだったが、九二年発表した『COMPELLING EVIDENCE』（邦題「情況証拠」角川文庫）は大評判となり、バークリイ版のペーパーバックは百万部近く売れ、これぞ法廷劇の白眉《はくび》と各紙から絶賛を受け、グリシャムもお墨付きを与えたのであった。

その彼の『PRIME WITNESS』(邦題「重要証人」集英社文庫)が彼初めてのハードカバーとなってパットナム社から九三年の夏に発売された。前作からの人気の主人公弁護士ポール・マドリアニが活躍する今回も法廷ドラマファンには見逃せない。沢山のＷＡＮＮＡＢＥＳの中から弁護士先生作家の新星が一人、リーガル・サスペンスの定席を確保した訳である。

1993. 12

古骨を掘り起こせ!

〝これだ〟と叫んだかどうかは知らないが、Ｓ《スティーヴン》・スピルバーグ監督がＭ《マイクル》・クライトンの『ジュラシック・パーク』(ハヤカワ文庫)を読んだ時、これぞ今まで待ちに待っていた本だと喝采《かっさい》したに違いない。長年培《つちか》ってきた、彼独特の映画技法、特撮のノウハウを存分に発揮できる絶好の舞台になる、と。

後日、恐竜の卵入りの化石をロンドンの競売商から高値で落札するほどの、人一倍の恐竜ファンとあれば、尚《なお》のこと。事実、彼は〃自分にやらせてくれッ〃と、懸命にクライトンに頼み込んだと言っている。

水を得た魚の如《ごと》く最新CG技術を駆使して映画史上、画期的な作品をものにしたスピルバーグは記者団を前に、この作品はS・F《サイエンス・フィクション》映画ではなくS・E映画、つまりS・EVENTUALITY（厳然たる事実、出来事）であると宣《のたも》うた。原作は彼によってやや歪《ゆが》められたものの、〃ジュラシック・パーク現象〃なるものが出来《しゅったい》し、観客動員数の記録を塗り替える地球規模の大ヒットとなったのはご存知の通り。そして、この現象に乗って、原作者クライトンの旧作が、ヒット・チャートに再浮上した。

一九八〇年の『CONGO』（邦題「失われた黄金都市」ハヤカワ文庫）、八七年の『SPHERE』（邦題「スフィアー球体」ハヤカワ文庫）、そして『ジュラシック・パーク』に加えて、新作の『ライジング・サン』（ハヤカワ文庫）と、都合四作品がチャート上に勢揃《せいぞろ》い。ところが、更にチャッカリした出版社が出現した。その名はダットン社。一九六八年にJ《ジエフリー》・ハドソン名義でナル版のハードカバーとして世に出た、クライトンの処女作ともいえる『A CASE OF NEED』（邦題「緊急の場合は」ハヤカワ文庫）をリメイク。当時五ドル九五の値段で七千七百部売れたこの本を今度は一八ドル九五で、しかもM・クライトン名義で、新たなハードカバーとして映画封切り直前に発売したのである。

作戦は見事に成功。良心的な作家クライトンは、新しい作品と間違われては、と余り乗り気ではなかったと聞くが、案の定新作と間違えた読者《ファン》、旧作と知りつつも買った読者《ファン》に加えて新たな読者《ファン》も獲得し、三十万部近くが売れてアッサリとベストテン入り。雑誌には恐竜発掘ならぬ古骨の掘り起こしと皮肉まじりに書かれたが、四半世紀を経てもなお輝きを失わない彼《クライトン》の記念碑的な名作だけに、この際、便乗商法も大いに結構、とこちらは拍手したのだが……。

さて、この古骨の成功を黙って見過ごす手はない、と考えたかどうか、J《ジョン》・グリシャムの処女作『A TIME TO KILL』（邦題「評決のとき」新潮文庫）がダブルデイ版では初めてのハードカバーとして、九三年十一月に新たに発売された。四年前のウィンウッド版では九ドル二七だった価格も、今回のリメイク版では破格ともいえる二七ドルと、今までの最高値。これぞ凱旋《がいせん》記念版といったところ。四年と二十五年、どちらの古骨商法が勝つのか、チャッカリ版の花盛りといったところか。

1993. 11

フォレットの風貌《ふうぼう》

好きな作家の本は寝ころんで読むに限ると日頃思い実行しているが、それも普通の頁《ページ》数のハードカバーについて言えることで、八〇〇頁を越える大部の一冊となるとチト厄介なこととあいなる。

一九八九年、K《ケン》・フォレットは四年間の沈黙を破って『大聖堂』（新潮文庫）を発表した。『針の眼』（新潮文庫）以来テンポ良く次々と新作を出版していただけに、この四年という長い空白は彼の読者《フォレット・ファン》には気になる歳月であった。書店で待ちに待った新刊書《ハードカバー》を発見したときの喜びは今でも胸に甦《よみがえ》る。モロー版の中身だけで九七三頁はズシリと重く、その感触と手応《てごた》えは四年間の作者の汗の重みに思え、心震えた。好きな本を存分に読めるぞ、と天にも昇る心地で大事に胸に抱え翔《と》んで帰ったものである。

が、その後がサァ大変。なにせ五センチ以上の分厚い一冊を得意の寝技にもちこんで読もうというのだから。波乱万丈、数奇な運命を辿《たど》る物語の主人公達に心は釘《くぎ》づけとなり、夢中で寝る間も惜しんでネて読むものだから、本の重さに手は痺《しび》れ、目は霞《かす》み、それがまた一〇〇〇頁近いために何日も続き、読了したときには疲労困憊《こんぱい》の極、さながら中世の原野を彷徨《さまよ》うゴーストの如《ごと》き状態であった。

感極まり、重量挙げのように高く差し上げた本の裏表紙には、フォレットの顔が豊かに微笑《ほほえ》んでいた。その瞬間ボンヤリ頭が素早く反応した。待てよ、彼は以前からこの顔だったろうか？　慌《あわ》てて四年間の空白前のハードカバー三冊を抜き出して、一番若い『ペテルブルグから来た男』（集英社文庫）から順に四冊並べて見て驚いた。「まるで」と言っていい位に顔立ちが変っている。

前三冊に載っている、口髭《くちひげ》を生やした顔や剃《そ》り落した顔から窺《うかが》えたナイトクラブの魔術師《マジシャン》といった宙に浮いた感じが消え、白っぽく変った頭髪の落着きとともに顔に風格が備わり、どっしりと良い顔になっている。微笑みもはるかに良い。それはギリギリと鋭く尖《とが》った、あの『針の眼』に代表されるスリラー調から、エンターテインメント性の勝った人間葛藤《かっとう》ドラマへの転換の際の作家の闘いの軌跡を、つまり鋭さから豊かさへの稔《みの》りを示す顔の変化であった。

その豊かになった顔に新たな笑顔が加わった。『A DANGEROUS FORTUNE』（邦題「ピラスター銀行の清算」新潮文庫）は、九三年十一月に発売されてすぐにベストテン入りし、その後も好調に売れ続けた。因《ちな》みに、手にしたマクミラン版の頁数は四三四。ホッとして少しガッカリもする。

舞台は一八六六年のイギリス。著名な銀行財閥ピラスター一族に焦点を当て、三人の若者の出世と名誉と財産をめぐる人生の葛藤を『大聖堂』と同じ筆致で見事に描写している。その間を綾《あや》なす、美女メイジーとの不滅の愛、メロドラマチックにも読者の心をかき立て泡立たせ、一八九二年までのヴィクトリア朝下の二十六年間を物語の波は一気に走り抜ける。

好きな作家の顔を年代順に並べて、その間の心の動きを推理する。これまた小説とは違った楽しみを味わえるハードカバーの醍醐味《だいごみ》と思うのだが如何《いかが》？

1994．2

乗って、走って、落ちて……

D《デイック》・フランシスの小説をもっと面白く楽しく読むために〝あなたも一度軽く馬から落ちてみませんか!!〟と以前、『侵入』（ハヤカワ・ミステリ文庫）の解説に書いた。僅《わず》かな期間だが時代劇のロケで馬と付き合い、落馬を一回体験したことで大好きな作家フランシスの騎手としての凄《すご》さを知り、彼の描く小説の世界にぐんと近づいた思いがしたからだ。

たとえ、どんな乗り方であろうと一遍でも馬の背に跨《また》がって、あの一段高い視点から世間を眺めると、その変り様に驚く筈《はず》だ。さらに馬を自分の思い通りに自在に操る、所謂御《いわゆるぎょ》することの難しさを体験すると、乗り手の心理をテレパシーの如《ごと》く微妙に察知する、まことに度し難くも可愛《かわい》い生き物・馬の不思議な魅力を身をもって知ることとなる。

そして落馬。頭蓋骨《ずがいこつ》骨折一回、鎖骨骨折六回、鼻を折ること五回、肋骨《ろっこつ》に至っては数え切れないというディックの超弩級《ちょうどきゅう》の落馬体験には及びもせぬが、せめて一度でも落ちてみれば、落馬時の飛んでいる間の心の動きや地面に当った瞬間の衝撃の感覚といったものをより深く共感できる訳で、つまり馬に乗って、走って、落ちて初めて、ディックの世界よ今日は、ということになる。

実に三十二冊目に当るこの小説『DECIDER』(邦題「決着」ハヤカワ・ミステリ文庫)も、九三年十月に例年通りキチンと出版された。七十三歳のディックとあって、毎年今年は大丈夫か?とハラハラしながら出版を待ち焦《こ》がれている読者《ファン》は、本が出る度に万歳して飛びついて読む。

今回の主人公はリー・モリス、建築家で建設家でもある彼の得意は廃屋の改修改築。現に彼は農家の古い見棄《みす》てられた納屋《なや》を自分の手でリニューアルした家に家族八人で住んでいる。なんと彼は三十五歳の若さで既に十四歳を頭に六人の子持ちなのだ。しかもそれが全部男の子。物語は一見田舎紳士風な中年の二人連れが彼の家を訪ねてくるところから始まる。

彼らはストラットン競馬場のスタッフで、近日開催される株主会にリーが出席するよう要請にきたのだった。それは全《すべ》てを仕切っていた筆頭株主のストラットン男爵《だんしゃく》が死亡し、今後の競馬場の行方をめぐり存続か廃止売却かで血族間に相続争いが生じたためであった。理由《わけ》あって亡《な》くなった母親から些少《さしょう》ながら株を相続していた彼は、末っ子の乳呑子《ちのみご》を除く五人の、学校がイースター休みの子供達を引き連れて競馬場へと乗りこんで行くが、そこで彼ら親子を待ち受けていたものは……。

陰謀、緻密《ちみつ》なプロット運びは相変らずお見事で期待通り楽しませてくれるが、今回特筆すべきは子供達の記述である。人物描写に定評のある彼が大人ばかりか、小さい男の子たちをも生き生きと活写しているのに嬉《うれ》しくなる。父親と男の子五人の心の交流は微笑《ほほえ》ましく瑞々《みずみず》しい。老いてなお前途洋々のD・フランシス。

1994. 3

ダルマさんに夢中

新刊の出る度に、これが同じ人の書いたものか？と新鮮な驚きと感動を与えてくれる作家は珍らしい。しかも全《すべ》てが群を抜いて面白いとあれば夢中になるのは至極当然。その作家とはN《ネルソン》・デミル。夢中度は『ゴールド・コースト』（文春文庫）で頂点に達し、今、最高に好きな作家である。

出逢《であ》いは一九八五年の『誓約』（文春文庫）。読み終えたあとの深い感動に、生涯の作家を得た思いで暫《しば》しの間ぼおっとしていたことを憶《おも》い出す。以来、壊れたレコードの繰返しに似て頭の中でこの小説は事あるごとにストロボのようにフラッシュしているが、原因の一つはデミルの顔立ちにもある。緻密《ちみつ》な構成、人物に対する深い洞察力、智恵《ちえ》、知性、教養、大人性《おとなせい》と凄《すご》さに舌を巻く思いで、一体作者はどんな奴《やつ》か？と例によって写真を眺めたとたん、奇妙な懐《なつか》しさに心がフワッと包まれた。

広い額、髭面《ひげづら》、炯々《けいけい》とした眼光、それは子供の頃から掛軸などの水墨画で見慣れた、あの達磨《だるま》大師にソックリな顔だった。人間の内なるものは自《おの》ずと顔に表われるの譬《たと》え通り、叡智《えいち》に満ちた小説もむべなる哉《かな》と大きく一人合点したしだいであった。

天下の素浪人、用心棒がぴったりの
N・デミル
酒

彼の新作は九三年の十月発売と、いささか旧聞に属するが『THE GENERAL'S DAUGHTER』(邦題「将軍の娘」文春文庫)。舞台はアメリカ、ジョージア州のハドリー陸軍基地。タイトルが示すように、将軍の娘が父の統轄《とうかつ》するこの基地内の射撃練習場で死体となって発見される。

彼女はレイプされて全裸で、それもなんら抵抗した痕跡《こんせき》も残さず地面のテントの杭《くい》に大の字に繋《つな》がれていた。彼女、キャンベル大尉《たいい》はウェストポイント出の美女で父の部隊に配属されていたのであった。

このミステリアスな事件の調査に当るのは、今回の作品の主人公ブレナー。彼は軍隊内で起った事件に対してはどんな目上の階級の軍人でも逮捕できる権限を持つエリート集団、陸軍犯罪捜査部のメンバーである。捜査官としての彼の本能は、事件から漂ってくる不吉な予感に拒否反応を示すが、敢《あ》えて乗り込んだ基地内で彼を待ち受けていたものは……。

アメリカ軍における最近の女性の進出は実に目覚しいものがある。湾岸戦争での実戦の兵士としての活躍、海軍士官として初の艦隊勤務、初のジェット戦闘機パイロット誕生といったように従来は女人禁制、男性の城であった荒仕事の領域にすら次々と女性達が登場し話題を賑《にぎ》わせているが、一方ではこのことから生じる男女間のスキャンダラスな不祥事も幾つか大きく報道されている。

どんな鉄の規則の下であろうが所詮《しょせん》は男と女、と言ってしまえば身も蓋《ふた》もないが、軍隊という密室ともいえる閉鎖的な特殊社会で発生する男女間のトラブルはとかく陰湿でより歪《ゆが》んだ形で深く沈潜する。デミルという技術的にも精神的にもこれ以上の優れ者はいないという書き手によって、その間の事情が見事に先取りされて暴《あば》かれたこの作品は、『誓約』の変り味ともいえる不思議な輝きを持っている。

1994. 4

事実は小説より……

東西冷戦が終結し、スパイ小説の教祖ともいえるJ《ジョン》・ル・カレもスパイ物に見切りをつけて『THE NIGHT MANAGER』(邦題「ナイト・マネジャー」ハヤカワ文庫)で新路線を打ち出したが、アメリカの出版界では逆に今、スパイの実話、暴露物が賑《にぎ》わいを見せている。

きっかけを作ったのは、T《トム》・クランシーのあの『レッド・オクトーバーを追え』(文春文庫)で注目を浴びたネイブル・インスティテュート・プレス社の『TOWER

OF SECRETS』で、著者のV《ヴイクター》・シェイモフはKGBのトップ・エージェントの一人。副題に「ア・リアル・ライフ・スパイ・スリラー」とあるように、ピカピカの現役スパイがKGB要員としての活動を克明に記録している。同僚が殺害された後、エージェントの内部告発を決心したというが、冒頭で彼は、実際のスパイとは、小説や映画の世界のような派手なカーチェイスや銃撃戦とは無縁な存在であると語る。むしろ、一発撃ったらおしまいのチェスゲームの趣が強く、それも自分がどのような役割でどのポジションにいる駒《こま》であるかも皆目見当のつかない複雑なものだという。ソヴィエト連邦健在の一九七九年春から始まるスパイのリアルライフは有無をいわさぬ怖さと迫力を帯びており、〝悪夢ともいえるこの書の出現により、KGBは向こう十年間は立ち直れまい〟との書評まで出た。

続いては、サンダーズ・マウス・プレス社からでた女性スパイの実話『MARITA』(邦題「諜報員《ちようほういん》マリータ」新潮社)。「カストロからケネディまで、ある女性の愛とスパイ活動の物語」とサブタイトルにあるが、五九年二月二十七日、ドイツ人である彼女M《マリータ》・ローレンツが十七歳の時、父親が船長の豪華客船ベルリン号に乗ってキューバ、ハバナ港に寄港したところからお話は始まる。ランチで船に乗り込んできたフィデル・カストロとの偶然の出逢《であ》いから、二人の間に愛が芽生える。しかし、身籠《みごも》った子供のことから誤解が生じ、アメリカに戻った彼女は一転してＣＩＡの手先となり、愛人カストロ暗殺のためにキューバへ向うが……。

政治と陰謀と愛情の狭間《はざま》で揺れ動く女心。紆余曲折《うよきよくせつ》の人生はその後、ヴェネズエラの元独裁者マルコス・ペレス・ヒメネスの愛人となって二人の子供をもうけ、さらにダラスでのケネディ大統領暗殺劇の一端にもＣＩＡの一員として加わるという、俄《にわか》には信じ難い話が次々と展開していく。〃実際に愛の生活を送った私の書いたこの本のカストロこそ、彼の真実の姿〃と主張する彼女の体験談は生々しく、事件に関わった当事者が語るＣＩＡの対キューバ作戦の戦い方など、新鮮な驚きに満ちた話が盛り沢山である。

冷戦が無くなっても、情報が力である限りスパイ行為が無くならないことは明々白々であるが、緊張が解けた分だけスパイ小説が輝きを失い、替わって実話、暴露物が光彩を放ち始めた。その状況を巧みにキャッチするアメリカの出版界は、実に機敏ではないか。

1994. 5

恐怖の医療小説

読みたくても読めない作家の本がある。正確には、読み始めても途中で必らず投げ出してしまうというべきか。作家の名はR《ロビン》・クック。一九七八年に最初の『COMA』(邦題「コーマ—昏睡《こんすい》」)が出たときは、これこそ本職の書いた待望の医学スリラーと感嘆し、M《マイクル》・クライトン以来最大の医学ミステリ作家の登場という讃辞《さんじ》にも心から喝《かっ》采《さい》したのだが、『SPHINX』(邦題「スフィンクス」)に続く三作目の『BRAIN』(邦題「ブレイン—脳」、以上三冊いずれもハヤカワ文庫)を読んでいる途中で頁《ページ》を繰る手がピタッと止まってしまったのであった。理由は恥しいことだが、怖くて読めなくなってしまったのである。

著者自身医者であるクックの専門語による克明な病気の描写に、もしわが身に起ったら?の恐怖に耐えられなくなってしまったのである。四作目も同じ結果となり、以来クックの本とは心の平和を保つために訣別《けつべつ》宣言をし、書店で新刊を発見してもタイトルを一瞥《いちべつ》するだけで無視してきたのだが、ここへきて俄《にわか》に彼の新作が読みたくなった。

「ヒラリー夫人、あなたはR・クックの『FATAL CURE』（邦題「フェイタル・キュアー致死療法」ハヤカワ文庫）を読みなさい。そしてあなたの考えを改めなさい!!」とまあこのようなことをアメリカ共和党上院議員、ユタ州選出のオリン・ハッチ氏がテレビの画面で訴えたという記事を眼にしたからである。議員はクリントン大統領が提案するヘルス・ケア・プランに反対で、この法案の真の起草者であるヒラリー夫人に「あなたのプランはこの本のようになりかねない。だからぜひ読みなさい」と薦め、さらにこのプランを審議する下院議員全員に、『FATAL CURE』を配付するつもりだと付け加えたという。それかあらぬか彼の新刊は世間の関心を集め、好調に売れているというではないか、されば怖かろうが嫌いだろうが、これが読まずにいられりょうか!!という訳で十一年ぶりに彼の十四冊目に当るパットナム版の新刊を手にしたのであった。

物語は理想に燃える医師夫婦が八歳の愛娘《まなむすめ》と共にヴァーモント州のバートレット地域病院へと転任するところから始まる。夫のデイヴィッドは内科医、妻のアンジェラは病理学医、夫妻にとって新任の地は全《すべ》てが理想郷に見えた。娘のニッキの保養のためにも、澄んだ空気のこの地は絶好であり、仕事場は最新医療設備の整った、正に時代の最先端を行く管理医療の病院であった。彼らは自分たちの幸運に感謝し希望に燃えて新生活をスタートさせる。が、暫《しばら》くして気がつくと病院内では毎日のように予期せぬ患者が死んで行く。彼らはこの連続的な不審死に次第に疑問を持ち始める。実はこの患者の死の背後には隠された仕掛けがあり、その目的は病院経営による利益の追求であった……。

医療が優先か？　それとも病院経営か？　医者の立場から管理医療に一石を投じたこの小説は「医は仁術」を持ち出すまでもなく現代医療への警世の書となっている。

1994.6

名コンビの快作

面白い本が読みたくて絶えず書店をウロウロしている僕にとって、偶然手にした見知らぬ作家の本が至福の書となったときの嬉《うれ》しさは格別といえる。C《カール》・ハイアセンの『STRIP TEASE』（邦題「ストリップ・ティーズ」扶桑社《ふそうしゃ》ミステリー）はそんな一冊であった。

何か面白い本はないかと書架に並ぶ沢山のハードカバーの背表紙に眼を凝らしてい

たとき、タイトルの文字が向うからいきなり眼の中に飛び込んできた。男心をそそる、こんなタイトルを付けた著者は一体どんな作家なのか？　お手並み拝見と、冒頭の部分を立ち読みし始めて、さあ大変、どうにも止まらなくなってしまった。

アメリカ、フロリダ州フォート・ローダデールの「EAGER BEAVER」という名のクラブでは、今夜も恒例のストリップ・ショーが行なわれていたが、このショーの花形であるエリンの腰にしがみついて離れない泥酔《でいすい》状態の若者がいた。困惑しながらも邪険にもできず、そのまま踊り続けるエリン。実は抱きついている若者は翌日に結婚式を控えた前途洋々の企業戦士で、独身最後の夜を盛大に祝おうと仲間達に引っぱり出され、ベロベロになってこの店に乗り込んできたのであった。そこへ突然、サングラスの初老の男が舞台に駆け上ってくる。男の手にはブランデーの空き瓶がしっかりと握られていて、彼はそのボトルでいきなり抱きついている若者の頭を殴り出す。狂乱といってもいいこの男の異常さに全員が唖然《あぜん》としているその時、もう一人の屈強な男が拳銃《ピストル》をかまえて舞台に躍り上るや、殴り続ける男の腕をむんずと摑《つか》み、疾風《はやて》のように店の外へと連れ去った。

なんとサングラス男はフロリダ州選出の有名下院議員であり、このクラブでのハプニングを端緒に脅迫、殺人事件をからめながら、今までのハイアセンとはどこか毛色が違う面白さで物語はスリリングに展開し、政治の裏側も鋭く抉《えぐ》り出しつつ登場人物の多彩な個性も楽しませてくれる。かくしてハイアセンは大好きな作家の一人となった訳であるが、この本が世に出るには一つのエピソードがあった。

話はその五年前に遡《さかのぼ》る。ハイアセンはもともと「フロリダ・ヘラルド」紙の犯罪面担当の記者兼コラムニストとして受賞経験もあり、既に四冊の本を書いていた。当時たまたま彼の才能を耳にしたクノッフ社の社長ソニー・メータ女史がフランクフルトのブックフェアへの旅にその中の二冊を持って出かけたところ、余りの面白さにホテルで寝る間も惜しんで読むことになったという。大ファンとなった彼女は、なんとしてでも彼の本をクノッフ社でと熱望し、従来のエージェントから彼を奪取して出版したのがこのハードカバーであった。因《ちな》みに彼の才能に刮目《かつもく》したクノッフ社の社是は「類型的な作家と作品に用はない」であり、ハイアセンのモットーは「敵を作らなければ、仕事をしたことにはならない」とあれば両者のマッチングは正に鬼に金棒。このコンビから繰り出される第二弾が楽しみである。

1994. 10

純愛に死闘をからめて

ロバート・キンケイドとフランチェスカの『マディソン郡の橋』カップルは、一九九四年度を飾る翻訳小説の顔であることに異論はあるまい。長くトップテンを維持し、ヒット・チャート滞在記録が百二十週を超えたオバケ的大ヒットはアメリカは勿論《もちろん》のこと、日本を含む世界各国に強烈なインパクトを与えた。

「純愛」「大人の愛」を描いたというこの物語に感動し、流れた涙の量はどれほどのものか想像もつかないが、それでは小説として面白いかと聞かれると、いま一つも二つも、と言わざるをえない。あの「大人の愛」に更に何かが加われば、もっと……。

そんな僕の思いを汲《く》み取ってくれたかのように、凄《すご》い本が出版された。その作品とはN《ネルソン》・デミル著『SPENCERVILLE』（邦題「スペンサーヴィル」文春文庫）、版元は『マディソン郡の橋』と同じワーナー社である。

冷戦構造が崩れた結果、ワシントンでのCIAの職を失った主人公キース・ランドリイは、二十年ぶりに故郷オハイオ州スペンサーヴィルに戻ってきた。それには、大きな目的があった。学生時代、六年間起居を共にした相思相愛の女性、同級生のアニー・プレンティスに会ってその心を確かめることである。

結婚を固く誓い合いながら卒業後離れ離れに社会へと巣立った二人は、本心では求め合いながらも、それぞれ自分のために懸命に闘っているうちに次第に疎遠《そえん》になっていく。

時あたかもヴェトナム戦争の最中《さなか》、戦場へと駆り出されたキースの長い不在も災いして、彼の心を見失ったと錯覚したアニーは、田舎町スペンサーヴィルを牛耳る悪徳の警察署長となった同窓のクリフ・バクスターと結婚してしまう。

容姿こそ恰好《かっこう》いいものの、その仮面の下には残忍狡猾《こうかつ》、異常とも思える独占欲と嫉《しっ》妬《と》心《しん》が渦巻くクリフ。絶望に沈むアニーは、二人の子供が成人するまでは、と彼の日常の暴力に耐え、世間体を繕って形ばかりの夫婦を装《よそお》う毎日を送る。唯一《ゆいいつ》の救いは、結婚後数年して復活したキースとの文通であった。

そのアニーの愛を確かめ、彼女をクリフから奪取すべくキースは故郷に乗り込んでいく。だが、嫉妬に燃え、凶暴な復讐心《ふくしゅうしん》の塊となったクリフは、警察権力を笠《かさ》に卑劣な手段でキースに襲いかかる。一方、ヴェトナム帰還兵であり、その後政府の諜報員《ちょうほういん》として様々な謀略のテクニックを身につけたキースも、敢然とこの挑戦を受けて立つ。かくして、アニーを巡る二人の男の壮絶な死闘が繰り広げられていく……。

これ程までに読者の心をゾクゾクと震わせてくれる読み物は希有《けう》であろう。脂《あぶら》の乗り切った最高の物語作家が腕によりをかけて仕上げた、正真正銘の最上質のエンターテインメント。「パブリッシャーズ・ウイークリー」誌の書評曰《いわ》く、『マディソン郡の橋』のエッセンスを更に高めたエキスに男の死闘を混ぜ合わせた、これこそ未《いま》だかつてないベストセラー物の極致である。百聞は一見にしかず、是非一読をお奨めする。

1995. 1

映画化の夢と希望

小説に感激し、映画化されたものを期待に燃えて見る。しかし、そのほとんどは失望に終わる。これはもうパターン化したきらいすらあって、毎度の裏切りに打ちのめされた結果、映画は小説のエッセンスだけを取った全くの別物と、心に言い聞かせることにした。初手からそう考えておけば、腹も立てずに済む。

M《マイクル》・クライトンは、小説家の卵たち向けの雑誌「ライターズ」の中で原作と映画に関する質問に答えて、〝シナリオで使えるのは、せいぜい原作の四〇頁《ページ》分。単純に言えば、四〇〇頁の小説なら十分の一の内容しかない訳で、原作者としては映画とまともに向き合ってもイライラが募るばかり。今では最初から諦めている"と語っている。自身、映画監督の経験も豊富なクライトンの言葉は、映画化する方される方の両方の立場を理解した上での発言だけに、説得力がある。昨今、『ジュラシック・パーク』『ライジング・サン』と立て続けに彼のベストセラー小説が映画化されて話題を呼んだが、いずれも原作にはないキャラクターが登場したり、また原作者が訴えようとした精神的なエッセンスまでが歪《ゆが》められていたりして、失望どころか憤慨すら感じ、クライトンに大いに同情した。

彼の言葉でそれもやや収まったものの、感動したり面白かった小説の映画は見ないようにしようと思い始めた矢先、そんな気持ちを覆《くつがえ》すような小説が現れた。D《ディック》・フランシスの『WILD HORSES』（邦題「告解」ハヤカワ・ミステリ文庫）である。

三十三作目にあたるこの小説の主人公は、若き映画監督トマス・ライオン。競馬を扱った映画で目下売出し中の彼は、二十六年前にニューマーケット競馬場で起こったあるスキャンダラスな事件をテーマに、映画を撮影中だった。この劇中の映画のシナリオと小説本体の筋書きとが微妙に絡《から》み合って、物語はドラマチックに展開していく。

そもそもの始まりは、トマスが父のように尊敬する、競走馬の蹄鉄師《ていてつし》ヴァレンタインの今際《いまわ》のきわの告白から。晩年になって文筆家に転身を図り、コラムニストとしても名声を博した彼は、老いのため目が不自由になり、トマスに本を読んでもらうのを楽しみにしていた。そして、自らの死期が近いことも悟っていたのだが、ある日、トマスを牧師と思い込み、ナイフで人を殺したことをうわ言のように懺悔《ざんげ》して死出の旅へと赴いてしまう。この告白はトマスの心の中に重く堅く閉じ込められるが、劇中の映画作りの様々な葛藤《かっとう》の中で不気味に輝き始め、事件の真相が徐々に露《あらわ》になっていく。

今回もフランシスは、見事な描写力で映画に携わる人々を活写している。監督トマスとプロデューサー、シナリオライター、主役スターらとの会話は生き生きとして楽しく、映画製作の現場と進行する事件、そして人と馬とが一体となって眼前に髣髴《ほうふつ》としてくる思いだった。この小説が映画になったら……。そんな夢と希望を再び抱かせてくれる不思議な魅力をもった作品なのである。

1995.2

文豪スパイの活躍

世界的文豪とスパイ。何とも奇妙な組み合わせのような感じがしないだろうか。しかし、それが事実であるなら、とても愉快な気もしてくる。自己顕示欲と類稀《たぐいまれ》なる個性の持ち主は、一体どんなスパイぶりを発揮したのだろうか？　一九九四年、発行された『SPIES』には、三人の文豪たちのスパイ活動が楽しく描かれている。

一九一七年のペトログラード。ボリシェビキ革命直後のケレンスキー内閣統治下のこの街に颯爽《さつそう》と登場したのはS・モーム《サマセット》。なにしろ、ステッキを手にパリッとした背広の足元はスパッツという出《い》で立ち。周囲を行き交う革命戦士たちに、男色家の眼もあらわに秋波を送っていたという。

著者のE《アーネスト》・ヴォルクマンの表現を借りれば、その姿はまさにゴミの中のダイヤモンド。誰もが作家が次回作の調査に来たと思ったというからイギリス情報部の狙《ねら》いはドンピシャリだったのだが、いかんせん時期が遅かった。既にドイツのスパイ網がガッチリ出来上がった後で手も足も出ず、止《や》むなく退散。文豪モームはその名をスパイ史上に輝かすことはできなかったが、E《アーネスト》・ヘミングウェイとG《グレアム》・グリーンは違った次元で名を残すこととなった。

日本海軍は必ずアメリカに攻撃を仕掛ける。一九四一年の春先、日米開戦前にそう予言したパパ・ヘミングウェイ。もっとも、後にも先にも彼の予測が的中したのはこの一回だけ。それ以外は憶測の押し売りで、情報局を辟易《へきえき》させた。スペイン市民戦争以来、スーパースパイを夢見ていたという彼にとっては、面目失墜もいいところ。それではと組織したのが「PAPA'S CROOK FACTORY」というならず者の集団である。

キューバのアメリカ大使館まで抱き込んで多額の援助金をせしめ、愛用のヨットでUボート退治にと勇躍、出撃していった、といえば聞こえはいいが、実態は官費による釣航海。ハイアライ競技の選手を乗せて、Uボートめがけて爆薬を投げつけるという子供だましのやり方に、政府も怒りだして援助は打ち切り。その余りの厚顔さは以後、素人《しろうと》スパイは一切雇わないとの決意と条項を情報局にもたらした。

コードネーム59200だったグリーンも、奇《く》しくもそれと同じ決意をイギリス情報部にさせている。自ら、活動するスパイを志願したグリーン。しかし、赴任したのは退屈なアメリカの町、疎外《そがい》された当てつけから報告文は世界古典文学のキャラクターの名を使い、駄洒落《だじゃれ》とからかいの創作文を送った。激怒した上層部は、以後、かかる知的なスパイは二度と雇わないことを決定する。

かくして、文豪たちによって情報部の威信は傷ついたが、パパは最後の官費航海で巨大なマカジキに遭遇、『老人と海』（新潮文庫）を書き上げてノーベル文学賞を受賞。グリーンもこの時の体験を痛切なアイロニーで作品に仕立てた『ハバナの男』（早川書房）を発表、世界の喝采《かっさい》を浴びる。作家とは何とも恐るべき存在ではないか。

1995・3

新人の当たり年《ジャック・ポット》

「アイム・ソーリー」と手書きのメモを机の上に残して、一人の若者が銀行のオフィスから姿を消したのは、一九九五年二月二十一日深夜のシンガポールでの出来事であった。その数日後、この弱冠二十八歳の青年ニック・リーソンの取引で生じた莫大《ばくだい》な欠損によって、イギリスの名門銀行、ベアリングズ社は倒産した。このニュースは、先物取引を含む株式、金融市場の裏側に顕在するギャンブルの怖さを改めて浮き彫りにしたが、事件の余韻も醒《さ》めないうちに一気に八十八円の新記録を作った円高、そしてマルク高は、外国通貨市場のギャンブル性をも、一際《ひときわ》強く世界にアピールした。買いか？　売りか？　思惑と情報と実勢を絡《から》めての判断は、巨額の利益も損失ももたらす。このスリリングな通貨市場を舞台に、経済小説《ファイナンシャル・スリラー》の白眉《はくび》ともいえる新人作家の一冊がダブルデイ社から登場した。

『NEST OF VIPERS』（邦題「蛇の巣」早川書房）というタイトルのこの本の著者は、L《リンダ》・デイヴィス。彼女は八五年にオックスフォードを出てニューヨークに渡る。そして、ウォール街で会社買収マニア、拝金主義者の下で働くが、一年間でロンドンに戻り、商業銀行で主に東ヨーロッパ相手にポンドの買い付け業務などを経験した後、九二年、この小説を書くためにキャリアを閉じたという経歴の持ち主。

物語は、イングランド銀行総裁が「彼女はパーフェクトだ」とイギリス情報部MI6の対麻薬犯罪局長に話すところから始まる。彼女とは、この小説の主人公、セーラ・ジェンセン。ロンドンのシティで外国通貨取引者としてトップにランクされる彼女は美しく、頭も心もスマートで、野心もチャレンジ精神も旺盛《おうせい》な知性溢《あふ》れる独身女性。総裁の一言で、MI6のスパイとして外国通貨取引の疑惑の巣と目されるダンテ・スカルピラートなる男が動かす成り上がり銀行に職場を移すのであるが、セーラは自分がスパイであることを知らずにいる。

外国通貨の売買で巨額な利益のみを取得し続けるダンテ一味。なぜ、彼らは失敗しないのか？　その背後にマフィアのボスの存在ありと察したMI6が、確証を握るために送りこんだ〝刺客〟であることを知らずに、総裁の密命のみと思い込んで潜入した彼女の運命やいかに？　愛あり、暴力あり、殺人あり、闊達《かったつ》な文章で綴《つづ》られた物語はサスペンスに富み、登場人物はそれぞれが個性的で魅力ある人柄。そして、何よりも骨子となっている通貨取引の現場の描写は、実際に経験した者のみが伝えることのできる熱気と迫力と驚きに満ちていて、経済スリラーの面白さを堪能《たんのう》させてくれる。

九四年は、大物新人作家の当たり年《ジャック・ポット》！　巨額な前払い金で記録を作ったA《アラン》・フォルサムの『THE DAY AFTER TOMORROW』（邦題「狂気のコードネーム《明後日《ユーバーモルゲン》》」新潮文庫）を先頭にスケールの大きい処女作の出版ラッシュが続き、ゾクゾクするほど嬉《うれ》しく有難い年になった。

1995.4

サリンを阻止せよ！

「SARIN」英語、ドイツ語、フランス語、日本語、僕が持っているどの辞書にも記載されていないこの言葉が俄《にわか》に注目を集めたのは、一九九四年六月の松本市の不可思議な事件以来のこと。三八年、ナチス・ドイツで殺虫剤の開発中に生まれた「サリン」。第二次大戦の戦場では使われなかったが、数十年を経てサダム・フセインによって悪夢の如《ごと》く蘇《よみがえ》り、クルド族制圧に使用されたことは周知の事実。そして、東京地下鉄サリン事件によって、今やわが国では知らぬ者のない恐怖の言葉となった訳であるが、九五年二月、アメリカで偶然手にした未知の作家、G《グレッグ》・アイルズの新刊小説『BLACK CROSS』（邦題「ブラッククロス」講談社文庫）のテーマが、何と「SARI

N」であった。

第一次大戦中、ドイツ軍は毒ガス弾にすべて、クロスの印をつけた。しかも、その十字は毒ガスの種類によって、四色に色分けされていた。緑十字は、塩素を主体とした窒息ガス。白は刺激性の催涙ガス。黄色は糜爛《びらん》ガスで主にマスタード。そして青は、呼吸器を破壊するシアン（青酸）、アルシン（砒化《ひか》水素）、一酸化炭素ガスであった。

三〇年代の後半、戦場での毒ガスで最高の殺傷力を誇っていたのはホスゲンであったが、新たに誕生した黒十字《ブラッククロス》のサリンはその三十倍の威力を持っていた。さらに、六年後の四四年にはサリンと同じ効力で、サリンよりも残存性がはるかに高いソマンと呼ばれる悪魔のような毒ガスも開発された。

サリン、ソマンの存在を知った英首相チャーチルは、欧州反攻作戦を前に、一つの賭《か》けに出る。連合国軍の欧州上陸に際して、サリン、ソマンが使われたら、防御の手段もなく大損害を被《こうむ》り、戦局が再び逆転することは火を見るより明らかだ。それを阻止できる手段とは何か？

実は、ヒトラーにはアキレス腱《けん》があった。第一次大戦に従軍した彼は、マスタード・ガスによって一時的に失明するという恐怖を味わっており、毒ガスを使った場合に相手からも報復のガス攻撃を受けることを極端に恐れていた。チャーチルの作戦とは、サリンに匹敵する毒ガスが連合国軍側にもあることを、ヒトラーに知らしめることだった。そのターゲットとして北ドイツのユダヤ人収容所が選ばれ、二人の工作員が送り込まれる。果して、秘密作戦は成功するか……？

作者自身があとがきで述べているように、歴史上の事実を曲げないでフィクションを重ねる手法は迫力満点で、若き日のJ《ジャック》・ヒギンズやL《レン》・デイトンの面白さをさらに加速した感があり、まさにクリフ・ハンガー（最後まで手に汗握る）。さらに、僕の大好きなN《ネルソン》・デミルが、J《ジョン》・グリシャムが、この著者のアイルズに大賛辞を送っているのだから、嬉《うれ》しくなってくるではないか。

また新たな冒険小説の担《にな》い手が誕生したわけであるが、その彼の結びの言葉は、〝若き読者よ、五十年という歳月は決して長いものではない〟であった。

1995.5

スパイ小説の結実

一九九五年度のハードカバー・小説をアメリカの書評誌のベストセラー・リストのトップに立った主だった作品で綴《つづ》ると、J《ジェームズ》・F《フィン》・ガーナーの『POLITICALLY

CORRECT BEDTIME STORIES』（邦題「政治的に正しいおとぎ話」ディーエイチシー）に始まり、J《ジヨン》・グリシャムの『THE RAINMAKER』（邦題「原告側弁護人」新潮文庫）、P《パット》・コンロイの九年ぶりの作品『BEACH MUSIC』、そしてM《マイクル》・クライトンの『THE LOST WORLD』（邦題「ロスト・ワールドージュラシック・パーク2」ハヤカワ文庫）がトリということになる。

その間リスト上にはL《レオン》・ユリスやJ《ジヤック》・フィニイといった懐《なつか》しい作家も登場しオールドファンを喜ばせてくれたが、目をこらすと所謂《いわゆる》スパイ小説の類《たぐい》がほとんど顔を出さなくなったことに気づく。冷戦終結後、自然消滅的にスパイ小説が影をひそめた中で目をひいたのが『SLEEPER SPY』というタイトルであった。

作者はピューリッツァ賞受賞者のW《ウイリアム》・サファイア。「ニューヨーク・タイムズ」のコラムニストとして健筆をふるう彼の名を高からしめたのは、五九年にアレンジしたニクソン、フルシチョフ米ソ両巨頭によるキッチン・ディベイトであろう。その後数々の政治・社会評論、ホワイトハウスのステイトメント起草、歴史書と、今やアメリカを代表する名文家と讃《たた》えられる彼が、今日何故《なぜ》初めてというスパイ小説を手掛けたのか？がぜん興味が湧《わ》いたのである。

副題に「欺《あざむ》きの小説」とあるこの物語は、カリブ海上に浮かぶ島国バルバドスに始まる。今しも夕日に翼端をきらめかせながらアメリカからの旅客機が着陸態勢にあった。その機体を海岸のコテージから眺めている一人の男がいた。彼は旧ソヴィエトKGBの高級幹部であり機上のスリーパー・スパイ、A・ベレンスキーの唯一《ゆいいつ》のコントロール・マンであった。

ベレンスキーがスパイとしてアメリカへと送られたのは二十年前、二十二歳のとき。一市民としてひっそりと暮し、時のくるのを待つ間、指令通り銀行業務に励み、ソヴィエト連邦崩壊後暫《しばら》くして、前路線の上層部から三〇億ドルの金塊を委託された彼は、巧妙な運用によりこの基金を十倍に増やしていた。二十年ぶりにコントロールとバルバドス島で接触した彼は金を要求するコントロールを薬で眠らせ小屋の外へと出たが、その直後小屋は爆発する。結果この世には彼の存在を知っている者はいても名前と経歴を知る者は誰一人いなくなった。

三〇〇億ドルという巨額の資金と共にアメリカ社会に残された彼の行方を追って、旧ソヴィエト派と現ロシア政府側、さらにはアメリカのジャーナリストと、三つのグループが秘《ひそ》かに行動を開始した。果して彼の運命は……。

最近のコラムで、歴史上の人物の故《ゆえ》なきカリカチュア化はたとえフィクションの世界でも許されるべきでないと警告を発したサファイアがこの小説で問いかけているものは大きい。最盛期には二十万人が暗躍していたというソヴィエトのスパイ達の行方は？　今世紀初頭のJ《ジョーゼフ》・コンラッドに出発したスパイ小説の主流は、サファイアで結実したことになるのだろうか。

1996. 1

エレガントな謎《なぞ》解き

ヒトラーの日記発見！のニュースが全世界を駆け巡ったのは十五年以上も前のこと。歴史家を含め誰もが新事実を期待して心躍らせた。結局は売らんがための偽造と判明しがっかりしたが、死後数十年経《た》ってもヒトラーの世界に与えるインパクトの凄《すご》さに改めて驚いたものであった。

考えてみればフィクションの世界でどれほど彼が再生しているか、おそらく算《かぞ》え切れない数になるに違いない。言葉を替えれば、彼ほど小説家にとって格好のメシの種はないということになる。

〃ヒトラーが僕の家を買ってくれた〃と語るのは戦後十二年経って生れたイギリスの元新聞コラムニストで現在作家のR《ロバート》・ハリス。一九六四年四月二十日（月）ヒトラーの七十五歳の誕生日に物語をセットしたデビュー作『ファーザーランド』(文春文庫)は九二年に発売され四百万部という大ヒットとなった。

きっかけは冒頭の偽《にせ》ダイヤリー事件を題材にハリスがBBC放送在籍中にノンフィクションを執筆し、番組も制作したことにあった。その彼のお待ちかねの第二作は『ENIGMA』(邦題『暗号機エニグマへの挑戦』新潮文庫)。タイトルも「謎」ならば物語も前作同様入り組んでいて知的挑戦にはもってこいの作品、九五年十月に発売と同時にランキング一五位に顔を出したばかりか、出版元のランダムハウス社が発売に因《ちな》んで賞金付きの暗号解読クイズを出したことからも評判となった一冊。

「エニグマ」、謎めいた響きで好きな言葉だが、第二次大戦中ナチス・ドイツが全軍至るところで使用した暗号製造・解読機の名前である。舞台は、第二次大戦中に暗号解読の場所として選ばれたイギリスの寒村、ブレッチレー・パーク。この任務は、アメリカ、ニュー・メキシコ州のロスアラモスで遂行されたマンハッタン計画と並ぶ超極秘プロジェクトだった。

主人公は非常召集されこの地で暗号解読に従事する若きケンブリッジ大学の数学者トーマス・ジェリコ。彼が難攻不落と謳《うた》われたエニグマを解読しなければ、Uボートによって輸送船団が魚雷の餌食《えじき》となり、莫大《ばくだい》な量の軍需品、武器弾薬そして尊い命が犠牲となる……。

一方、同僚であり彼が失恋した女性クレアが失踪《しっそう》、スパイ容疑も加わり話はミステリアスな様相を帯びてくる。果してエニグマ解読はなるのか？　彼女の正体は？　着想の斬新《ざんしん》さ、熟達の域にある語彙《ごい》の豊富な文章、思考の深さを感じさせる複雑に入り組んだ物語は静かなサスペンスに満ちている。第一作は〝エレガント・スリラー〟と評されたが、今回も物語は事実をベースに丹念に構築されている上、本物の暗号解読作業が加わり誠に精巧。つまり話全体がパズルになっている中でパズルを解いて行くという構造で頭を使わされる。

ここがこの作家の真骨頂で、読み進むうちにすっかり登場人物達の静謐《せいひつ》な雰囲気に染まり、知的興奮に酔って、読後は清涼感に満たされる。エレガント・スリラーとはいい得て妙であった。

1996.5

青春が蘇《よみがえ》る

アフリカン・アメリカンの作品がフィクションとノンフィクションの二部門で同時

にヒット・チャートのトップに君臨したのは、アメリカのハードカバー史上初と騒がれた一九九六年春のことだった。片や、『ため息つかせて』（新潮文庫）で爆発的人気を博したT《テリー》・マクミランの新作『HOW STELLA GOT HER GROOVE BACK』（邦題「ステラが恋に落ちて」新潮文庫）が四月二十九日発売のフィクションならば、一方のノンフィクションはNBAチャンピオンチームのシカゴ・ブルズの名リバウンダー、D《デニス》・ロッドマンの自伝『BAD AS I WANNA BE』（邦題「デニス・ロッドマンの『ワルがままに』」徳間書店）で、こちらは五月一日発売。二冊とも発売以来、数週間にわたって首位を並走し続けた。その後、マクミランはグリシャムの新作『THE RUNAWAY JURY』（邦題「陪審評決」新潮文庫）に、ロッドマンはO・J・シンプソンの裁判を扱ったV《ヴィンセント》・バグリオーシの『OUTRAGE』に首位の座を明け渡したものの依然、根強くベストテン上位に頑張り続けた。

六月初め、僕はホノルルの書店で平台に堆《うずたか》く積まれたマクミランの本を手にとった。そして、両アフリカン・アメリカンの本を熱心に立ち読みする白人や黒人に混じって頁《ページ》を繰っているうちに、たちまち夢中になってしまった。

物語のヒロインでナレーターのステラは、四十二歳で離婚歴があり、十一歳のクインシーと二人暮らし。このあたりはマクミラン本人の実生活と重なる部分も多いようだが、ステラは投資アナリストとしてハードな毎日を送っている。

家に帰ると十五秒ごとに「ママ、ママ」と連呼する息子を、コロラド・スプリングスに住む元の夫のもとへ三週間の面会旅行に送り出したばかりで、ふと気がつくと今日は土曜日、しかも太陽の輝く夏。空港から戻ってテレビのスイッチを入れると、解放感に浸る彼女の心を読んだかのように〝ジャマイカへいらっしゃい〟というCMが画面に現れた。これぞ絶好のタイミング、とステラは単身のヴァケーションを思い立つ。

ジャマイカで彼女を待ち受けていたのは、灼熱《しゃくねつ》の太陽、紺碧《こんぺき》の海、爽《さわ》やかな薫風《くんぷう》、そして魅力溢《あふ》れる一人の若者だった。シトラスの香り漂う彼の名はウィンストン。魅入られるような眼、誘いこまれるような口元に色気を感じたステラは、彼の指先が偶然触れた瞬間、身体《からだ》を電流のようなものが走りぬけるのを感じる。

それは、長い間忘れていた恋の予感だったが、ウィンストンはなんと二十歳を過ぎたばかり。果して彼女は……。

時には一頁近くも切れ目のない文章で綴《つづ》られるマクミランの小説は、強烈な躍動感に満ちていて心を奪われる。表現はあけすけのようでソフィスティケイトされて品があり、思わず笑いを誘われるウイットにも富んでいる。著者自身の感情が熱源となって伝わってくる熱く瑞々《みずみず》しい女心に、錆《さ》びきった青春の血も蘇る思いが味わえる、まさにときめきの読物であった。

1996.8

六〇年代への追想

アメリカの小説の読者をテレビや映画へと追いやった原因は、一九五〇年代にアメリカの文壇を支配した「ミステリであれ、ロマンス物であれ、過激な体験について書くことは、高級芸術ではない。なぜなら、ほとんどの人間は人生において過激な体験を生きることはないから」という小説観である――そう語るのは、今やリーガル・スリラー界の大立者となったS《スコット》・トゥロー。「ほどほどの体験を書くことが本物の小説である」という風潮が蔓延《まんえん》した結果、小説はつまらなくなり、読者を失望させた。そう考える彼は読者の心を引きつけるための登場人物の造形と、それに対するより真剣な考察、吟味の必要性を改めて訴えている。

三年ぶりに発表された、トゥローの第四作目は、『THE LAWS OF OUR FATHERS』(邦題「われらが父たちの掟《おきて》」文春文庫)。タイトルからして法律用語を使った前三作とは違っている上、本来なら三作目に発表されるはずだったのが難航して遅れたということ、そして純文学的な傾向が強まった作品であるという前評判が広まり、注目を集めていた一冊であった。

物語の舞台は、いつものように「空はおおむね灰色で、真実は単純であることがごく稀《まれ》な」キンドル郡。ある朝、一人の熟年女性が悪評高いドラッグの取引地域で銃撃を受けて死亡した。被害者の名はジューン・エドガー、反戦運動家であった彼女が初めて訪れた場所でなぜ殺されたのか。日ならずして容疑者として捕らえられたのは、なんと彼女の息子のナイルであった。

そして、この裁判を仕切るのが主人公の高等裁判所判事ソニア・クロンスキー、愛称ソニー。思い出すのは二作目『立証責任』(文春文庫)での検事補としての活躍である。「目のパッチリしたウェイトレスタイプ」の美女のソニーがまず直面したのは、ジューンと被告の息子、そして被告弁護人のホビーとその親友で取材を担当するセス、その全員が彼女とは一九六〇年代、彼女が学生時代に知り合った仲であるという事態。特に、セスは忘れ得ぬかつての恋人だった。

新米判事としては、六年目に行われる信任不信任の投票を考えると、この裁判は忌避したいところ。だが、彼女は敢《あ》えて危ない橋を渡ることを決意する。物語は裁判を軸に、ソニーとセスの回想を交互に交えながら進んでいく。

一部の批評では、〃精神分裂気味〃〃奇妙な〃と書かれたこの小説。トゥロー自身もこれまでのどの小説よりも自分を投影しているが、作品としては失敗かも知れない、と書評誌の記者に話したという。

が、現代のアメリカを理解する上で六〇年代は最も重要であると確信する彼が、まさに自分の青春を燃やしたその時代の思いを登場人物に託した物語は、タイトルに籠《こ》められた因襲打破への強い情熱とともに、読者の心を痛烈に捉《とら》える魅力に溢《あふ》れている。トゥローが単なるミステリ作家ではなく、現代アメリカ文学の担《にな》い手の一人として評価されている理由がはっきりわかるような気がした。

1997. 2

恐怖の〃いるか現象〃

現代の最先端の科学知識と豊富な情報量をバックに次々とフィクションを構築し、〃空想を現実に変える〃作家M《マイクル》・クライトン。常に読者の背筋をゾクゾクとさせつつ、現代に様々な問題を提起する彼が一九九七年に発表した新作のタイトルは、『AIR-

FRAME』（邦題『エアフレーム―機体』ハヤカワ文庫）。エンジンを除く飛行機の機体全部を指すその言葉から推測できる通りに、今日の航空機産業を取り上げたこの本は、発売と同時にベストテンのトップに躍り出た。クノッフ社の初版は二百万部、映画化の権利も早々と高額で決まり、クライトンがエンターテインメント界の超人であることを改めて誇示した形になった。

物語はトランス・パシフィック航空545便、香港《ホンコン》発デンバー行きの機内から始まる。いよいよ目的地まで二時間となったこのノートン社製のワイドボディ双発ジェット旅客機の前部座席には、中国での一年間の勤務を終えて帰国する若きアメリカ人夫婦が乗っていた。ぐっすりと眠る夫ティムの横で、幼子を抱いた妻のエミリーは、まんじりともせずにいた。

元来、飛行機に馴染《なじ》めず不安な彼女の神経をさらに刺激したのは、中国人クルーの余りにもリラックスしすぎた態度だった。コックピットのドアは開けっ放し、パイロットたちは夜間、機内を歩き回ってスチュワーデスにちょっかいを出す有り様。赴任中に中国人の優秀さは認識していたとはいえ、不安は募るばかりだった。

そんなことは露知らず、上機嫌で目を覚ましたティムはビデオ・カメラを取り出して娘の姿を撮りはじめるが、飛行機は突如、垂直を思わせる急角度で機首を下げた。

機内には悲鳴が上がり荷物が散乱して、ティムもビデオ・カメラと共に座席から吹っ飛ぶ。そして、次の瞬間、今度は飛行機は急上昇を始めた。

この〝いるか現象〟と呼ばれる機首の激しい上下運動の繰り返しで、死者三名、負傷者五十六名が出る。事故の原因は一体何だったのか？ 以前に起こった同機種の飛行中の誤操作に酷似したこの事故は、改良を重ねて絶対安全を宣言したノートン社に大きなショックを与えた。

直ちに原因究明の調査班が組織され、その責任者となったのが、今回の主人公《ヒロイン》ケーシー。中国への大量輸出契約を抱えた機種だけに、社の存亡を賭《か》けて調査に取り組むことになった。

物語は彼女を中心に、社の上層部と労組の確執や技術者同士のしがらみ、世論を代弁するマスコミの内情などを暴《あば》きつつ、時間刻みの短い章の連続で、テンポよくスリリングに綴《つづ》られていく。実際に起こった事件の記録という体裁は、『アンドロメダ病原体』（ハヤカワ文庫）以来のクライトン薬籠《やくろう》中の手法である。

ティムのビデオ・カメラが事故解明の鍵《かぎ》となる辺りは、『ライジング・サン』（ハヤカワ文庫）の二番煎《せん》じの感もあるが、航空機周辺の科学技術の記述は、まさに彼の独壇場。ジャンク部品の出回る恐ろしき整備の実態や、パイロットを含むクルーのモラル問題も鋭く抉《えぐ》ったインダストリアル・スリラーは、またしても読者の背筋を寒くしてくれる。

1997.3

疑惑の島

ニューヨーク州ロングアイランドといえば、N《ネルソン》・デミルの傑作小説『ゴールド・コースト』（文春文庫）の舞台として、またデミル本人が長年住んでいる場所として、彼の読者にはすっかりお馴染《なじ》みの土地。その島の長く延びた東北端の先に「プラムアイランド」という小さな島が実在する。

面積約八四〇エーカーの森と草地の島は、昔オランダ人によって、海岸沿いに自生するプラムからその名をつけられたという。現在はアメリカ農務省が動物の研究施設として利用、主に伝染病や疫病《えきびょう》を根絶するためのワクチン開発や遺伝子療法に取り組んでいると公表している。だが、かねてから細菌兵器の研究所ではないかという黒い噂《うわさ》の絶えない島でもあった。

一九九七年五月に発売され、二週目で「パブリッシャーズ・ウイークリー」誌のベストテンのトップにランクされたデミルの新刊は、題名もズバリ『PLUM ISLAND』（邦題「プラムアイランド」文春文庫）。彼にとって第九作目にあたるこの小説で、デミルは〝疑惑の島〟を舞台に選び、これまでにも増して素晴らしい面白小説を作り上げた。

物語はプラムアイランドに勤めるトムとジュディという科学者夫妻が、ロングアイランドのノースフォーク地区で、頭を銃で撃ち抜かれて発見される場面から始まる。ニューヨーク市警殺人課の刑事ジョン・コリーは三発の銃弾を受けた傷のリハビリのため、叔父の別荘に滞在していたが、殺されたゴードン夫妻と知り合いだったこともあって、地元の保安官チーフのマックスから捜査への協力の依頼を受け、事件の解明に乗り出す。

空にはヘリコプターが常時巡回し、海には監視のボート、そして細菌の密封のための要塞《ようさい》のような研究施設……プラムアイランドを訪れたコリーは、〝まるでジェームズ・ボンドの映画じゃないか〟と呟《つぶや》く。

物語を通して、自由奔放で言いたい放題のコリーのセリフとモノローグは小気味よく愉快で、時に爆笑を誘う。『ゴールド・コースト』では、隣の家に引っ越してきたマフィアの親玉と渡り合う弁護士を魅力的に描いたが、この作品ではまさに端倪《たんげい》すべからざる快男児としてこの刑事が活写され、デミルの人物造形の妙が遺憾なく発揮されている。

そのコリーと出会う女性たちも、素敵でない筈《はず》がない。女性刑事のベスとメイフラワー号の末裔《まつえい》だというエンマは彼に生涯忘れえぬ思い出を残していく。ゴードン夫妻はなぜ殺されたのか？　島に描かれていた黒い頭蓋骨《ずがいこつ》と二本の大腿骨《だいたいこつ》がクロスするマークは、海賊の財宝が埋められた宝島の印なのか、それとも生命の危険を知らせるものなのか……細菌兵器や生物化学兵器に対する恐怖は、一切が秘密のヴェールに包まれているだけに根が深い。

その恐怖心をも見事に取り込み、プラムアイランドの謎《なぞ》と伝説をめぐって、小説はスリリングに錯綜《さくそう》していく。読みおえて興奮醒《さ》めやらぬ状態だが、デミルは間違いなく、今最も光り輝いているエンターテインメント作家であると断言できる。

1997.7

すべては聖書に

ジョンとロバートのケネディ兄弟の暗殺、ウォーターゲート事件、オクラホマ・シティの爆弾テロ事件、ビル・クリントンの大統領当選、ナチスのユダヤ人大量虐殺《ぎゃくさつ》や広島への原爆投下、人類の月面着陸、そして何と東京の地下鉄サリン事件までもが、すべて三千年前に予言されていて、聖書の中に暗号化されて組み込まれていた——そう言われたら、あなたはどう思うだろうか？

無論、俄《にわか》には信じられないであろうし、一笑に付してしまうかも知れない。一九九七年六月にサイモン&シュースター社から出版された『THE BIBLE CODE』（邦題「聖書の暗号」新潮文庫）の著者M《マイケル》・ドロズニンにしても、最初はそうだったのではないだろうか。

ドロズニンが「聖書の暗号」のことを知ったのは五年前のことだった。暗号を発見し解読に成功したのは、イスラエルの数学者リップス博士。量子物理学の基礎となる数学の集合理論の分野で活躍する博士によって次々に解読された暗号は、冒頭に列挙した事件のみならず、およそ人類の歴史上の主な事件をすべて網羅していた。しかも、それは「コンピュータ・プログラム」であり、地球上にコンピュータが出現するまでは三千年間解くことが不可能であったと教えられ、ドロズニンは次第に深く博士に傾倒していく。

やがて、自分でもコンピュータを操作して暗号を解くことができるようになったドロズニンは、九四年九月、急遽《きゅうきょ》イスラエルへと飛んだ。イスラエルのラビン首相のフルネームにクロスして、「暗殺される」という暗号が浮かび上がったからだった。

だが、彼の警告も空《むな》しく、一年二ヶ月後の九五年十一月四日、ラビンはユダヤ教過激派の学生の凶弾に倒れる。そのニュースをアメリカで知ったドロズニンは、思わず「おお、神様。本当だったんですね」と叫んだ。かつて、湾岸戦争が暗号通りに勃発《ぼっぱつ》した時、リップス博士が神の存在を確信したのと同じように……。

この本は発売されるや否《いな》や、イギリスではハードカバー部門のトップに躍進、アメリカでもノンフィクション部門の三位へと急浮上して各界に大きな波紋を広げた。そして、『THE TRUTH BEHIND THE BIBLE CODE』なる反論の書まで出版されることになった。著者のＪ《ジエフリー》・サティノヴァー博士は臨床精神科医。彼は〝ドロズニンは聖書の暗号のもつ深い教えを理解していない〟と言っているようだが、ドロズニン自身〝この本は最後の主張ではなく、最初のリポートである〟と語っているように、この論議には続きがありそうだ。

その後の展開は？　そして次なる予言は？とドロズニンの二作目を首を長くして待っていたのだが、『THE BIBLE CODE』の刊行から四年を経て、いまだに音沙汰《おとさた》ない。新たなる重大事件を予測してこそ、この本の真の価値が決まると思っていたのだが、二〇〇一年九月十一日、世界を震撼《しんかん》させるアメリカの同時多発テロの事件が起こってしまった。やはりこの本は眉唾《まゆつば》ものだったのだろうか……。

1997.8

魔都の六人

「自らの体験をもとに綴《つづ》った実話」と謳《うた》ってはいるものの、これがもし事実だとしたらあまりにもドラマチックで、出来すぎている——一九九五年、ニューヨークのタブロイド紙「デイリー・ニューズ」の元記者L《ロレンゾ》・カルカテラが衝撃的なデビュー作『スリーパーズ』（徳間文庫）を発表した時、その強烈な面白さが爆発的反響を呼ぶと同時に、一部では〝実話か、フィクションか〟をめぐって物議を醸《かも》すことにもなった。

邪悪な悪者に虐《しいた》げられた主人公が時を得て敢然と立ち上がり、ついには完膚なきまでに叩《たた》きのめすという古典的な復讐《ふくしゅう》劇が鮮やかに展開され、読者は主人公の気持ちに同化して嘆き悲しみ、やがてカタルシスの時を迎えていく。そんな見事な筆力と構成力を兼ね備えた作品はブラッド・ピット主演で映画化もされて、カルカテラは一躍、世界中にその名を轟《とどろ》かせた。その彼の注目の二作目は『APACHES』（邦題「アパッチ―NY特攻ゲリラ部隊」徳間書店）、今回はカバーにも「小説」としっかり記してある。

物語は一九八二年の二月に始まる。カルロとアンの夫妻は、十五歳の息子アンソニーと十二歳の娘ジェニファーに留守番をさせて、ヴァカンスに旅立とうとしていた。家の戸締りと妹の面倒を見ることを息子に念押しして、二人は家を後にする。

だが、両親のいぬ間にニューヨークの街中へ遊びに行こうと企《たくら》んでいたアンソニーは、寝ていたジェニファーを起こして、バスで一時間の道のりのマンハッタンへ手をつないで出掛けていく。ポート・オーソリティのバスステーションに着いたのはお昼少し前。アンソニーは妹に〝絶対に人を見るな。話しかけられても黙っていろ。動くな〟と言い聞かせて、トイレに入った。だが、わずか五分の間にジェニファーの姿は消えていた。

八〇年代前半のニューヨークでは、コカインの「クラック」が大流行して街に破滅的なまでの影響を与えていた。暴力が横行しモラルは荒廃して、麻薬組織による新たな犯罪が続発する。その典型的なものが、少女をさらってはレイプし虐待《ぎやくたい》を楽しむ少女誘拐だった。

ジェニファーもそれに巻き込まれたわけだが、この事件をきっかけに元ニューヨーク市警の警官六人が敢然と立ち上がった。いずれもかつては犯罪者どもを震え上がらせていた凄腕《すごうで》ぞろい。だが在職中に深い傷を負って無念のリタイアを余儀なくされていた。

彼らが結成したチーム名が「アパッチ」。かくして「クラック」を牛耳る麻薬帝国との凄絶《せいぜつ》な戦いの火蓋《ひぶた》が切られた――。

自伝だという『スリーパーズ』によると、ミッド・マンハッタンのスラム街に生まれ育ち、少年院にも入ったことがあるというカルカテラ。この小説ではそのストリート・キッドだった頃の体験が見事に生かされ、赤ん坊の死体を使う非情な麻薬の輸送手段など、ショッキングで凄惨な描写が読者の心を凍らせる。まさに、新たな都会派作家の出現、次作『SHADOWS』が待ち遠しい。

1997. 10

幸運のゆくえ

よくもこんな奇想天外なドラマを構築し、ものの見事に楽しませてくれる作家が世の中にはいるものだ。時々、本を読みおえた後にしみじみとそんな感慨にひたることがある。C《カール》・ハイアセンは、まさにそうした範疇《はんちゅう》に入る作家だと思う。『LUCKY YOU』（邦題「幸運は誰に？」扶桑社ミステリー）は初版部数が二十万部、ベストテンの六位あたりにまで顔を出して、ハイアセンの人気と実力が次第にメジャークラスになってきたことを示している。

とにかく、〝十人寄れば気は十色〟という落語の枕《まくら》ではないが、登場人物の個性が際立《きわだ》っていることにかけては、現在のエンターテインメント界でも出色であろう。その上、かの〝グリシャム・マジック〟をも凌《しの》ぐ〝ハイアセン・マジック〟ともいいたくなるようなプロットの妙。日常性を離れた異様な展開が我々を待ち受け、加速する面白さはやがて爆発的なクライマックスへと向かっていく。

物語の舞台は毎度お馴染《なじ》みのフロリダ州、今回の街の名はクレンジ。ここは、グラスファイバー製のマドンナの眼から涙がこぼれたり、道路にキリストの姿の染《し》みができたりすることで有名になった街で、さらにそれらの奇跡を仕掛ける悪人の街でもあった。

その街に住む黒人女性が、州発行の宝くじで大当たりする。ジョレイン・ラックスという名前からして当選しそうな彼女は、この五年間ずっと、17－19－22－24－27－30という同じ番号の宝くじを買い続けていた。その数字は恋人ができた時の彼女の年を連ねたもので、最後の30は唯一《ゆいいつ》の結婚相手を放り出した時の年齢であった。

当選した金額はなんと二八〇万ドル。冷静に番号を確認したラックスだったが、実はその宝くじにはもう一枚の当たりくじがあった。

その所有者はボディーン・ケイザとその子分チャブの悪漢二人組。賞金は当然一四〇万ドルずつ折半となったのだが、悪漢二人組はもう一人の当選者を見つけてそれを独占しようと企てる。彼らは、NATO軍がアメリカに攻め込む前に非合法の防衛軍を一刻も早く作らねばならない、という妄想に取り憑《つ》かれていたのである。

一方のラックスにも、クレンジに野生動物が安心して生息できる理想の森を作るという夢があった。かくして、当たりくじをめぐる壮絶なバトルの幕が切って落とされる。ラックスの唯一の味方、ジャーナリストのクロムも巻き込んだ、奇天烈《きてれつ》でスリリングな争奪戦のゆくえは？

フロリダの陽光を行間に漂わせたようなハイアセンの小説を読むと、こちらの気分もハイになってくる。白い歯を見せて笑う著者の顔写真も、あくまで陽気に見える。その陽気さの中で、人間の赤裸々な欲望を縦横無尽に料理した、奇人たちの人間ドラマが進行していく。

だが、読者はその無類の面白さに魅了されながら、やがて鳥肌の立つ恐ろしさを味わうこととなる。ハイアセンは今、僕の〝イチオシ〟の作家である。

1998. 1

コブラの恐怖

「人間の眼球を好む」というウイルスが引き起こす恐怖の熱病・エボラ出血熱の存在を教えてくれたのは、一九九四年に出版されて大反響を呼んだR・プレストン《リチャード》のノンフィクション『ホット・ゾーン』（小学館文庫）である。発病するや、人間の身体《からだ》の孔《あな》という孔から血が噴き出し、全身の痙攣《けいれん》を伴って死亡する。まさに人類にとっては最悪のウイルス・エボラとの闘いを描いた凄絶《せいぜつ》な実話は以来、僕の心の中に沈殿して、エボラ熱発生のニュースを耳にするたびに身の毛のよだつような恐怖感が蘇《よみがえ》ってくる。

そのプレストンが『ホット・ゾーン』で培《つちか》った細菌学の知識を駆使して、ウイルス恐怖小説ともいうべき初のフィクションを世に問うた、と聞いて、たまたま訪れていたロスアンゼルスの書店で飛びついて買った。タイトルは『THE COBRA EVENT』（邦題「コブラの眼」飛鳥新社《あすかしんしゃ》）、初版三十万を刷ったこの本はベストセラー・リストの上位にこそ登場しなかったが、映画化権を早々とフォックスが高額で買い取り、出版界の話題となった。

物語は一九九〇年のニューヨーク市に始まる。いつものように学校に登校した十七歳のケイト・モランは突然、眩暈《めまい》に似た不思議な感覚に襲われた。風邪かと思って解熱剤《げねつざい》を医務室でもらって飲んだが、次第に口の中も痛み出してくる。

早退しようと教室へ戻ったケイトは椅子《いす》から転げ落ちてしまい、しかも彼女の鼻からは鼻水が猛烈に流れ出てきた。驚く教師に「身体が放り投げられるようです」と訴えるケイト。教師の指示で二人の生徒と共に洗面所に行くが、鏡の前に立った瞬間、叫び声を発して痙攣しながら床に倒れた。

彼女の口の中には赤黒い水膨れがいくつもできており、しかも何と自分で自分の唇を食べ始める。そしてそのまま、教師や同級生の前で血まみれとなって悶死《もんし》してしまうのである。

同じ頃、ニューヨークの別の場所でも、ホームレスの中年男性が同じような不審な死に方をしていた。解剖の結果、死因は人間の脳を破壊する未知のウイルスであることがわかる。

エボラ以上に凄惨な死をもたらすウイルス「コブラ」。その発生は自然によるものなのか、それとも背後に仕掛人がいるのか。物語はアトランタの疾病《しっぺい》コントロールセンターから参加した若き女性病理学者アリス・オーステンを中心に、FBIの特殊班も出動して政府を巻き込み、スリリングな病原体追跡のドラマとなって読者の心を慄《りつ》然《ぜん》とさせていく。

初めての小説だけに、人物造形にはやや物足りないものも感じたが、ウイルスや生物化学兵器の歴史に関する記述は見事だ。そして発病した人々が死んでいく場面や解剖の描写は不気味なまでのリアリティを感じさせる。

ニューヨークでは、毒ガスや細菌兵器によるテロ攻撃の脅威から、警官、消防士、FBIを動員して訓練が実施されたという。爆弾テロや自爆テロの恐ろしさもさることながら、彼の物語が現実にならないことを願うばかりだ。

1998.2

鷲《わし》が蘇《よみがえ》った

数ある第二次世界大戦のヨーロッパ戦線を舞台にした傑作小説の中でも一段と抜きん出た存在がJ《ジャック》・ヒギンズの『鷲は舞い降りた』（ハヤカワ文庫）。以来彼の新刊を待ちわびて何度も心を熱くしたものだが、いつの間にか気持が冷えて彼の作品から遠ざかっていた。ところが一九九八年三月末、二年ぶりで訪れたパリの英語本専門書店W・H・スミスの新着本書架に、ヒギンズの新刊『FLIGHT OF EAGLES』（邦題「双生の荒鷲」角川文庫）を発見した。その瞬間、懐《なつ》かしの旧友に異国の地でめぐり逢《あ》った思いで、とっさに手を伸ばして抱きかかえてしまった。〃鷲たち〃と〃飛行〃というタイトルが心をよりひきつけたことは言うまでもない。

内容は予想した通り第二次大戦中のパイロットにまつわる秘話で、発端は現代。彼お得意のパターンだ。九七年の寒い季節のある日、世界的に著名な作家と妻はハリウッドからの彼の小説の映画化権の話し合いのため急遽《きゆうきよ》イギリス本土へ渡るべくイギリス・チャンネル諸島のジャージー島からチャーター機のセスナ310型機で飛び立った。

操縦するのは六十歳代の老練のパイロットだったが、何故《なぜ》か作家は彼に危惧《きぐ》の念を抱く。悪い予感は的中した。晴れていた空はあっという間に濃霧におおわれ突如右エンジンが停止、パイロットは心臓発作を起して失神してしまう。この危機を救ったのはパイロットでもあった作家の妻。

彼女は冷静にSOSを発信し冷たい海へと不時着水を敢行した。急速に沈みはじめる機体からパイロットを抱えて脱出した夫妻は、ここ数年いつも持ち歩いているマスコット、トランキンという第二次大戦中のイギリス航空隊の飛行服をまとった熊《くま》の縫いぐるみも忘れずに機体から救い出した。彼らを海上から拾い上げてくれたのはコーンウォール州の南岸にある小さな漁港コールドハーバーから発進した救難艇であった。この港の丘の上には第二次大戦中に使われたまま草むした滑走路が残っていた。

救出された夫妻のかたわらの縫いぐるみにコールドハーバーの古老の眼は釘《くぎ》づけとなった。半世紀ぶりのトランキンとの再会に古老の目はうるむ。天下分け目の空戦となったバトル・オブ・ブリテンを中心に第二次大戦中、コールドハーバーの滑走路を舞台にアメリカ人の父とドイツの貴族の血をひく母を持つ双子《ふたご》の兄弟マックスとハリーはナチス・ドイツと連合国側に分れて共にエースパイロットとして対決したのだった。

トランキンはハリーのラッキーマスコットとして全《すべ》ての空中戦に参加した。トランキンによって初めて明かされる兄弟対決の大戦秘話。果して二人の運命は……。

実話とフィクションが分かち難く溶け合っているかに思えるヒギンズの第二次大戦秘話物語は、オールドファンの胸を懐しく揺さぶる。もはや半世紀のかなたに埋没しつつあるナチス対イギリスの死闘が、六十九歳のヒギンズの筆によって今なお熱く蘇った。

1998. 5

極限の頭脳戦

その本が書棚に戻される瞬間、裏表紙に印刷された作家の写真の、異様なまでに鋭い眼光が僕を睨《にら》みつけた。一九九八年三月、パリの英語本専門店でのことだ。ハードカバーのコーナーで面白そうな本を物色していた僕は、たった今、隣の客が戻したばかりの本を棚から引き出した。するとそこには、火星人を思わせる異相の男性が、深い眼窩《がんか》の奥に知性溢《あふ》れる目を炯々《けいけい》と光らせて佇《たたず》んでいたのである。

誰だ、この作家は？と表紙を裏返して驚いた。彼こそ、九七年夏に『静寂の叫び』（ハヤカワ・ミステリ文庫）を読んで虜《とりこ》になり、九七年度の僕のミステリの第一位に推した作家、J《ジエフリー》・ディーヴァーであった。僕は、知性の人の顔と火星人の想像図とを暫《しば》しオーバーラップさせつつ、この容貌《ようぼう》にしてかの作品ありか、と独りごちたのである。

この偶然の出会いから手にした彼の最新作は『THE COFFIN DANCER』（邦題

火星人!! J・ディーヴァー
宇宙人か、はたまた
中世の黒魔術師か・・・・。

「コフィン・ダンサー」文春文庫)。『静寂の叫び』の後に始まったニュー・ヒーロー、リンカーン・ライム・シリーズの第二作目に当たる本である。

物語は、ニューヨーク州の地方空港ママロネックを飛び立ったハドソン・エアー・チャーター社の小型ジェット機が空中爆発する場面から始まる。爆薬を仕掛けられて殺されたパイロットの名はエド・カーニィ。容疑者として浮かんできたのは、「コフィン・ダンサー」の異名をとる恐怖のヒットマンだった。その名の由来は、彼の上腕に刺青《いれずみ》された棺桶《かんおけ》(COFFIN)の前で美女と踊る死神の図柄にあった。彼に狙《ねら》われたターゲットに明日はなく、奇跡的に生贄《いけにえ》となることを免れた、たった一人の男が垣間《かいま》見《み》たその刺青だけが彼のアイデンティティだった。

彼の雇い主は誰で、その目的と次なるターゲットは? そこに登場するのが、唯一《ゆいいつ》彼の心を読める男、リンカーン・ライム。ライムはかつてニューヨーク市警の法医鑑定部の長であり、また世界的な犯罪学の権威でもあったが、仕事上の事故で脊椎《せきつい》を損傷して、以来ベッドから離れられなくなっていた。

そのため職は退いたが、市警の要請で難事件に取り組むことになったのである。動けぬ彼の手足となって活躍するのが、赤毛の美女の敏腕刑事サックス。二人の間には、微妙な男女の情も窺《うかが》える。

死の使者の残る標的は、パイロットの妻を含めたハドソン・エアー社の二人。雇い主とおぼしきは悪徳億万長者、目的はその悪事の目撃者の抹殺か？　ひたひたと不気味に獲物に迫るヒットマン。彼のプロ魂からくる執念が、熱い息づかいさえ感じられるほどの迫力で読者の心を揺さぶる。

その狡猾《こうかつ》な罠《わな》に護衛の警官がバタバタと倒されていく。自分の肉体への呪詛《じゅそ》を繰り返しつつ、ベッドの上で神業的な推理を絞り出してヒットマンの心を読み、必死の防御線を敷くライム。激突する二つの希有《けう》な頭脳の死闘は、極限状況を超えてドンデン返しの連続となり、読者の血を凍らせ、金縛りにする。

意表をつく展開に翻弄《ほんろう》され、ため息をつきながら本を閉じると例の眼光が一段と輝いて見えた。

1998.7

カリスマの警告

今や、アメリカ合衆国の強力なオピニオン・リーダーの一人となった作家は？と尋ねられたら、あなたは誰と答えるだろうか。様々な名前が挙がるであろうが、ニューヨークの空港の書店に大書されていたコピー看板が、正解を教えてくれる。「WHO ELSE BUT CLANCY」。一九九八年八月に発売されたT《トム》・クランシーの十作目『RAINBOW SIX』(邦題「レインボー・シックス」新潮文庫)のキャッチ・フレーズであるが、「クランシーをおいて誰がいるのか」というその看板を見た時、カリスマ性にも似た彼の強烈な存在感に触れた気がした。

八四年、時の合衆国大統領R《ロナルド》・レーガンが「これこそ真実の作り話だ」と驚嘆したデビュー作『レッド・オクトーバーを追え』(文春文庫)以来、次々とヒット作を生み出し、アメリカ国内だけでもこれまでに売れた本の総数は約八千万冊。その間、一貫してクランシーが標榜《ひょうぼう》してきたのは「強いアメリカ」であり、一作ごとに〝信者〟を増やした彼の影響力は今や軍部をはじめ、政財界にまで及んでいる。

いつものように初版二百万部を刷った新作は、発売の週にベストテンのトップに立ったまま、数ヶ月間独走状態を続けた。

今回のお話は、アメリカを中心にイギリス、ドイツ、そしてイスラエルからなる特別テロ対策チーム「レインボー」の活躍物語で、ヒーローはJ・ライアンならぬミスター・クラークことJ・クラーク。『容赦なく』(新潮文庫)以来、二作目の主役だ。

物語の冒頭、テロリスト三人によるハイジャック機に乗り合わせ、見事に犯人を取り押さえたクラークと、『いま、そこにある危機』(文春文庫)から彼の手足となってフォローしてきた名コンビのディングことドミンゴ・シャベス。彼らは「レインボー」の基地をロンドン郊外のヒアフォードに設営し、各国から選りすぐったスペシャリストたちの訓練を開始した。その彼らの前に、スイスのベルンで起こったテロリストたちによる人質事件を始め、テロ事件が続発していく。

軍隊で隊長を表わすコードナンバーSIX、つまりボスであるクラークの指揮のもと、それらの事件を次々に解決する「レインボー」。だが、クラークのこれまでのいかなる試練をも凌駕《りょうが》する最大級の敵が出現する。それは、地球最後の日を意味する、人類絶滅の危機であった。果して、「レインボー・シックス」は敵を排除できるのか。そして、その敵の正体は……。

〃僕と読者の約束事は、僕は彼らに物事の現実の有様を語って聞かせるということだ。僕がそうだと言えば、それが現実なのだ〃。そう語るクランシーのフィクションは、単なる絵空事ではない。

彼がここ数年、生物化学兵器によるテロ事件を想定した本を出版しているのも、この問題をアメリカの現実の恐怖として捉《とら》え、これでもかと言わんばかりに警告を発しているからに他ならない。さて、安全ボケのわが日本人は、この本をどう読むことやら……。

1998. 11

海の男への憧憬《しょうけい》

ネルソン提督時代の大英帝国海軍で、一介の見習士官から身を起して武勲を重ね、やがてイギリス国民から称賛を博する海軍提督の一人へと成長していく……C《セシル》・S《スコット》・フォレスター描く「海の男／ホーンブロワー」のシリーズは、海洋小説ファンの僕にとって、生涯の友ともいえる貴重な小説だ。

ごく普通の男に見えるホーンブロワーだが、危機に瀕《ひん》した時には超人的な働きをする。それは修羅場になるほど冷静になるという人並みはずれた精神力の強さによるものだが、やはり敬愛するD《ディック》・フランシスの小説の主人公とも共通するところで、僕がイギリスの作家に痺《しび》れる所以《ゆえん》といえるかも知れない。

その僕が、ある時ベストセラーの第八位にランクされているP《パトリック》・オブライアンの『THE HUNDRED DAYS』にふと注目したのは、虫の知らせにも似たものだった。

実はこの小説は、海の男J・オーブリーとS・マチュリンの物語の、何とシリーズ第十九作目にあたる新作だったのだ。

これだけ巻を重ねている人気シリーズに、今までなぜ気づかなかったのか。己れの迂闊《うかつ》さに舌打ちする思いで読み進むうちに、たちまちこの作家の虜《とりこ》になってしまった。

物語は予想どおり、ナポレオンがエルバ島から脱出してフランスに再び君臨するところから始まる。時は一八一五年の早春、ジブラルタル港の見晴らし台には沢山の見物客が集まっていた。天気は快晴、微風。海へと続く断崖《だんがい》の岩肌に花々が咲き乱れ、空には渡り鳥が飛び交う中を、今しもオーブリー提督率いる小艦隊が入港しようとしていた。

彼の任務は、ムーア人のガレー船がナポレオンの傭兵《ようへい》たちのために運ぶ、莫大《ばくだい》な金塊を奪取することにあった。復讐心《ふくしゅうしん》に燃えた不死鳥ナポレオンがムスリムの傭兵軍団を組織して、イギリス・プロイセン軍とロシア・オーストリア軍の分断を図る作戦に出たためであった。

オーブリー艦長と、バスク・アイリッシュの自然科学者であり、スパイであり、各国語に通じる外科医でもあるマチュリン。名コンビのヒーロー二人が様々な困難を見事に解決していく過程が、作者の動植物学を始め、あらゆる分野の該博な知識に裏打ちされ、また史実に忠実に沿いながら描かれていく。もちろん、二人の個性は端倪《たんげい》すべからざる魅力に溢《あふ》れ、かのシャーロック・ホームズとワトソンのコンビに比肩《ひけん》しうるとの評にもうなずけるものがある。

今回がシリーズ最後の作品か？とも囁《ささや》かれる作者のオブライアンは、一九一四年アイルランド生まれ。五歳の時に母親を失い、孤独で喘息《ぜんそく》に悩む少年時代を過ごした彼は、ネルソン提督時代の海洋冒険談、そしてヒーロー物語に夢と憧《あこが》れを抱き続けていたという。

その彼が五十代になってから、自分の愉《たの》しみのために書こうと思い立ったのがこのシリーズであった。まさに酸《す》いも甘いもかみ分けた著者の「海の男」シリーズは、時代を超えた〃人間教養小説〃であり、僕は前作に遡《さかのぼ》って読むことを心に決めた。

1998.12

流星、再び

トレヴェニアンというミステリアスな匿名《とくめい》作家に夢中になったのは、世界の登山史に今もその名を轟《とどろ》かせるアイガー北壁が舞台の冒険スパイ小説『アイガー・サンクション』（河出文庫）以来のことだ。プロのロッククライマーたちが極限の壁と対決しながら更に虚々実々の死闘を繰り広げる物語は、専門的で精緻《せいち》な登山技術の描写と相まって、世にこれほど有難い冒険小説作家がいてくれたか、と狂喜するほどの超面白本であった。

以後、僕は『ルー・サンクション』（河出文庫）、『シブミ』（ハヤカワ文庫）と多彩な筆力で続々と快作を送りだしてくれるトレヴェニアンに大拍手をし続けていたのだが、その彼の作品がある時、突如ピタッと止まってしまったのである。国籍も年齢も経歴も、一切不詳の作家トレヴェニアン。彼が流星のように輝きながら忽然《こつぜん》と姿を消して、もう二十年近くになる。もはや過去の作家としてすっかり諦《あきら》めていたのに、何とフロリダ州はマイアミの書店で、彼の新作ハードカバー『INCIDENT AT TWENTY-MIILE』（邦題「ワイオミングの惨劇」新潮文庫）を発見した。夢ではないかとわが身をつねりたくなるような思いで手にした新作は、実に見事な西部劇。昔と変わらぬスリリングなアクション・シーンの連続で、一気にクライマックスまで引っ張られる感動の一冊だった。

物語の舞台は前世紀のワイオミング州で、銀鉱にやって来る山師たちを相手に暮らす、神に見放されたかのような僻地《へきち》のちっぽけな町「TWENTY-MILE」。この町にはハリウッド映画の西部劇さながらに、死にかけた陰気なギャンブラーや小綺麗《こぎれい》なユダヤ商人、黒人の占い師、更には三人の娼婦《しょうふ》を抱えるホテルのオーナーでケチなスウェーデン人など、全部で十五人の人々が生活していた。そこに新たに、陽気で人の心を暖かく溶かす若者マシューが加わる。この小説の主人公である彼は、父親の形見の古くて重いショットガンを引きずりながら、仕事と安住の地を求めて放浪の旅を続けていた。

そして、偶然この町に立ち寄った彼を待ち受けていたのは、想像を絶する過酷な運命だった。ララミーの州刑務所を脱走した凶悪な囚人三人が、町を占拠してしまったのである。彼らのボスは、刑務所内で囚人たちからも看守からも恐れられていた殺人鬼で、人種差別の精神異常者。果して町の住民たち、そしてマシューの運命は……？

物語は誰もが筋立てを予想できる典型的な西部劇のパターンなのだが、それがトレヴェニアンの手にかかると、希有《けう》ともいえるほどのサスペンスフルな緊張感あふれるドラマになるのだから、驚かされる。登場人物たちの予断を許さぬ会話と行動は、人間心理の隙間《すきま》をつくかのように、読者の心を掬《すく》っていく。トレヴェニアン、健在！となれば更なる新作を然《しか》るべき時に、と祈るのみ。相変わらず匿名の作家の魅力は、その謎《なぞ》の正体と共に深まるばかりだ。

1999.1

一幅の名画のように

単なる譬《たと》えではなく、まさに一幅の名画を見るような小説がこの世にはあるものだ。トマス・H・クックの『緋《ひ》色《いろ》の記憶』（文春文庫）は、物語の素晴らしさもさることながら、作者の文章によって頭の中に結実した映像が、あたかも心に刻み込まれた過去の名画のように折にふれてフラッシュするという点で、実に印象深い作品であった。そのクックの『INSTRUMENTS OF NIGHT』（邦題「夜の記憶」文春文庫）は、その思いをさらに増幅させてくれた一冊であった。

物語は、作家であるポール・グレイブスがニューヨークの北、ハドソン川の渓谷にある芸術村リヴァーウッドに夏休みの招待を受けて訪れるところから始まる。彼は十一歳の時に交通事故で両親を失い、さらに一年後にはたった一人の姉グエンも何者かによって拷問《ごうもん》された上に惨殺《ざんさつ》され、天涯孤独の身の上であった。彼の心の中には、絶えず姉の悲痛な叫びが谺《こだま》していて、一時も休まることがない。

彼は、自分の心の奥の闇《やみ》を覗《のぞ》き込むかのように、ガス燈《とう》のゆらぐ十九世紀のニューヨークを舞台に、暗黒暴力犯罪小説を書き綴《つづ》って、生計を立てていた。シリーズ作品として出版された彼の小説の主人公は、サディスティックな極悪非道の殺人鬼ケスラーと、彼の卑屈な手下のサイクス、そして彼らを日夜追い続ける刑事スロヴァクであった。

リヴァーウッドに到着した彼を待ち受けていたのは、この芸術村を運営する招待主アリソン・デイヴィーズで、彼女は彼の犯罪小説作家としての腕を見込んで、実際にこの地で起こった五十年前の殺人事件の調査を依頼した。殺されたのは彼女の女友達で、当時十六歳だったフェイ・ハリソン。フェイの母親は今や年老いて死の床についているが、なぜ娘が殺されたのか、その謎《なぞ》が解けないうちは死んでも死にきれないとアリソンに訴えてきたのである。

犯人はすでに特定されて、事件は解決しているのに、フェイの母親は絶対に他に真犯人がいるという。ポールがその依頼を受けたのは、調査の間は暫《しば》し、姉の悲痛な叫びから逃れられると考えたためであった。物語は、過去と現在と、ポール自身の姉の死にまつわる恐怖の体験と、そして彼の小説に登場する架空の人物をも巻き込んで、まさに渾然《こんぜん》一体となって錯綜《さくそう》しながら終章へと向かっていく。

作者クックが最近、得意としている手法で、過去の記録を繙《ひもと》きつつ、生存している当事者たちの証言によって殺人事件の真相は再構築される。新たな事実が次々と引き出され、意表をつく展開に読者の心は釘付《くぎづ》けとなってしまう。

何より魅了されるのは、詩情に富んだ美しい文章で綴られる情景描写から立ち上がってくる、象徴的な映像だ。小説の進行とともに心に結ばれるこれらの映像は、癒《いや》しがたい過去へのノスタルジックな想《おも》いと重なって、耐えがたいほどの懐《なつ》かしさで読者の心を締めつける。クックは、独自のスタイルを円熟させたミステリ作家であると同時に、心のキャンバスに名画を刻印してくれる希有《けう》な作家なのである。

1999.2

ハードボイルドの街

小説によって、また小説に登場する架空の主人公によって、実在の都市が俄《にわか》に輝きを増して見えてきたり、忘れ難い思い出の街になってしまうことがある。ロスアンゼルスは僕にとって、その典型ともいえる都市だ。

R《レイモンド》・チャンドラーの一連の小説に描かれた風景、そしてフィリップ・マーロウの活躍する場面が心に深く刻まれ、まだ見ぬうちから〝わが街〟となっていた。後年、初めて訪れた時、気の遠くなるような懐かしさに、胸が締めつけられる思いがしたのを今でも覚えている。

そのロスへの愛着を久しぶりに一段と深めてくれる作家とヒーローが登場した。M《マイクル》・コナリー描くところの、ロス市警刑事ハリー・ボッシュである。新作のタイトルは『ANGELS FLIGHT』(邦題「エンジェルズ・フライト」扶桑社ミステリー)。ボッシュ・シリーズもこれで六冊目になり、今やすっかりお馴染《なじ》みとなった。

今回の物語は午前二時、わが家で愛妻エレノアからの連絡を待つボッシュに、電話のベルが鳴る場面から始まる。受話器から流れてきたのは、見知らぬ女性の声。混乱するボッシュに、彼女はロス市警副本部長のアーヴィングに替わると告げた。もしや、妻に何かが？　不安と恐怖に竦《すく》むボッシュに、アーヴィングは大至急、部下のエドガーとライダーを召集して、ダウンタウンのエンジェルズ・フライトの頂上の停留所に来るよう指示した。エンジェルズ・フライトとは、ダウンタウンの急坂に設けられた短い区間のケーブル電車である。

四十五分後、現場に到着したボッシュは、ロス市警を総動員したかのごとき警察車両と警官の数の多さに目を見張った。出迎えたアーヴィングに案内されて、車の中に

チャンドラリアンM・コナリーは
ロスを守る中世の騎士…。

横たわる射殺体の黒人男性の顔を見た瞬間、事の重大さが判明する。誰あろうその男こそ、市警の全署員から蛇蝎《だかつ》のごとく嫌われている辣腕《らつわん》弁護士ホワード・エリアスだったのだ。

アフリカン・ブラックの彼がこの十年間で警官を訴えた数は百件以上。その半分以上を勝訴に持ち込んでいるエリアスは、黒人たちにとっては天使だが、警官にとっては疫病神《やくびょうがみ》だった。今回も少女レイプ事件の容疑者だった黒人ハリスを裁判で無罪にして、逆に取り調べにあたった警官をハリスへの暴行で訴えた。

そのロス市民注目の法廷が明日、開かれることになっていたのだ。アーヴィングはボッシュに捜査の全権を委《ゆだ》ねる。警官の誰が犯人でも不思議でないこの事件、自らのはらわたを抉《えぐ》りだすような捜査に乗り出したボッシュの前に、複雑な伏線が張りめぐらされている……。

チャンドラーの大ファンを自任するコナリーの描くロスアンゼルスは、一匹狼《おおかみ》ボッシュの孤独な魂によって一層際立《きわだ》っていく。男の深い寂寥感《せきりょうかん》と、街の濃い陰影。マーロウからボッシュへ、ロスのハードボイルドの血は確実に受け継がれた。

1999.3

百年目の月面

その奇妙な形から「魚の尾」と呼ばれるヒマラヤの秘峰マチャプチャレ。ネパール政府が立ち入り禁止にしているこの聖山を舞台に描かれた、謎《なぞ》の雪男探索の物語『エサウ』（徳間文庫）は、山岳冒険ミステリの面白さを満喫させてくれた上、未知の領域における新発見と驚愕《きょうがく》といった知的な面でも実に刺激的で、作者P《フイリップ》・カーへの熱き想《おも》いを一段と強烈に増幅させた一冊であった。

その彼が『A FIVE YEAR PLAN』（邦題「密送航路」新潮文庫）に続いて出版した最新作は、なんと時代を一挙に二〇六九年に設定した未来小説『THE SECOND ANGEL』（邦題「セカンド・エンジェル―血の黙示録」徳間書店）であった。

物語は、二〇六九年七月の月面から始まる。月のカルパチアン山脈の麓《ふもと》にあるアルテミス・セブン岩石採掘場の気温は零下二〇〇度。作業に従事しているのは、地球上で罪を犯し、五年から十五年の刑を受けて月に送られてきた男女の囚人たち。その中で、十年の刑に服役中のケイヴァーが、ヘリウム抽出のための岩石採掘中に右腕を岩石破砕機に挟まれ、切断手術を受けることになった。

重力が地球の六分の一の月面では、動作が緩慢になり事故が起こりやすい。ところが、セックスの際には逆にこのハンデが効力を発揮し、月面にはラブホテルが林立していた。

一九六九年七月、アームストロングが人類最初の第一歩を印してからちょうど百年目。地球上では、ほとんどの人間がウイルスP2に冒されていた。ゆっくりだが確実に恐ろしき死に様を迎えるウイルスP2。だが、健全な血液と体内の血液とを交換すれば治すことができる。そのため、健全な血液が珍重され、眼の玉が飛び出るほどの高値を呼んで流通し、血液銀行は安全確保のため月面に建設された。

主人公のダラスは優秀な建築家。彼も妻のアリアもP2に冒されてはいなかったが、生まれたばかりの娘キャロは、遺伝による血液の病にかかっていた。娘を生かすためには健全な血液が必要だが、それには莫大《ばくだい》な金がいる。

その秘密を知ったのがダラスの雇い主キング。血液で悪徳商法を行っているキングは、ダラスに設計させた血液銀行の安全が危ないと邪推して刺客を送るが、殺されたのはダラスではなく妻と娘だった。

怒りに燃えたダラスはキングのビジネスを叩《たた》き潰《つぶ》す決心をし、月面の銀行襲撃を計画する。仲間に誘ったのは右腕を失ったケイヴァーはじめ、監獄経験をもつ者たち。果たして、彼らは難攻不落の銀行に潜入できるのか……。

作者カーは多分野の学問への造詣《ぞうけい》が深く、イタリック体の「注」には哲学、医学、化学、物理、地学、芸術などの歴史や蘊蓄《うんちく》が書き込まれ、敬服させられる。こうした該博な知識に裏打ちされてこその未来小説であり、彼がこの物語の中で記述した数々の予測や想像は、小説の面白さとは別に今後の愉《たの》しみともなるであろう。奔放に時空を駆けめぐり、自在な構想で小説を書き続けるカーの次なるターゲットに、興味津々《しんしん》である。

1999.5

夾竹桃《きょうちくとう》の夜

この人が推薦すれば、その本は必ず一〇〇万部の大台に乗る——アメリカのベストセラー・メーカー、オプラー・ウィンフリー女史。すでに二十三冊が彼女の超人気番組「ON-AIR読書クラブ」の推奨本として取り上げられ、その度に彼女の一言はまるで魔法の言葉のごとく、本の売り上げは爆発的に伸びていった。今や出版社にとってまさに救世主となった彼女が、二十四冊目に選んだのが、J《ジャネット》・フィッチのデビュー小説『WHITE OLEANDER』(邦題「扉」講談社文庫)である。

物語は母一人娘一人の平和な家庭の風景から始まる。サンタ・アナスに住む二人の家の生け垣には、白い西洋夾竹桃(OLEANDER)の花が咲き乱れていた。春も終わり、砂漠地帯から吹きつける乾燥した熱風に眠れぬ夜には、二人はしばし屋根の上で月を仰ぎながら時を過ごす。詩人である母のイングリッドは、この時期を「OLEANDER NIGHT」と呼んで楽しんでいた。

多感な少女である十二歳のアストリッドは詩人である母親を尊敬し、鋭いナイフのエッジを思わせる凄絶《せいぜつ》な彼女の美しさに誇りを抱いていた。その母は日頃、至る所で詩を朗読しては自作の詩集を売ったり、また朗読に対する喜捨を得たりで生計を立てていたのだが、ある日、一人の男が彼女の前に現れる。

隣家に移り住んできたその男は、最初はイングリッドにまったく相手にもされない。だが、歓心を買おうと何度も出没するうちに、ついに強引さが勝って一夜を共にすることになる。その日から、二人の蜜月《みつげつ》の時が始まった。そして、アストリッドが「父」と呼ぶ日も近いと思い始めた頃、突如、男が心変わりしてしまう。

男の帰りを待ちわびて眠れぬ夜を過したイングリッドは、若い女性への変節を確信するや、凄《すさ》まじい憎しみに燃える。その日から、今度は彼女が男を追いかけ回し、至る所で嫌がらせと罵声《ばせい》を浴びせていく。そして、ついには詩人の孤高の魂を踏みにじり傷つけた男は絶対に許せぬ、とばかりに夾竹桃の猛毒で殺害してしまうのである。終身刑を宣告され、刑務所入りしたイングリッド。一人社会に取り残されたアストリッド。二人の苦難の人生が、そこから幕を開けた……。

全編を通じて、ティーン・エージャーのアストリッドの眼を通して語られる物語は優雅さとウイットに富み、確信に満ちた文章は魅力的で心惹《ひ》かれる。次から次へと彼女の前に登場する個性的な養い親たちの、家庭環境の違いや人物描写も秀逸ならば、しっかりと自己を持ちユーモアと勇気で困難を切り抜けていく彼女の心の動きも、実に見事に浮き彫りにされて愉《たの》しい。

アメリカの現状をリアリスティックに激しく描出しながら、格調高く爽《さわ》やかな読後感をもたらしてくれる。デビュー作とは思えぬ並々ならぬ力量の持ち主が、ウィンフリー女史の支持を得て、今後どこまで伸びていくか楽しみである。

1999.7

筆跡鑑定官

最近、全国各地で通り魔事件が続発している。何の理由も予告もなく殺される大都会の無差別殺人事件ほど、人々の心を恐怖に陥《おとしい》れるものはない。たまたまその場所に居合わせたことが命取りになって殺された者もその家族もただ不運と諦《あきら》めるしかない。そんな理不尽が許されていいはずがないのに……。

そうしたストレス過多の現代社会における大都会の恐怖をものの見事に掬《すく》って、身も凍る殺人鬼との対決を描いた傑作小説が誕生した。タイトルは『THE DEVIL'S TEARDROP』（邦題「悪魔の涙」文春文庫）。

「悪魔の涙」とは、一体何を意味するのか？　作者は以前〝火星人を思わせる異形の作家〟とご紹介した、今最も脂《あぶら》の乗り切った注目の人、J《ジェフリー》・ディーヴァーである。

物語は一九九九年十二月三十一日、ニューイヤー・イヴで賑《にぎ》わう朝のワシントンDCから始まる。その雑踏の中を黒っぽいロングコートを着た男が歩いていた。彼の名は「DIGGER」。風貌《ふうぼう》にこれといった特徴はなく、師走《しわす》の冷気に身をすぼめながら前《まえ》屈《かが》みになって歩く彼に、誰一人として特別な眼を向けようとはしない。彼の黒手袋の先にはいかにも重そうなショッピングバッグがぶら下がっていた。

八時五十九分。彼は地下鉄入口のエスカレーターの横に立ち、下を眺めた。家族連れやカップルを何の感興も無い面持ちで見つめていた彼は、腕時計のアラームが九時を知らせるや否《いな》や、ショッピングバッグに隠していたマシンガンの引き金をそっと引いた。

ハッシュ、ハッシュ、ハッシュ。サイレンサー付きの銃から飛び出した弾は人間の体に音も無く吸い込まれ、金属やタイルに当たった弾は騒々しい音を響かせた。この銃撃によって瞬時にして二十三人が死に、三十七人が重傷を負う。そして、男は群衆の中に消えていった。

やがて、ワシントン市長に一通の手紙が届く。そこには指定の時刻までに二〇〇〇万ドルが入手できなければ、今日の午後四時、八時、十二時に再び「DIGGER」により大量殺人が行われる。そして、その行動を止められるのは私だけだ、と記されていた。

ここで登場するのが今回のヒーローである元FBI捜査官のパーカー・キンケイド。彼の専門は筆跡鑑定による科学捜査であった。彼が四十代でFBIを去ったのは、二人の子供を人質に取られる危険な任務を拒否したからだったが、殺人鬼からの手紙の分析にどうしても腕前を借りたいという元上司の強い要請に、渋々応じることになる。そして、殺人鬼との息詰まる頭脳戦が始まった。果して、筆跡鑑定の力で犯人を追い詰めることができるのか？ 実はタイトルの意味もそこに隠されている。行き届いた調査を土台に、ディーヴァーは読者を新たな領域へと誘い込んでいく。眼を見ひらく思いの展開と唸《うな》るばかりの文章の冴《さ》え。ディーヴァーはやがて、日本でも間違いなくブレイクするだろう。

1999.11

したたかな囮《おとり》

今やアメリカを代表する作家とも言われ、スーパースター的存在でありながら、依然として弁護士稼業《かぎょう》を続けているS《スコット》・トゥロー。彼いわく、「私が生涯に書く小説の材料は、すでに今までの弁護士としての仕事の間に仕込んでしまっている。だから、今さら弁護士を止《や》めることには意味がない」とのこと。そのせいか、『推定無罪』（文春文庫）で華々しくミステリ界にデビューして以来、判で押したように三年ごとに新作を発表してくれている、実に嬉《うれ》しい作家だ。

ただし前作は、学生時代から心の中に暖めていたという、いわば自伝とも思える『われらが父たちの掟《おきて》』（文春文庫）。トリッキーで予断を許さぬ独特のリーガル・スリラーを待ちかねていたファンには、いささか肩透かしの感があったことは否《いな》めない。そんな方々にはお誂《あつら》え向きの新作がまたも三年ぶりに発表された。タイトルは『PERSONAL INJURIES』（邦題「囮弁護士」文春文庫）。初版六十二万五千部のこの本は、発売後一週間でベストテンのトップに躍り出て、トゥローへのファンの期待の高さを実証してみせた。

物語は、いつものようにキンドル郡に始まる。主人公のロビー・フィーヴァーは個人損害補償専門の弁護士で、かなりの売れっ子だが、家には心臓発作で倒れ寝込んだままの母親と、死に至る病ＡＬＳ、通称ルー・ゲーリッグ病の妻を抱えていた。その非常事態に追い打ちをかけるかのように、三人の税務署員が彼の家を訪れる。彼らの背後には、州検事のスタン・セネットが立っていた。

ロビーは銀行に隠し口座を持っており、そこから自分の裁判を有利に導くために、判事以下の法廷関係者に密《ひそ》かに賄賂《わいろ》を贈っていたのだ。その口座が発覚したのだが、それにしてもなぜ夜中にセネット検事という大物がわが家に、とロビーは訝《いぶか》る。案の定、検事は取引を持ちかけてきた。重い州法の裁きを受けるか、それとも彼の囮となって今まで通りに仕事を続け、不正の現場を赤裸々にすることに協力するか。否応《いやおう》なく囮となることを選択したロビーには、この時から全《すべ》ての言動を監視し記録するFBIの女性技術調査官イヴォンが張りつくこととなった。

　検事の目的は法曹界を浄化すると同時に、強力な彼のライバルたちを蹴落《けお》とすことにあった。そして、物語はロビーとイヴォンの微妙な男女の心理を絡《から》ませ、アメリカの弁護士社会の実態を鮮明に活写しながら、スリリングに巻末へと疾走していく。

　プロットよりもキャラクターの造形に重きを置く点が、他のリーガル・スリラー作家たちと一線を画していると書評家が指摘するトゥローの小説作り。登場するヒーローたちはいずれも人間として懐《ふところ》が深く、読者を魅了して止《や》まないが、今回のロビーも下手な役者など足元にも及ばぬ演技力を持ち、弁護士としてのしたたかさと、底知れぬ知恵の深さを兼ね備えている。その端倪《たんげい》すべからざる見事な人格に酔いながら、秋の夜長にどっぷりと浸ることができた。

1999. 12

クライトン久々のＳＦ

現代の人間が、そのまま過去に踏みこんだら……。こうしたタイム・トラヴェルをテーマにした小説は、これまで沢山の作家たちによって試みられてきたが、どれもどこか現実味が薄く、いまひとつ熱狂に至らなかった。それがどっこい、この人の手にかかると俄《にわか》に現実味を帯びて光彩を放ってくるのだから不思議だ。

この人とはＭ《マイクル》・クライトン。『エアフレーム—機体』（ハヤカワ文庫）以来、三年ぶりの新作は『TIMELINE』（邦題「タイムライン」ハヤカワ文庫）。ＳＦ物としては『ジュラシック・パーク』（ハヤカワ文庫）から久し振りの一冊だ。初版百五十万部を刷ったこの作品は、ランキングの上位をこのところ独占する形だったハリー・ポッターを抜いてトップに躍進し、クライトンの変らぬ人気ぶりを示した。

物語はアメリカのアリゾナ砂漠にはじまる。ナヴァホ族の織物を求めて旅に出た中年夫婦が砂漠の中を迷走する。突如車が人をはねたと妻が悲鳴をあげ、戻ってみると、そこには一人の老人が倒れていた。なぜ、こんな砂漠に老人が？　病院へと運ぶ途中、意識のある彼にいろいろ訊《たず》ねても、返ってくるのはすべて韻を踏んだ詩のような奇妙な言葉だけ。名前も判《わか》らないまま病院で治療に当ったが、不審な点は増すばかり。マニキュアされていた彼の指先には血管が発見できず、MRIの検査にあたった医師も首を傾《かし》げる。砂漠にいたのに彼の顔や手足には陽に灼《や》けた痕跡《こんせき》もないのだ。

「QUANTUM FOAM」と口走る彼のポケットから出てきたのは、ある僧院の平面図と考えられる一片の紙であった。いぶかる医師たちの前に現われた若き警官ワウネカによって、老人が著名な物理学者であることが判明したのだが、老人は突然大量の血を吐き、死亡してしまった。死因は車の事故によるものではなく、心臓発作と診断されたが、そこから物語は徐々に奇想天外なプロットへ――。

常に科学の最前線のホットなニュースをスクープしてSF作品を創造するクライトンの小説は、今回も冒頭から息もつかせず読者の心をぐいぐいと引っ張って行く。

量子物理学とコンピュータの先に見えるものは何なのか？　歴史を遡《さかのぼ》り諄々《じゅんじゅん》と説いてくれる科学の最先端の話はわかりやすく説得力に富み、タイム・トラヴェルのトリックが納得できてしまう。となれば、もうあとは物語の面白さにどっぷりと浸《つ》かるのみだ。十五世紀のフランスは？　当時の城は？　僧院は？　詳細なディテールで語られる中世社会は魅力に満ち、剣の闘いや槍《やり》試合、さらには強力な弓による戦いなど、サスペンスとスリルに富んだ見事な物語であった。

最初に逢ったときの印象は
実に質素で清潔感に溢れていることだった。
M・クライトン
白いYシャツ
黒のネクタイ
黒の背広上下

映画化権はパラマウントに決ったとのことだが、「ジュラシック・パーク」以来の大入りが早くも約束された待望のSF小説である。

2000. 1

王者のゲーム

「とにかく、本というのは楽しくなきゃいけないね」。一九九九年十月、来日したN・デミル《ネルソン》と対談した時に最も印象に残った言葉である。その言葉通り、まさに楽しさを満載した彼の新作『THE LION'S GAME』（邦題「王者のゲーム」講談社文庫）が、二〇〇〇年の正月にアメリカで出版された。前作『プラムアイランド』（文春文庫）で縦横無尽の活躍を見せたヒーローのコリーが再び登場し、続編ともいえるデミルの第十作目は初版が六十万部。発売の週にベストテンのトップをさらうという爆発的な売行きを示した。

元ニューヨーク市警殺人課刑事のコリーは、今回はATTFつまりアメリカ連邦対テロリスト機動部隊の一員として登場する。物語はそのコリーがニューヨークJFK空港で、パリ発トランス・コンティネンタル航空175便の到着を同僚四人と共に待ち構える場面から始まる。彼らの任務はパリのアメリカ大使館から護送されてくるリビアのテロリスト、ライオンことアサド・カリルの身柄を確保することだった。スケジュール通りのフライトだったのに、なぜか二時間ほど前から175便との交信は途絶えていた。管制塔からの懸命の呼びかけにも全く応答のないまま、飛行機は緊急態勢をとる滑走路に定刻通りに着陸する。だが、着地したのに逆噴射を行わない。異常を察知して乗り込んだコリーが目にしたのはパイロット以下、乗員乗客全員が死亡している凄惨《せいさん》な光景だった。しかも、その中に肝心のテロリスト〝ライオン〟の姿は見当たらない。乗員乗客の死因は致死性ガスによる中毒死だった。

二人の護送官の指を切り取って着陸と同時に機内から脱出した〝ライオン〟は、その指を使って空港内のATTFのヘッドクォーターに侵入、三人の係官を殺害した後、いずこともなく姿をくらます。彼の目的は何なのか？　実はすべての発端は一九八六年四月十五日のアメリカ空軍によるリビア爆撃にあった。悪名高きカダフィ大佐殺害のための爆撃行が、アサドの家族全員を巻き添えにしてしまったのである。その日から、彼の復讐《ふくしゅう》の人生が始まった。

アメリカの広大な原野に放たれた稀代《きたい》のテロリスト〝ライオン〟。その行く手をコリーは阻《はば》むことができるのか？　「ライオンのゲーム」とは、まさに王者のゲームであり、人知の限りを尽くした究極のゲームのこと。ヒーロー対殺人マシン、お互い類《たぐい》稀《まれ》なる強烈な個性と鉄の意志を持つ者同士の対決は、読み始めたら巻を措《お》くことなど絶対に不可能。危険なまでの面白さで、六七七頁《ページ》のボリューム感ある物語を息つく間もなく読まされてしまった。

デミルを評して「マスター・オブ・インテリジェント・スリラー」と呼んだのは「ロスアンゼルス・タイムズ」紙だが、まさにその称号に相応《ふさわ》しい、二〇〇〇年最高の収穫になるであろう一冊。最近のデミルの作品は、日本ではなぜか大ヒットはしていないのだが、この超弩級《ちょうどきゅう》の面白さは多くの読者を魅了すること請け合いである。

2000.3

絶望の淵《ふち》から

捜査中の事故で脊椎《せきつい》を損傷し、四肢が麻痺《まひ》して動くのは指一本だけになってしまった元ニューヨーク市警のリンカーン・ライム。世界的な犯罪学者で法医学の権威でもある彼が、赤毛の美女で敏腕捜査官のアメリア・サックスとタッグを組み、最悪の凶悪犯に立ち向かう物語『ボーン・コレクター』(文春文庫)は一九九九年、日本でも大ブレイクした。先頃、デンゼル・ワシントンがライムを演じた映画もヒットし更なる話題を呼んだばかりだが、待望のリンカーン・シリーズ第三弾がアメリカで発売された。

舞台を前二作のニューヨークからノースカロライナ州へと移した新作のタイトルは、『THE EMPTY CHAIR』（邦題「エンプティー・チェア」文春文庫）。初版は十六万五千部、発売と同時にベストテンの九位にランクインし、売行きも好調であった。

マンハッタンからノースカロライナまで、およそ五〇〇マイル。ライムはサックスと共に敢《あ》えてその長距離を車で旅することを決意した。目的は、脊椎損傷の治療に関しては世界一と言われるノースカロライナ大学病院で、実験的な手術を受けることだった。死の危険をも承知で手術を決意したのは、少しでも体を動かしたいと強く望んだためであり、その背後にはサックスへの熱き愛情の芽生えがあったのである。

ところが、手術の手続きをとっている最中に、地元の警察官が訪ねてきた。ライムのニューヨークでの活躍を聞きつけ、殺人・誘拐事件の解決に力を貸してほしいという。ライムは渋るがなぜかサックスが乗り気で結局、手術までの短期間だけ協力することになった。犯人と目されるのは十六歳の少年ギャレット・ハンロンで、異常なまでの虫好きのため町では「昆虫少年《インセクト・ボーイ》」のニックネームで呼ばれていた。両親を交通事故で亡《な》くした孤独な彼が、運河の川岸でティーン・エージャーのビリーを殺害し、二人の女性を誘拐して行方をくらました、というのが事件のあらましだった。

犯人追跡に飛び出したサックスは、ライムの誘導によってついにギャレットを捕らえ、一人の女性を解放することに成功するが、もう一人の監禁場所は発見できなかった。警察官や精神科医の説得にも頑強に口を噤《つぐ》むギャレット。凶悪な少年だという評判とは異なる純粋な心を彼の眼の中に見たサックスは突如、警察の拘置室から彼を奪って脱走する。彼の心を溶かせば事件は解決すると信じたためだが、途中で包囲網を敷く警官たちに遭遇し、ギャレットを守るために一人の警官を誤って射殺してしまう。絶望感に沈むサックスと、ニュースを知って苦悶《くもん》するライム。物語はノースカロライナ州北部の湿地帯を舞台に、誰もがアッと驚く大ドンデン返しの結末へ向かって、もつれにもつれていく。

微妙に揺れ動くサックスの女心を心憎いばかりに活写する作者J《ジェフリー》・ディーヴァーの筆力の冴《さ》え。絶体絶命のピンチに立たされた彼女へのシンパシィと、余りにも意外な事件の真実に最後まで翻弄《ほんろう》されっぱなしの超面白ミステリであった。

2000.7

運命の血筋

男にとって、「狩り」ほど本能を呼び覚まし、血を滾《たぎ》らせるものはないと思うのだがどうだろうか。獲物を狙《ねら》う瞬間、アドレナリンが体内をラッシュし、男は興奮に身震いする。僕がS《スティーヴン》・ハンターの小説に痺《しび》れる所以《ゆえん》も、そこにあるといっていいだろう。

一九九九年のミステリ界を席巻した『極大射程』（新潮文庫）を始めとする、海兵隊退役一等軍曹で名スナイパーのボブ・リー・スワガーが主人公の四部作（『ブラックライト』『ダーティホワイトボーイズ』『狩りのとき』〈以上三作いずれも扶桑社ミステリー〉）は、男と銃の骨太の物語として読者の心を虜《とりこ》にした。その彼の最新作は『HOT SPRINGS』（邦題「悪徳の都」扶桑社ミステリー）。何の予備知識もなく読み始めて驚喜したのは、この作品がかの四部作の起源ともいえる、ボブの父親アールの物語だったからである。

一九四六年七月、ホワイトハウス。元海兵隊員のアール・スワガー曹長は、太平洋戦争中の硫黄島での武勲を称《たた》えられ、名誉勲章をトルーマン大統領から授与されることになった。話はその場面から始まる。

この年の夏、アメリカで最も自由奔放で無法な街といえば、アーカンソー州のホットスプリングズだった。ミネラル豊富な温泉を湧出《ゆうしゅつ》するこの街は、保養地として多くの湯治客が訪れる土地だったが、繁栄を支えているのは何といってもギャンブルと売春だった。そしてその陰には当然、マフィアの存在があった。

ニューヨークのシンジケートの一員でイギリス生まれのオウニー・マドックスが、この街を陰で牛耳る独裁者だったが、その彼に挑戦者が現れる。新たに州検事に任命されたフレッド・ベッカーが街の浄化のために敢然と立ち上がったのだ。そして、アールは彼からの強い要請を受けて、特別摘発班の責任者となる。ここにオウニー一派との壮絶な戦いの火蓋《ひぶた》が切られたのである。

湯気の立ち込める温泉地の路上で、カジノの中で、また駅頭や売春宿で摘発を敢行するアール隊とギャングとの間に銃撃戦が繰り広げられ、双方に死者が続出する。アールは深く心を傷《いた》めつつも使命感に燃え、オウニー側の繰り出す狡智《こうち》にたけた罠《わな》やトリックを切り抜けていく。彼は天才的な射撃の名手であり、タラワ島や硫黄島での激戦でも生き残る強運、智力、体力を兼ね備えていた。だが、その彼のピュアな一徹さは、逆にギャング一掃の旗頭だったはずのベッカー検事の心をも変えてしまい、絶体絶命のピンチを招くことになる。一匹狼《おおかみ》となったアールは生き残れるのか？　その戦いの道はまた彼の心にずっと影を落としていた、アーカンソー州ボール郡保安官だった父親の謎《なぞ》の死を解明する道でもあった——。

狩る者と狩られる者。瞬時にして立場が逆転するスリリングな男たちの死闘は、読む者の心を金縛りにする。スワガー家を知る上でファン必読の一冊であるばかりか、血筋、運命、因果、輪廻《りんね》……そんな言葉が頭を交錯するまさに波瀾《はらん》万丈の小説であった。

2000. 8

最後のドン

フランシス・コッポラ監督の映画「ゴッドファーザー」は主演のマーロン・ブランドの強烈な印象と共に、全世界にその名を轟《とどろ》かせた。表情を殺した顔の裏側にはどんな思いが渦巻いているのか。不気味さと凄味《すごみ》とを漂わせたあの彼の演技が、今でも時折、脳裏にフラッシュすることがある。

この映画の原作者として、M《マリオ》・プーヅォという作家を初めて知ったのもこの時だった。以来、『THE SICILIAN』(邦題「ザ・シシリアン」ハヤカワ文庫)や『THE LAST DON』(邦題「ラスト・ドン」ハヤカワ文庫)といった彼の描くマフィア独特の男の世界に痺《しび》れ、心ときめかせていたのだが、その彼も一九九九年七月に七十八歳で他界してしまった。そして二〇〇〇年七月、絶筆として出版されたのが『OMERTA』(邦題「オメルター沈黙の掟《おきて》」早川書房)だった。初版五十万部、発売と同時にベストセラー上位にランクされ、映画化も決まった相変わらずの話題作だ。

物語は一九六七年のシシリア島に始まる。マフィア最後のドンと讃《たた》えられたヴィンセントは、死を前にして目をかけた三人の頭を枕元《まくらもと》に呼び寄せていた。ニューヨークを牛耳るレイモンド、パレルモを仕切るオクタビアス、そしてシカゴに君臨するベニート。三人を呼んだのは、若い女との間に生まれた二歳の男の子アストーレを自分の死後、誰に託すか決めるためだった。その子を産んだ女は出産の際に死亡していたのである。三人を前に熟慮した結果、ドンが選んだのはニューヨークのレイモンドだった。

そして話は二十八年の歳月が流れた一九九五年のニューヨークへと飛ぶ。三十歳になったアストーレは、マカロニの輸入業者として豊かな生活を送っていた。乗馬を愛しイタリア音楽を愉《たの》しむ彼は、誰からも好感を持たれるチャーミングな青年だった。

そんな彼の平穏な生活を二発の銃弾が破る。伯父として彼を育ててくれたレイモンドが、六十二歳で引退した矢先、二人のヒットマンに射殺されたのである。

全《すべ》ての利権を他のシンジケートに円満に譲渡し、静かな余生を送ろうとしていた彼がなぜ消されたのか？　マフィアとは無縁な世界で、市井《しせい》の人間として成功の道を歩むレイモンドの実子の三兄妹《きょうだい》が呆然《ぼうぜん》とする中、ニヤケた男と見なされていたアストーレが敢然と復讐《ふくしゅう》に立ち上がった。ライバルのニューヨークの悪徳ドン、ティモンナ、外交官特権を持ち、核兵器を保有する野望を抱くコスタリカの麻薬業者インツィオら悪の権化《ごんげ》、そしてＦＢＩのマフィア撲滅の旗手クルト。強烈な男たちと対峙《たいじ》するうちにアストーレは次第に変貌《へんぼう》を遂げ、レイモンド殺害の隠された薄汚ない理由を暴《あば》き出していく。

ニヤケたプレイボーイから誇り高きマフィオーゾへ。アストーレのその変身ぶりが、この物語の醍醐味《だいごみ》になっている。「待ってました！」と大向こうから声がかかりそうなほどに胸のすく決然とした男になったアストーレには、こちらもグンと肩入れしてしまった。それこそがまさにプーヅォの手練の技であり、手に汗握る男の世界を描ける作家がまた一人消えたことを、悲しまずにいられない。

2000. 10

八十歳のファイト

「突如、打者に立ち向かう戦意が消えたから……」。プロ野球で名投手とうたわれた人々は引退の弁を述べる際、まるで決まり文句のようにそう語る。ファイトを失った時、ボールは死に球になるという現象は、こと投手に限らずあらゆる仕事に共通して見られるのであろうが、では小説家は何歳までファイトを維持して小説を世に送りだせるものなのだろう。ふと、そんな問いが頭をかすめた。

というのも、二〇〇〇年十月中旬のアメリカのベストセラー・リストを見ると、第二位に八十三歳のS《シドニー》・シェルダンの『THE SKY IS FALLING』（邦題「空が落ちる」アカデミー出版）が、第五位には僕が敬愛する、二〇〇〇年十月末で満八十歳を迎えたD《ディック》・フランシスの『SHATTERED』（邦題「勝利」ハヤカワ・ミステリ文庫）がランキングされているからだ。彼らの創作活動は一体いつまで続くのか？　特に、毎年一冊の定期便を必ず届けてくれるフランシスは、何歳まで僕を愉《たの》しませてくれるのだろう。ここ数年、彼の作品を読むたびにそう思わずにいられない。

彼の三十九作目となる今回の小説は、ガラス工芸で有名な美しいイギリスの村コッツウォルドに始まる。主人公は、この村でガラス細工の吹き出し実験工房付きの店を開いている、元気一杯の独身男ジェラルド・ローガン。ガラス職人であり美術家でもある彼に、突然災難が降りかかる。その原因は親友だった障害レース騎手のマーティン・スタックリーが、チェルトナム競馬場で落馬して死ぬ直前、彼に渡した謎《なぞ》のビデオテープにあった。そのテープを寄越せと、凶悪な悪漢たちがローガンに襲いかかってきたのである。だが、肝心のテープは内容もわからぬまま、一瞬の隙《すき》をつかれて既に背の高い髭面《ひげづら》の男に盗まれてしまっていた。

悪漢たちを率いるのは冷酷非道な悪徳賭け屋《ブックメイカー》の女ボス、ローズ・ペイン。彼女は、そのビデオテープには医薬の世界における画期的な大発見が収録されており、数百万ポンドの価値があることを知っていたのだ。ローガンは彼女に向かって、テープは盗まれて手元にないと懸命に訴える。が、ローズは耳を貸さず、ガラス職人の命とも言える手を拷問《ごうもん》にかけて、口を割らせようとする。悲鳴をあげながらも必死に耐えるローガン。果してテープの行方は？　物語が進むにつれて、フランシスの仕掛爆弾が次々に炸裂《さくれつ》していく。

「作者は八十歳だが、「人生のホームストレッチを疾走する勢いのある小説」と書評誌に書かれたフランシス。読みながら、往年のプロットの冴《さ》えは失われたかと感じる部分もあったものの、ジョンブル魂の横溢《おういつ》する素敵なヒーローを描かせては、やはり天下一品だ。理不尽極まりない攻撃に耐えるローガンにひたすら心を託し、身も凍る痛さに心底から震えながら迎えるラストの一気のカタルシス。フランシスさん、どうぞファイトを失わず、百歳まで小説を！　本を閉じた時、僕の心は自《おの》ずとそう叫んでいた。

2000. 11

ベテラン作家の世紀末

二〇〇〇年を振り返ると、この年はN《ネルソン》・デミルの『THE LION'S GAME』（邦題「王者のゲーム」講談社文庫）に始まり、P《パトリシア》・コーンウェルのスカーペッタ・シリーズ第十一作目『THE LAST PRECINCT』（邦題「審問」講談社文庫）とT《トム》・クランシーの『THE BEAR AND THE DRAGON』（邦題「大戦勃発《ぼっぱつ》」新潮文庫）に終わった感がある。ベテラン作家大活躍の思いが強いが、中でも印象的だったのが、D《ディック》・フランシスの『SHATTERED』（邦題「勝利」ハヤカワ・ミステリ文庫）とS《シドニー》・シェルダンの『THE SKY IS FALLING』（邦題「空が落ちる」アカデミー出版）が同時にベストセラー・リストにランクされたことだった。

二〇〇〇年に八十歳を迎えたフランシスと既にその年齢を越えて久しいシェルダンが、共に依然として読者の心を熱くしてくれるのは、有難く嬉《うれ》しい限りだ。『SHATTERED』は既にご紹介したが、その後、長年フランシスの伴侶《はんりょ》であり創作上のパートナーでもあった夫人の訃報《ふほう》が届いた。データやリサーチに関しては彼女の力に頼っていたとの噂《うわさ》もあるだけに、ファンとしては二十一世紀に彼の作品が読めるかどうか大いに気がかりだ。ピンチを乗り越え是非あと数作は、と願わずにいられない。

一方、シェルダンは老いて益々《ますます》、意気軒昂《けんこう》なるものがある。『THE SKY IS FALLING』は一度ベストテンのトップにランクされるほど好調な売行きで、書評誌によればシェルダンの小説はデビュー以来三十一年間で三億冊以上売れているとのこと。まさに二十世紀が生んだ超ベストセラー作家といえるが、インタビューで好調の秘訣《ひけつ》は？との問いに、その理由は自分の創造するキャラクターにある、と答えているのが面白い。記者が「あなたの小説の特徴は強烈なプロットの魅力にあるのでは？」と反論すると、彼は「もし自分がプロットだけに集中したなら、世界一エキサイティングなものを書けるが、それでは登場人物が埋没してしまう」と答えている。

全《すべ》て口述筆記で、着実に一日五〇頁《ページ》ずつ進める。しかも書き出しからエンディングまで一切プランはなく、主人公（ほとんどがヒロイン）の人物像さえ設定すればあとは自然にストーリーが口をついて出て、すぐに一二〇〇枚の原案ができるというから凄《すご》い。八社に出版を断られたデビュー作『THE NAKED FACE』（邦題「顔」アカデミー出版）を引き受けてくれた恩を忘れず、全ての本をモロー社から刊行しているシェルダン。どの作品も似ているとの批評もあるがという質問に「批評家など目じゃない。三億冊以上売れているんだから」と答えている。沢山の出版社のオファーを蹴《け》り続けた彼の心《プライド》とモロー社の大繁盛《だいはんじょう》を考えると、彼の小説のように人生の不思議を見る思いがする。

ところで、彼には無縁な批評家たちが選んだ二〇〇〇年度のベストブック№1は、これまたベテラン作家M《マーガレット》・アトウッドの『THE BLIND ASSASSIN』（邦題「昏《くら》き目の暗殺者」早川書房）だった。ヒロインの熟女アイリスが人生を回想する形式で進む物語は、過去のミステリアスな死をめぐり家族の問題から社会の病理を鋭く抉《えぐ》る会心作で、作者とヒロインの年齢が重なり合うベテランならではの傑作といえる。かくしてベテラン作家大活躍のミレニアムは暮れた。

2001.1

妻の謎《なぞ》の死を追って

東西の冷戦が解消してから、早くも十年が経過した。そこで今、改めてJ《ジョン》・ル・カレの小説を眺めてみると、この十年間の彼の作品全《すべ》てが、冷戦後の世界の動きを知る上で欠かすことのできないサンプル的な物語であることに気づく。ソ連の崩壊を描いた『OUR GAME』（邦題「われらのゲーム」ハヤカワ文庫）、死の武器商人をレポートした『THE NIGHT MANAGER』（邦題「ナイト・マネジャー」ハヤカワ文庫）、そしてマネー・ロンダリングと麻薬に焦点をあてた前作の『SINGLE & SINGLE』（邦題「シングル&シングル」集英社）など、ル・カレの作家としてのテーマ探しが、そのまま現実を反映し予見する結果になっているのである。

その彼の第十八作目にあたる『THE CONSTANT GARDENER』（邦題「ナイロビの蜂《はち》」集英社文庫）が出版された。今回の物語は、ケニア北部のトゥルカナ湖畔で発生した殺人事件を知らせる緊急電が、ナイロビのイギリス高等弁務官事務所に飛び込んでくる場面から始まる。殺されたのは、事務所に勤務するキャリア外交官のジャスティン・クウァイルの妻、テッサであった。テッサはいわゆるオックスブリッジ出の優秀な弁護士で、新聞が〝ナイロビのスラムに咲いたマザー・テレサ〟と書いたように、アフリカの貧困にあえぐ人々を救済する女性ボランティアグループのリーダー的存在だった。

緊急電は湖畔に放置された車の中から、惨殺《ざんさつ》されたテッサの全裸死体と、首のない運転手の死体とが発見されたと伝えた。だが、そこにはテッサの愛人とも噂《うわさ》され、旅を一緒に続けているはずの医師アーノルド・ブルームの姿が、なぜか見当たらなかった。彼はなぜ、殺人現場から姿を消したのか……。

ブルームが殺人犯なのか、それとも彼も犠牲者の一人なのか？　愛する妻を殺害した犯人を追うジャスティンの旅が、このときから始まった。そして浮かび上がってきたのが、結核の新薬ディプラスカの存在であった。激しい副作用で死亡者が続出しているにもかかわらず、この新薬はなぜかアフリカ中に氾濫《はんらん》していた。テッサはその薬害を撲滅するべく、敢然と立ち上がり活動していたのである。

妻の足跡をたどって、ジャスティンはヨーロッパからカナダへと旅し、再びアフリカに戻ってきた。その間に、巨大な製薬会社の陰謀と策略が次第に姿を現してくる。彼の身にも生命の危機が迫り、テッサは死の脅迫を無視して闘っていたことを知る。生前は無関心だった妻の仕事を知るにつれ、彼女への愛《いと》しさを募らせるジャスティン。

そして、外交官としての野心はなく、フロックス、エゾ菊、フリージアなどを育てる庭師の仕事だけに愛着を感じていた彼が、やがて妻が目指していた理想主義の花を咲かせることを心に誓うようになるのである。

五〇〇頁《ページ》を超える今回の作品は、アフリカの大地の熱気を読者に見事に伝えながら、そこに蠢《うごめ》く資本主義の悪を浮き彫りにしていく素晴らしい小説だ。ル・カレは転んでもタダでは起きない、したたかなストーリーテラーであることを、またも思い知らされた。

2001.2

熊《くま》と龍《りゅう》

冷戦が解消したからといって、この地球から戦争やミサイル攻撃の脅威が完全に消え去ったわけではない。もし中国が、もしロシアが、何らかの理由で戦争を開始し、核弾頭付きのＩＣＢＭを発射したら？　その場合にアメリカ合衆国はどう対応するのか？　こうした「今、そこにある危機」を俎上《そじょう》に載せて、見事な近未来小説を構築する作家、Ｔ《トム》・クランシーの最新作のタイトルは、ずばり『THE BEAR AND THE

DRAGON』（邦題「大戦勃発《ぼっぱつ》」新潮文庫）。熊がロシアであり、龍が中国であることは言うまでもない。

いつものように初版二百万部を刷ったパットナム版の頁《ページ》数は、何と過去最高の一〇二八頁。薄手の上質紙を使っているので、厚さは従来の八〇〇頁物とさほど変わらないが、重さは一・二キロ、もちろん最高記録である。

物語はモスクワのジェルジンスキー広場付近の路上で始まる。ロシア対外情報局長官のセルゲイ・ゴロフコは真っ白なベンツS600に乗り、会議場へと向かっていた。運転するのは元スペツナズでボディガードでもあるアナトリー。スモークドガラスのベンツには装甲車さながらの防弾装置が施されており、モスクワでは一際《ひときわ》目立つ最高級車であった。その中で出勤途中のゴロフコはいつも通り「ヘラルド・トリビューン」紙に眼を通していたが、ふと窓外を見た時、少し前を走る同じ真っ白なベンツの姿に眼を奪われた。

瓜《うり》二つのベンツがなぜ、と思う間もなく、間に割り込んできたトラックの荷台で男がやおら起き上がり、バズーカ砲状の武器を肩にかけてロケット弾を発射した。瞬時にして爆発炎上するベンツ。慌《あわ》てて現場を回避し、ようやく会議場へとたどり着いたゴロフコの脳裏には、もしや自分がターゲットだったのでは、という恐怖が渦巻いて

空母の艦長がぴったりの
T・クランシー

いた。

調査の結果、殺されたのはアヴセイェンコという男であることが判明する。だが彼は、その名前よりもむしろラスプーチンという異名で知られ、かつてKGBの「スパロー・スクール」という高級官僚・軍人用の娼婦《しょうふ》を養成する施設を運営していた男だった。なぜ彼が殺されたのか？　命じたのは果して誰なのか……。

物語はこの発端から男女入り交じったスパイ合戦へ、更にこじれて外交戦へと拡大していく。そして、シベリアで発見された莫大《ばくだい》な埋蔵量の金鉱と大油田が引き金となり、中国がロシアの国境を越えてしまう。この辺りの詳細はとても紹介しきれないが、アメリカ大統領J・ライアンの国内外の舵《かじ》取りを中心に、中ロ両国首脳の確執、戦略、謀略を描いて実にスリリングに展開していく。後半次第に高まる緊迫感に、心が金縛り状態に陥ってしまうほどだ。果して、ミサイル攻撃の火蓋《ひぶた》は切って落とされるのか……？

今回はライアンは無論のこと、『レインボー・シックス』（新潮文庫）で大活躍したクラークとドミンゴも登場する。まさにクランシー・ワールド満開、ファンにはこたえられない一冊である。

2001. 3

法律家が消えた

J《ジョン》・グリシャムの作品に異変が起きた。二十世紀最後の十年間、アメリカのみならず世界の出版界を席巻《せっけん》したと言っても過言ではない彼の作品については、これまでも再三取り上げてきた。現代アメリカの抱える様々なトピックスをテーマに、ヒーローである弁護士が大活躍するスリリングな〝ジェットコースターライド物語〟。その無類の面白さが、普段本を読まない層の人たちをも掘り起こし、一大ブームを作り出したことは改めて言うまでもない。

その彼の第十二作目にあたる新作『A PAINTED HOUSE』(邦題「ペインテッド・ハウス」小学館文庫)が二〇〇一年二月初旬に出版されたのだが、今回の作品には何と——敢《あ》えて何とという言葉を使わせて貰《もら》うが——法律家が一人も登場しないのだ。「愛情と尊敬を込めて、本書をわが父と母に捧《ささ》げる」と冒頭の扉に記した今回の作品は、グリシャムが自分の生い立ち、そして少年時代の忘れ難き想《おも》い出を一篇のフィクションとして綴《つづ》った少年物語なのである。

一九五二年初秋のある水曜日に始まるこの物語の主人公は、七歳の少年ルーク・チヤンドラー。舞台はアーカンソー州の片田舎で、チャンドラー一家は八〇エーカーの借地で綿花を栽培して生計を立てていた。この日、綿花の摘み取りの仕事のために、俗にヒル・ピープルと呼ばれる人々やメキシカンたちが、季節労働者としてトラックに乗ってやって来た。今年もまた、祖父母そして両親と共に、熱い綿花摘み取りの闘いの日々が始まったのだ。

助《すけ》っ人《と》の季節労働者の家族との接触、喧嘩《けんか》や暴力沙汰《ざた》、野球への情熱、女性への憧《あこが》れと好奇心、長雨や洪水など自然との闘い……多感な七歳の少年の眼と心を通して、綿花栽培にかける一家の生活が淡々と綴られていく。天候と相場に翻弄《ほんろう》される綿花栽培業は一家を過酷に揺さぶり、なかなか借金地獄を抜けだせない。家を塗装するための塗料を買うお金すらなく、木造の家はいつまでたっても白木のままだった。つまり『A PAINTED HOUSE』とは、この地にあって豊かな生活を象徴する言葉なのである。家がペイントされていないと仲間に軽蔑《けいべつ》されるルーク。だが、彼の心はこの七歳の秋の様々な体験によって一挙に成熟していく。

この作品はいつも通り、発売と同時にヒット・チャートのトップにランクされた。だが、最初の週の実売部数は前作『THE BRETHREN』（邦題「裏稼業《うらかぎょう》」アカデミー出版）に比べて三五パーセントダウン、つまりガタ落ちだという。「特筆すべき出来

デビュー作当時は
幕末の志士を思わせる
熱血のローヤーだった
J・グリシャム

事」と書評誌にも報じられたが、今後の売れ行きが気になるところだ。

S《スコット》・トゥローは『われらが父たちの掟《おきて》』（文春文庫）で自分の身辺のことを書いて、またリーガル・スリラー路線へと戻った。グリシャムも同じ道をたどるのか、それとも今後はいわゆる人間回帰ともいえるジェネラルなジャンルの道を歩んでいくのか。『パートナー』（新潮文庫）あたりからの筆致の変化を考えると、これからは売れ筋よりも本音で勝負といったグリシャムの新たな気構えが窺《うかが》えるような気もするが、果していかがなものか。

2001.4

Ⅳ 女流作家の時代に乾杯

等身大のヒロインの鮮烈なる登場——Patricia Cornwell

　このシリーズが始まったとき、アメリカには衝撃と賞賛の声が渦巻いた。このシリーズとは、P《パトリシア》・コーンウェルの〝女性検屍官《けんしかん》ケイ・スカーペッタ〟シリーズだ。若く美しい女性が検屍官として登場するというスリリングさに加えて、縦横に法医学上の専門用語を駆使して極悪犯人と彼女の対決を描いたコーンウェルの物語はリアリティに溢《あふ》れ、読者の胸を鋭く突くばかりか、ヒロイン・ケイの女性としての読者と等身大の気取らない姿が強烈な魅力となって読む者の心をがっちりと摑《つか》んだのだった。

　デビュー作のタイトルは『POSTMORTEM』（邦題「検屍官」講談社文庫）、辞書を引けばおわかりのように、〝死後の〟〝検屍〟といった意味で、このズバリともいえるタイトルも新鮮で、読者の目を惹《ひ》いた。この一作で批評家と読者から絶賛を浴びたコーンウェルはたちまちにしてアメリカミステリ界の寵児《ちょうじ》となったのだった。以来、今日まで〝スカーペッタ・シリーズ〟は十一作を数え、世界中にスカーペッタ・ファンを増殖し続けてきた訳だが、一時は終わるかに思えたシリーズもまだ存続するとのことで、ホッとしているところだ。

実は数年前のことだが、作者のコーンウェルがアメリカのインタビュアーの質問に、スカーペッタ・シリーズは恐らく十作目で終わるだろうと答えたことがあった。だから十作目の『BLACK NOTICE』（邦題「警告」講談社文庫）があちらで一九九九年八月に出版されたとき、僕は心の中で、あっ、これで終わりか、とさみしく覚悟したのだった。前作の九作目の『POINT OF ORIGIN』（邦題「業火《ごうか》」講談社文庫）を読んだときに、シリーズ終焉《しゅうえん》の伏線は？と懸命に探したところ、それがあったのだ。ケイの心の支えであり事実上の彼女の伴侶《はんりょ》ともいえる、初回からずっと彼女の陰になり日向《ひなた》になって応援し続けてきた元FBI心理分析官ベントンが、この回の最後に非業の死を遂げてしまったからであった。ベントンが死んでしまえば、やはりこのシリーズも終わりかと、新作を手にしたのだった。

物語はこれまでの九作の書き出しとは異なり、今は亡《な》きベントンがケイに宛てた遺書と思われる手紙から始まる。死の予感があったのか、彼は、自分が死んだら、一年後のクリスマス前にケイに渡すようにと、彼女の幼なじみで現在は上院議員のロードに手紙を託していたのだった。

遺書に込められていた彼の愛情溢れる言葉に涙また涙のケイ。僕も長い間のベントンとケイのシリーズでのつながりを知っているだけに、ケイの心情が切々と僕の胸にも伝わってきて、思わずウルウルとなってしまったのだが、手紙の結びの言葉は、「この手紙を読んだら、姪《めい》のルーシーとマリーノ警部を招いて、君の自慢の手料理でもてなしてくれたまえ。そして僕の席も忘れずにね。永遠に愛するケイへ」とあった。どうです、泣かせるでしょう。

彼の最後の望みをかなえようと思った矢先、事件を伝える電話が鳴った。ベルギーからリッチモンド港に入港した貨物船シリウス号のコンテナの中から、密航者の腐乱死体が発見されたという一報だ。ベントンの死後、彼女の胸中を察してか、近寄ろうとしない周囲に疎外感《そがいかん》を覚えていたケイは、休養をと叫ぶ電話の声を振り切って現場へと急行したのだった。しかし現場でマリーノと合流したケイは、刑事である彼の警官の制服姿にまずびっくりしたのだが、現場の様子のいつもと違うギスギスさにも不審感を抱いたのだった。そしてこの時から彼女の悪夢の時間が始まることとなった。

ケイに故《ゆえ》なき敵意を抱く絶世の美女、リッチモンド署副署長のダイアン・ブレイが全《すべ》ての原因だった。コンピュータも駆使できないオールド馬鹿《ばか》は無用とばかりにマリ

SCARPETTA
NASA
自家用ヘリコプター
スカーペッタ嬢も自分で操縦できる
利発と才気と勝気のP・コーンウェルは
宇宙飛行士がぴったりだ。

ーノを刑事から平巡査に降格させたのをきっかけに、次から次へとケイに対する嫌がらせや妨害が襲いかかってきた。その逆境に耐えながら、刺青《いれずみ》を頼りに死体の身元を洗うべくフランスへと飛ぶケイとマリーノ。浮かび上がってきた犯人像は「LOUP-GAROU（狼男《おおかみ》）」と名乗る極悪非道の殺人鬼であった。美男にはめっぽう弱いケイのフランスでの淡いロマンスを絡《から》めて、物語は健気《けなげ》に闘う彼女の悲壮感漂う女心を浮き彫りにしつつ、恐怖の中を結末へと読者を誘《いざな》う。

女性ハードボイルド時代の到来と騒がれたキャラクターは、読者の心を熱くし、長年にわたってのシリーズによって、ケイは恰《あたか》も実在の人物かのごとくに読者の心の中に顕在することとなったのだが、それは同時にマンネリ化にも通ずるものでもあった。作者の懸念《けねん》はここにあった訳で、ケイ・スカーペッタ・シリーズの七作目が出たあとで、九七年一月にリッチモンド警察を舞台としたケイの出ない新シリーズの第一作『HORNET'S NEST』（邦題「スズメバチの巣」講談社文庫）を発表したのだった。

今やシリーズ二本立てで読者を愉《たの》しませてくれることとなったP・コーンウェルはヘリコプターの操縦をマスターし、リッチモンド市の交通情報をヘリコプターを操ってリポートしたり、新作発表の日には書店の横にスカーペッタ号で舞い降りるというように、読者の度肝を抜くところも彼女らしい。その彼女の最新作は、ヘリコプターが大活躍するホーネット・シリーズの第三弾。その『ISLE OF DOGS』（邦題「女性署長ハマー」講談社文庫）なのだが、ブラック・ジョークにかけてはナンバー・ワンのC《カール》・ハイアセンよりももっとジョークがきつい本と書評誌に書かれて話題となった一冊だ。その冒頭の一節を紹介して終わりとする。

Unique First fit her name like a glove, or at least this was how her mother always put it.

2002. 3

超美女多作作家に脱帽――Danielle Steel

アメリカは今、女性作家の花盛り。前回に紹介したP《パトリシア》・コーンウェルはもちろんのこと、M《メアリー・ヒギンズ》・H・クラークやD《ダニエル》・スティールといった超ベテラン作家を筆頭に、A《アニータ》・シュリーヴ、A《アナ》・クインドレン、L《リザ》・スコットライン、J《ジャクリーン》・ミチャード、そしてM《ミネット》・ウォルターズといったように多《た》士《し》済済《せいせい》だ。実は僕が敢《あ》えて花盛りと書いたのには訳がある。というのも列挙した女流作家たち全員、いずれあやめか杜若《かきつばた》といった美女だということなのだ。まさに才色兼備な女性たちのハードカバーの写真を眺めては感嘆しきりといったところ。そこで今回からは、こうした美女作家たちを一人ずつ取り上げていこうと考えている。そして、その第一号としてピック・アップしたのが、中でも一流のモデルもこの人にはかなわないのではと思えるスタイルも抜群の飛びっきりの美女のD・スティールだ。

新作が出版されれば、必ずベストテンの上位にランクされる人気作家のD・スティール。最新作の『THE KISS』の見開きの頁《ページ》にずらりと列記されているこれまでの作品の数は五十六冊。つまり今回は五十七冊目なのだ。作品の多さにもびっくりするが、驚きはその全部がベストセラー小説だということだ。

作家は寡作《かさく》をもって良しとする、とまでは断じないまでも、多作の作家の小説の中身はきっと薄いに違いないと信じていた僕は、だからスティールの小説はベストテンのトップにランクされていてもずっと読まずにいたのだった。ところが約七年前に出版された『FIVE DAYS IN PARIS』(邦題「5日間のパリ」アカデミー出版)には俄《にわか》に食指が動いた。理由はパリ。初めて訪れる者にさえ懐《なつ》かしさを覚えさせる蠱惑《こわく》の街パリ。「五日間のパリ」というタイトルは僕の心をピリッと刺激したのだ。

超美女多作作家のお手並み拝見とばかりに読みはじめたら、見事に彼女の術中にはまって夢中になって読み切ってしまったのだから、「まいった」の一言につきる。

物語は、主人公ピーターの乗った飛行機がパリはドゥ・ゴール空港に着陸するところからスタートする。製薬会社を経営する彼は工場や研究所のあるヨーロッパを頻繁に訪れるのだが、パリは彼が最も愛する街であった。しかも今回のパリ訪問には特別な目的があった。長年の夢であった癌《がん》の特効薬「ヴィコテク」の製品化のメドが漸《よう》やくつきそうだったからだ。巨額の資金を投じた新薬が、パリ研究所の最終実験の結果次第では陽の目を見るところまでやっと漕《こ》ぎつけたのだ。彼は心躍る思いで常宿にしているホテル・リッツに旅装を解いたのだったが、まさかここで彼の人生を変えてしまう運命の女性と巡り逢《あ》うことになるとはまさに神のみぞ知るであった。

運命の女性とは、次期アメリカ大統領の最有力候補と目される上院議員の妻のオリヴィアであった。ホテル・リッツで偶然知り合った二人の間には灼熱《しゃくねつ》の恋が芽生える。人間の真実の愛とは？　本当に自分の心に添った生き様とは？　瞬間の出逢いの啓示から五日間で人生を決定的に変えてしまう運命の怖さと素晴らしさ。当時、アメリカの大きな社会問題となっていた薬害をも一つのテーマにしたこの作品は、ヒューマニズムと商算との相克という点でも読者の心を揺する。やさしい文章で判《わか》りやすく、テンポがあり、そして話が目茶面白いとあれば言うことなし。スティールはまさに一度頁を開いた人間を虜《とりこ》にして決して逃さない魔力を秘めたスッポン作家であることを発見したのだった。

以降この七年間に出版した本の数は九作。その衰えぬ創作エネルギーに心底脱帽しているのだが、最新作の『THE KISS』も前述のパリ物語と変らぬ男女の愛を描いた迫力ある物語だ。お話はパリの高級住宅街からはじまる。ヒロインのイザベルは四十一歳。パリの著名な銀行家の妻である彼女は結婚以来二十年間この地に住み、十八歳の娘と十四歳の息子に囲まれて主婦として日々忙しい毎日を送っていた。娘のソフィーは秋には大学へ進学する予定だが、未熟児で生れた息子のセオドアは肺の未発達に伴う心臓欠陥のために常人の生活ができず、学校に通えず、ずっと家にいたまま、母イザベルの献身的な介護を受けて辛うじて生きていた。イザベルは彼に溢《あふ》れんばかりの愛情を注ぐが、人生に完璧《かんぺき》を求める夫のゴードンは次第に息子を遠ざけるようになり、結果、夫婦の愛も年とともに薄らぎ、ついにはまったくの世間に向けての形だけの夫婦となっていた。そんなイザベルに運命の時が訪れた。夫、ゴードンのプリンストン大学の同級生としてあるパーティーで紹介された、アメリカ政界に大きな影響力を持つ莫大《ばくだい》なる資産家でもあるビルとの出逢いであった。権力者でありながら控えめで静かで知的なビルにイザベルは最初から魅《ひ》かれた。美術と音楽に共通の話題を見出《みいだ》した二人は、電話で話をするのがひそかな愉《たの》しみとなった。会話を重ねるにつれ、二人がベストパートナーであることを確信し、四年の歳月は二人の絆《きずな》を切っても切れないものにと育てていった。そして二人はついにロンドンで密会することとなったのだが、なんと運命はかくも過酷なのか。二人が初めてリムジーンの中でキスを交わしたとき、真っ赤なロンドンの二階建てバスが乗客を満載した状態で突っ込んできたのだ。瀕死《ひんし》の重傷を負った二人。だが奇跡的に命は取りとめた。そしてこのときから二人の茨《いばら》の道がスタートした。試練の愛の人生の幕開けだ。

二人に嵐《あらし》の如《ごと》き運命をもたらしたキスの瞬間のスティールの文章を載せて終りとする。

"I love you, Bill,"she whispered as he held her close to him,"... so very much...." And as she said the words, he put his lips on hers, and he was only sorry he hadn't done it before. It was a moment they had both waited a lifetime for, and it brought them closer than they had ever been. He kissed her as she put her arms around him, and time seemed to melt into space.

リズムあるやさしい英文はきっとあなたの読書欲をそそるに違いないと思うのだが……。

2002.4

虜《とりこ》になったら逃げられない——Anita Shreve

確率的には世界一安全な乗り物と言われながら、一旦《いったん》、事故が起った時には悲惨極まりない結果を招く旅客機。その事故の際には必ず、パイロットの操縦ミスが真っ先に問われることとなる。事故原因が究明されるまで、残されたパイロットの妻の心は……。いつも事故報道の陰にひっそりと隠れてしまうこうしたパイロットの妻にスポットを当てた小説を発見したとき、思わず買ってしまったのは、かねがねそんな思いが僕の心にあったからだ。タイトルはズバリ『THE PILOT'S WIFE』(邦題「パイロットの妻」新潮文庫)。著者はA《アニータ》・シュリーヴ。彼女の小説としては六冊目だということだが、僕にとっては初めての作家。「エスクワイヤー」誌や「コスモポリタン」誌でノンフィクション・ライターとしても活躍中で、短編集で賞を獲《と》っているというシュリーヴの巻末の写真を見て嬉《うれ》しくなったのは、北欧風ともいえる彼女の妖精《ようせい》のような際立《きわだ》った美女振りだった。

物語は深夜の突然のノックと犬の吠《ほ》える声からはじまる。夢の中にいたキャスリンは、完全に覚醒《かくせい》せぬままこの時刻に何事かと玄関へと急いだ。時刻は午前三時二十四分。ドアの前には一人の男が立っていた。その瞬間、キャスリンはすべてを了解する。パイロットの妻が最も恐れていた知らせがやってきたのだ。彼の説明によれば、夫のジャックの操縦する旅客機が百四名の乗員乗客もろともアイルランド沖に墜落したとのことだった。

この時から、幸せであった生活は一変した。悲嘆のどん底に突き落された彼女に更なる衝撃が加わった。事故原因は機内にあった不審物の爆発によるもので、ヴォイス・レコーダーの解析によれば、ジャックのフライト・バッグに原因があるやも、というのだ。夫の自殺行為を示唆《しさ》するかのような突然の報道に、キャスリンは動揺し混乱する。彼女には夫の自殺の理由がまったく思いつかないばかりか、最後に家を出たときも夫の身辺からそのような気配を毛ほども感じていなかったからだ。だがそんなある日、彼女は夫の衣類を整理しているとき、夫のズボンのポケットから女性の名前が書かれた小さな紙片を発見する。キャスリンの胸に不吉な予感が過《よぎ》る。彼女はその予感を振り払うためにも、傷ついた心を奮い立たせて自らその女性が何者であるかを探す旅に出る。しかし大西洋を越えた地で、彼女の悪《あ》しき予感が的中し、キャスリンは夫の隠された驚くべき世界に心ならずも踏み込むこととなったのだった。果してその世界とは……。

物語は現在と過去を行き来しながら、キャスリンの眼と心を通して静かな語り口で綴《つづ》られる。読者は淡々と綴られる文章の中から、ヒロインであるキャスリンの悲痛なる心の叫びを聞くこととなる。しかも息を飲むような意外な物語の展開は読者の心を凍らせる。ミステリアスな謎《なぞ》の世界に迷い込んだ彼女とともに、一喜一憂しながら人生の厳しい試練の時を体験してゆく読者。そこに作者としての並々ならぬ手練の技を感じたのだが、書評は賛否両論に分かれた。淡々と綴られる控え目の記述の底に真の力強さが隠されていて、この本は、あのサン＝テグジュペリの傑作航空小説『夜間飛行』のパイロットの妻版ともいえる素晴らしい小説だとする批評と、一方では、こうした小説を読みたがる女性読者層を当て込み、商売上手な作者が書いた「女性好みフィクション」の典型である、と決めつけたのは、女性評論家であった。さて、翻《ひるがえ》って僕自身の読後の感想はといえば、前述の賛否両論それぞれが実に至極もっともという感じで、作者にシンパシィを感じる読者はぐんとひきこまれるであろうし、ちょっと意地悪く醒《さ》めた目で見ると、いかにも女性の読者好みの本を当て込んでいるとも思える訳で、しかしいずれにせよ、読者の心を実にうまく捉《とら》える手練の技を持っている点では数少ない女流作家の一人であることに心底感嘆したのだった。

彼女の新作は二〇〇一年夏に出版された『THE LAST TIME THEY MET』（邦題「二人の時が流れて」扶桑社）。なにやらタイトルからして意味深で、ふと心誘われる点でいかにも商売上手と言われたシュリーヴらしいのだが、彼女の文章がどんなものなのか、書き出しの一節を先《ま》ず紹介することにする。

She had come from the plane and was even now forgetting the ride from the airport. As she stepped from the car, she emerged to an audience of a doorman in uniform and another man in a dark coat moving through the revolving door of the hotel.

ちょっと凝った文章だと思いませんか。簡潔ですが彼女独特の味わいがあります。SHEは、この物語のヒロインである、リンダ・ファロン。彼女は作家で、同じく作家である元恋人トーマス・ジェインズとこのホテルで開催される文学フェスティヴァルで計らずも鉢合わせすることとなった。というのも二人それぞれが、自作の朗読というとで、このフェスティヴァルに招かれていたからだ。しかし、トーマスはこの機会を狙《ねら》っていたのだ。彼女との愛を再び実らせるべきか、それとも過去の想《おも》い出の中に閉じ込めるのか、彼にとっては人生を賭《か》けた大問題であった。また、リンダにとっても人生を変えた大恋愛であった。物語は二人が最後に会ったときの会話をひもときながら過去へと遡《さかのぼ》り、現在の二人を検証してゆくという独自な手法で読者の心を虜にする。たったの一言が一人の人間の生涯をも左右する影響を及ぼすことの恐ろしさを、人生のミステリアスさをシュリーヴは見事な筆致で描き切る。愛情と寛容と行き場を失った出会いの物語なのだ。

2002. 5

心の魔性を白日の下に——Minette Walters

オリビア・デ・ハビランドと書いて、さっと反応してくれる人は果たして今、どのくらいいるだろう？　誠に心許《こころもと》ない思いがするのだが、僕にとって忘れがたいイギリス女優の一人なのだ。彼女が妹のジョーン・フォンティンと共に東京生まれであるということも忘れがたい理由の一つだが、あの不朽の名画「風と共に去りぬ」のメラニー役と、オスカーを受賞した「女相続人」での見事な演技が、知的で端正な美しい顔立ちと併せて心に焼き付いているのだ。僕が新刊のハードカバーを買う楽しみの一つは、好きな作家と写真で対面することにあると前にも書いたが、日本では『女彫刻家』（創元推理文庫）によってブレイクし、僕も大ファンとなったイギリスの女流作家、M《ミネット》・ウォルターズの写真を見たとき、思わず〝デ・ハビランドにそっくり!!〟と叫びそうになってしまったのだ。知性的でしかも温かみもあり、吸い込まれそうな魅力的な眼差《まなざ》しと、くっきりとした顔立ちの美貌《びぼう》。まさに彼女そっくりだと思ったのだ。僕は一段とこの作家に心を傾けながら、新作の頁《ページ》を開いたのが、彼女の五作目に当たる『THE ECHO』（邦題「囁《ささや》く谺《こだま》」創元推理文庫）で、五年ほど前のことであった。

物語の発端は、一九九五年七月のある夕方、ミセス・パウエルが自宅のガレージに車を停めたとき、不快感のするほのかな異臭に気づくところから始まる。隣家のゴミ箱かと思ったその匂《にお》いは、実は死人のものであった。

ガレージの奥に積み上げられた箱の陰に、男が死んでいたのであった。男の名は自称ビリー・ブレイク。ホームレスの男であった。

この小さな事件が、主人公である雑誌記者マイケル・ディーコンの取材によって思わぬミステリアスでサスペンスフルな方向へと動き出す。八年前に一〇〇〇万ポンドという大金とともに失踪《しっそう》して、新聞の社会面を賑《にぎ》わした銀行マンがいた。行き倒れで死んだホームレスのビリーこそが、その銀行マンではないのか、という疑惑が浮かび上がってきたのだ。もし、そうだとすると、あの大金の行方は？　また、第一発見者であるミセス・パウエル自身も得体の知れない謎《なぞ》の女性であった。彼女の正体は？　そしてビリーとの関係は……？　ディーコンの調査と追及によっていくつもの謎が現れては消えていく。

約二百年前のイギリスの詩人ウィリアム・ブレイクの詩を絶えず口ずさんでいたビリー・ブレイク。彼は自分の人生を、神にとり憑《つ》かれた詩人ウィリアム・ブレイクの詩に「ECHO」させて偽名を使っていたのか——。作者ウォルターズの多彩で該博な知識に裏打ちされて幾重にも張りめぐらされた伏線、鋭く抉《えぐ》り出される人間心理の綾《あや》、そして絶妙な筆致によるストーリー・テリング。天網恢恢疎《てんもうかいかいそ》にして漏らさずの譬《たと》えではないが、ごくごく些細《ささい》なことから次第に事件が明るみへと出てくる『THE ECHO』は、イギリス小説ならではのサスペンスの醍醐味《だいごみ》を満喫させてくれた最高の一冊であった。

決して派手さはないが丹念に構成された彼女の作品は読むほどに味わい深く、真実味が心の奥底にじわっと浸《し》みこんできて、いつも読後の余韻にとっぷりと心を漂わせることのできる点でも実に得難い、僕にとって貴重な作家の一人となったのだが、さらにこうした思いが一段と加速したのが『THE ECHO』の後の二作目となる『THE SHAPE OF SNAKES』（邦題「蛇の形」創元推理文庫）であった。

タイトルからして不気味さが漂う物語は、一九七八年十一月十四日、ロンドン郊外のテムズ河沿いの町、リッチモンドの冷雨降る夜に始まる。仕事を終えてうらぶれた住宅街に戻ったヒロインのレニラーは、家の前の側溝に女性が倒れているのを発見する。近寄ってみると、その女性はマッド・アニーと呼ばれて嫌われている、この住宅街で唯一《ゆいいつ》の黒人アンであった。アンは近所付き合いを一切せず、野良猫をたくさん集めた家からは異臭が漂い、昼間からカリビアン・ラムをあおっては路上でゴスペルを唸《うな》るといった行状のせいで近所中の鼻つまみ者であった。レニラーが彼女を抱き上げた瞬間、アンの口から壮絶な苦痛の叫びが洩《も》れた。瀕死《ひんし》の重傷であることを知ったレニラーはすぐに救急車を呼んだのだが、車が到着したときには既にアンは息絶えていた。その後、警察は聞き込み捜査の結果、車との接触による事故死と断定し、この発表に誰もが納得したのだが、レニラーだけは疑念を拭《ぬぐ》いきれずにいた。抱き起こしたとき、かつて一度も口をきいたことのなかったアンが、アイ・コンタクトで必死に何かを訴えようとしていたからだ。誰かに殺されたのでは？　レニラーは暫《しばら》くしてその疑念を夫のサムに打ち明けたのだが、なぜか彼は猛烈に怒り出し、事件の夜の話を拒んだのであった。

そして物語は一挙に二十年後の九九年へと飛ぶ。夫の仕事の都合で香港《ホンコン》、ケープタウンなど海外を転々としたレニラーは、久々にロンドンへと戻ってきた。彼女はその間もずっとアンの事件に関する資料を集め続けていたのだが、その執拗《しつよう》な調査と推理によって次第に事件の真相が姿を見せ始めたのだ。永遠に閉ざされたままのはずだった真実の扉が一人の素人《しろうと》女性の執念によって開き、邪悪な魔の手の存在が明らかとなってくる。それも実に些細なきっかけから……。

ウォルターズの筆致は、現実の事件のドキュメンタリーと錯覚させるほど、リアリスティックな迫力に満ちている。巧みな心理描写で人間の心に潜む魔性を白日の下に晒《さら》し、さりげない粧《よそお》いの中に横たわる恐るべき犯罪を暴《あば》き出す技はまさに彼女の真骨頂、いつも震えながら感動してしまうのだ。最後に、彼女のこの作品の中の印象的な一節を紹介して終わりとする。

"Why would your husband and Mr. Williams do that?"

I shrugged. "It was easier for everyone if she died in an accident. For the police, too. It meant no one had to address the issue of racism."

2002. 6

家族とは何か——Jacquelyn Mitchard

この人が推薦すれば必ずと言っていいぐらいに一〇〇万部は本が売れてしまうという、もの凄《すご》い女性がいる。彼女の名はオプラー・ウィンフリー。黒人女性である彼女はアメリカの並み居る各界著名人の稼ぎ頭たちの中でも一頭地を抜く存在で、毎年の収入は一億ドルを下らないというのだから、まさにスーパースター。その彼女の長年の夢は、〝大人になるまで、不幸な生い立ちの中で本だけが唯一《ゆいいつ》の友だった〟と語るように、超人気テレビ番組である自分のトークショウ番組を通じて全米各地に読書サークルを作り、一冊の本について熱く語りあいたい、ということであったという。そして約五年ほど前に番組の中で一冊の本を思いを込めて紹介したところ、あっという間に全米の書店の店頭からその本が消えてしまい、慌《あわ》てて出版元が増版に増版を重ねた結果、ヒット・チャートの十五位にあった本が一挙にごぼう抜きしてベストセラーのトップに躍り出たことは、今やアメリカ読書界の語り草となっている。彼女の推薦する本のほとんどが女性作家によるものばかりだが、「OPRAH'S BOOK CLUB」のマークが本の表紙に貼《は》られたり印刷されたりすれば、たちまち一〇〇万部近く売れてしまうのだから、この五年間にわたって彼女のアメリカ読書界に与えたインパクトは計り知れないものがある。

実は今回紹介するのは、オプラー女史が最初に番組で推薦したJ《ジャクリーン》・ミチャードの『THE DEEP END OF THE OCEAN』(邦題「青く深く沈んで」新潮文庫)。「オプラー女史の一声によるトップ」という記事に俄然《がぜん》興味を抱き、ミチャードとはどんな作家なのか、と急遽《きゅうきょ》アメリカから本を取り寄せたのは一九九六年のことであった。

物語はウィスコンシン州のマディソン市からスタートする。主人公ベスは、高校の卒業十五周年の同窓会に出席しようと、二人の男の子を連れてシカゴへと出掛けることとなった。この旅行にはレストラン経営者である夫のパットは反対で、写真家の仕事を放り出してゆく同窓会に子供まで連れてゆくことはないじゃないか、と最初はベスに抗議したのだが、結局はベスの言い分が通ったのだ。シカゴのホテルに着いたベスは、七歳のヴィンセントに三歳の弟ベンを任せて、チェックインの手続きをする。だが、そのほんの僅《わず》かの間に、ベンがいなくなってしまったのだ。

混雑するロビーを見回しても見当たらず、ヴィンセントに尋ねても要領を得ない答えが返ってくるばかり、ベスは狂乱状態となるが、時間が経《た》つにつれ、ベンが消えてしまったことが確実となってきた。警察が呼ばれ、ボランティアグループも加わってホテルの中は勿論《もちろん》のこと、周囲から近隣地域まで徹底的に探してもベンの姿は見つからない。やがてベンのはいていた赤い運動靴の片方が見つかった。紐《ひも》で結ぶ運動靴はめったなことでは脱げないはずだが、残された靴はきちんと蝶結《ちょうむす》びされていた。たった三歳のベンが結んだとは考えられないことから、ベンが消えてしまったのは誘拐事件と断定されることとなり、次第に騒ぎは大きくなり、全米がこの不幸な失踪《しっそう》事件を知ることとなった。

動転し、深い悲しみと絶望の淵《ふち》に沈むベス。懸命な捜査が続くが、全く手がかりはなし。天使のような可愛《かわい》い三歳の息子ベンが消えてしまったことで悲しみのあまりベスは自分の殻の中に閉じこもってしまい、夫のパットやヴィンセントともろくに会話をもたなくなってしまい、家庭は荒廃してゆく。母親として、妻として、女性として、彼女の心の中に生じたさまざまな心理と葛藤《かっとう》を中心に、精緻《せいち》な筆致で家族の愛と苦悩を見事に浮き彫りにしながら物語は進み九年の月日が流れるが、そんなある日、ある偶然の出来事からベンの身に何が起こったのか、その事実を知ることとなったのだ……。

オプラーの作品を見る眼はたしかであった。母心、女心そして家族愛に鋭いメスを入れたミチャードのデビュー小説は各書評誌からも絶賛を浴びたが、オプラーの一言であたかも燎原《りょうげん》の火のごとく、またたくまに全米に愛読者を広げ、六週間にわたってベストテンのトップの座を保持したミリオンセラーとなったのだった。

僕の大好きなジョン・フォード監督の映画「静かなる男」(「The Quiet Man」)でジョン・ウェインと共演した女優モーリン・オハラを髣髴《ほうふつ》とさせる赤毛の美女ミチャードの写真からは成熟した女性の色気も感じられ、しばし見惚《みと》れたのだが、このときから彼女は僕にとってアメリカ現代女性作家の中でも特に目の離せない作家の一人となったのだった。

その彼女の最新作は『THE REST OF US』『THE MOST WANTED』に続く四作目の『A THEORY OF RELATIVITY』。物語は主人公である二十四歳のゴードンがいきなり最愛の妹ジョージアと彼女の夫が交通事故で死亡したというショッキングな知らせに接したところからはじまる。実はゴードンはたった一人の妹であるジョージアが死の病に冒されていることを知り人生最大の苦痛を味わったばかりであったのに、その直後に起こった車の事故であった。あとに残されたのはジョージアの一人娘のキーファーであった。ゴードンと彼の両親は悲しみを癒《いや》すことからも最愛のキーフアーを心から親身になって献身的に世話するつもりであったが、誰がキーファーを育てるのか、最終的に結論の出ないまま、様々な問題にぶつかる。家族のアイデンティティーとは何なのか、ミチャードは家族の本質を子供への愛情を通じて解き明かそうとする。筆致は冴《さ》え、胸しめつけられるような悲しみと痛みに読者の心は押しつぶされそうになるが、やがてその中から家族再生の勇気と希望が次第に湧《わ》き上がってくる。冒頭の一節を紹介する。

They died instantly. Or close enough. Gordon, of course, knew that "instantly," in this context, didn't mean what it seemed to suggest : Several minutes would have passed inside the car after the impact, while the final tick and swoosh of Ray's and Georgia's heart-sent blood swept a pointless circuit, while muscles contracted loyally at the behest of a last volley of neurological commands. But there would have been no awareness, or only a few twilight seconds—and no memory.

2002. 7

〝ブリーズィー〟爽《さわ》やかな暖かさ――Carol Higgins Clark

母が美女なら娘も美女。その上、母親がアメリカを代表する推理作家なら、娘も同じミステリ作家とあれば、これはまさに〝蛙《かえる》の子は蛙〟の典型ということになる。もうすでに七年ほど前のこととなるが、夏の長期のヴァカンスを迎える読書家のためにと、いつもはベストセラー・リストは一五位までなのに、一六位から二五位までのハードカバーのランキングを特別にアメリカの書評誌が掲載してくれたときのことであった。どれどれ、どんな作家がいるのか、と名前と作品を確かめていくうちに、二三位のところでドキリとしたのだ。作家の名前はC・H・《キャロル・ヒギンズ》クラーク。そう、かのM《メアリー》・H《ヒギンズ》・クラークのまごうことなき実の娘の名前を発見したからだ。たしか、このときを遡《さかのぼ》ること二年ほど前のことであった。キャロルの処女作である『DECKED』（邦題「殺意の航海」扶桑社ミステリー）が出版され、ベストセラー・リスト入りしたばかりか、有名な賞の候補作としてノミネートされたことを知り、どんな本なのか読みたい、と痛切に思ったことがあったのだ。それは、彼女が作家であると同時に映画スターでもあり、テレビや舞台でも活躍している女優であることも知り、母親譲りの美貌《びぼう》とは？　そして小説のお手並みのほどは？と俄《にわ》かに野次馬根性が猛烈に湧《わ》いたからであった。だが、生来の瞬間湯沸かし器的な性格も手伝って、いつの間にか忘れてしまって久しかっただけに、今度は絶対に見逃すまいと取り寄せたのが、この二三位にランクされていた『ICED』であった。

ハードカバーの写真を見て、すっかり嬉《うれ》しくなってしまったのは、お母さんそっくりの美女振りであった。次回のコラムで、順序は逆になってしまったが、母親のメアリーを紹介するつもりでいるが、上品で知的で夢みるような大きな瞳《ひとみ》を持つ、ロマンチックな美女のメアリーに、まさにキャロルは生き写しなのだ。わくわくしながら『ICED』の扉を開いてまず気づいたのは、この作品が早くも彼女の三作目で、デビュー作との間に『SNAGGED』（邦題「たそがれ荘の受難」扶桑社ミステリー）がすでに発表されていることであった。そしてさらにこれら三作とも主人公がリーガン・レイリーなる女性私立探偵のシリーズ物であること、であった。

『ICED』の物語の舞台は、かつての銀の鉱山から、トレンディなスキー・リゾートへと変身したコロラド州のアスペン。この街でクリスマス休暇を過ごそうと私立探偵のリーガンが、ミステリ小説を書くことに夢中の母親（実の母親メアリーと重なって面白いところでもあるが）と人当たりの優しい葬儀屋である父親を伴ってこのアスペンにやってくるところから物語がスタートする。ところが、ヴァカンスのつもりでやってきたリーガンは、この地で起こった思わぬ事件の調査に乗り出すこととなってしまったのだ。その事件とは、なんと一〇〇万ドル以上という高価な名画、絵画が、このアスペンの街のシャレー風の高級コンドミニアムの一室から忽然《こつぜん》と消えてしまったのだ。やむを得ず調査を引き受けたのは、実は犯人と目された男がリーガンの知り合いで、宝石泥棒をはたらいたかどで三年の刑を受け、その刑期を勤め上げて先だって出所したのを、リーガンが更生のためにと彼に新たなる仕事をこの地に世話したばかりだったからであった。

彼の無実を信じて冤罪《えんざい》を晴らすべく行動を起こしたリーガン。さて、真犯人は？盗まれた絵画の行方は？ということになるわけだが、物語は謎解《なぞと》きのミステリ物語という形式ではなく、冒頭の章から犯罪を目論《もくろ》むカップルが登場したりする、いわば、事件解決に孤軍奮闘するヒロイン、つまり女性探偵リーガンの大活躍物語である。書評にも“Breezy style”(「そよ風のよう」)と書かれたように、軽快なリズム感のある読みやすい文章で綴《つづ》られた物語は、爽やかさと暖かさの中にスリリングさが醸《かも》されるといった感じで、母親のメアリーの小説の持つ独特の暗さとは対照的な明るさを持つ小説に、読後はまさにそよ風に包まれたような心地よさを覚えたのであった。

このあとキャロルは『TWANGED』、『FLEECED』と出版したが、注目すべきは一昨年の暮れの『DECK THE HALLS』(邦題「誘拐犯はそこにいる」新潮文庫)に続き二作目となった母親メアリーとの年末の合作小説『HE SEES YOU WHEN YOU'RE SLEEPING』。J《ジョン》・グリシャムが『SKIPPING CHRISTMAS』(邦題「スキッピング・クリスマス」小学館文庫)を昨年暮に特別出版し、大好評を博したのもこのメアリー、キャロル母娘の『DECK THE HALLS』の年末特別出版の成功に倣《なら》った感がなくもないのだ。メアリーとキャロルの新作の冒頭の一節はといえば、

There's nothing worse than listening to the sounds of preparations for a great party, knowing that you're not invited. It's even worse when the party is located in heaven, Sterling Brooks thought to himself. He had been detained in the celestial waiting room, located right outside the heavenly gates, for forty-six years by earthly count. Now he could hear the heavenly choir doing a run-through of the songs that would commence the upcoming Christmas Eve celebration.

——招かれないということがわかっている大パーティーの用意の音を聞くことほ

どつらいことは他にないが、それが天国でのパーティーとあればなおさらだとスターリング・ブルックスは心中ひそかに考えた。彼は天国の門の外にある天国の控え室に地球上で数えれば四十六年間も入れられたままなのだ。彼の耳には近づいたクリスマス・イブの儀式の開始を告げるであろう聖歌をリハーサルしている天国聖歌隊の歌声が聞こえていた。

とまあ、こういった書き出しから始まる天国のドラマは、本の扉に、この本は二〇〇一年九月十一日の米同時多発テロの犠牲者と、彼らを愛した家族と友人たち、さらに自らの身を省みずに救助に当った人たちに捧《ささ》ぐ、とあるように、彼らの魂を顕彰する、心暖まる爽やかさと善意に満ちた正義感溢《あふ》れる物語だ。メアリーとキャロルの爽やか母娘コンビだからこそ描ける天国物語は、サスペンスを手がけては他に比類なき名手のメアリーの技と、「ブリーズィー」と謳《うた》われたキャロルのほのぼのさが見事にミックスした絶妙の小品となっている。

2002. 8

ミステリの女王、登場——Mary Higgins Clark

本を読んでいるのに、まるで最高にスリリングなサスペンス映画を見ているような興奮にとらわれる。時々刻々と主人公に迫り来る恐怖の罠《わな》に脅《おび》え、スクリーンの前で、のどから出かける悲鳴を抑えて、まさにドキドキハラハラ。そんな思いで一気呵成《いっきかせい》に、それこそノンストップで読み終えたのが、M《メアリー》・H《ヒギンズ》・クラークのデビュー作『WHERE ARE THE CHILDREN ?』（邦題「子供たちはどこにいる」新潮文庫）であった。一九七五年のことだから、もう四半世紀も前のこととなるが、今もって当時の鮮烈な印象が折にふれ甦《よみがえ》るほどインパクトのあったデビュー作であった。この一作でクラークの大ファンとなった僕は、続いて発表された『A STRANGER IS WATCHING』（邦題「誰かが見ている」新潮文庫）、そして『THE CRADLE WILL FALL』（邦題「揺りかごが落ちる」新潮文庫）と、それこそ舌舐《したな》めずりする思いで彼女のフィクションを満喫し、見事な心理スリラーを堪能《たんのう》したのだった。いやあ凄《すご》い女流ミステリ作家が登場してくれたものだ、と僕は会う人ごとに彼女の本の面白さを話し、また話を聞いて読んだ人も絶賛するというように、一時クラーク熱は僕の周囲で最高潮に達したのであった。参考のために、『WHERE ARE THE CHILDREN ?』の一節を紹介しよう。

HE COULD FEEL THE CHILL coming in through the cracks around the windowpanes. Clumsily he got up and lumbered over to the window. Reaching for one of the thick towels he kept handy, he stuffed it around the rotting frame.

彼女の初期の三作品は、アメリカのミステリを代表する傑作だと現在も信じているのだが、どんな凄い作家にもマンネリというのか、パターン化というべきか、読者の心を失望させる時期が訪れるものだ。クラークも残念なことに、新作を一日千秋の思いで待ちかねては飛びつくように買い求めては読んでいったのだが、六作目の『WEEP NO MORE, MY LADY』（邦題「いまは涙を忘れて」新潮文庫）あたりから、なにやら物語が僕の頭の中で堂々巡りしはじめたのだ。期待していた、あの彼女の作品独特の息詰る思いの緊迫感溢《あふ》れるスリリングさが消えてしまった感じなのだ。その原因は彼女のミステリ創《づく》りの中で一番の得意技であったプロット運びが、六作を読む中にお決まりのパターンに見えてきて、一挙に新鮮さと面白さが失《う》せてしまったことにある。いつのまにか頁《ページ》を繰る手が止まってしまったのだ。あまりにも惚《ほ》れ方が激しかったために、その反動からか、恰《あたか》も百年の恋が一瞬にして醒《さ》めたように。ミステリ作家の最初の泣き処《なきどころ》だ。あのD《ディック》・フランシスにもあった試練の時だ。

以来、クラークの小説は、昔の恋人を遠くから眺めるように読まずにパスしていたのだが、十一作目の『REMEMBER ME』（邦題「リメンバー・ハウスの闇《やみ》のなかで」新潮文庫）が発表されたときは、するするとヒット・チャートのトップにランクされ、以後トップスリーを堅持し続けたその勢いに、昔の恋心がぐっと甦ってきて矢も楯《たて》もたまらず買い求めたのであった。七年のモラトリアムを経てのクラークとの再会は鮮烈且《か》つ強烈であった。

物語のヒロイン、メンリー・ニコルズは踏切での事故で二歳になる一人息子ボビーを失う。このときから彼女の心を四六時中苛《さいな》むのは愛する息子への罪の意識で、この呵責《かしゃく》の念はストレスとなり、夫との生活も次第にうまくいかなくなる。夫、アダムはハイランクの弁護士稼業《かぎょう》。しかし新たなる娘ハナの誕生でやや夫婦の間にも復活の兆《きざ》しが見えてくる。二人は結婚生活の立て直しを決心し、アダムは妻と娘の心の安定のために、自分の生まれ育ったケープ・コッドに家を借りることにする。その借家は十八世紀にはランドマークだった「リメンバー・ハウス」で、当時船長だった男が自分の花嫁のために建てた家であった。ところがこの家に移ってからは不思議な出来事の連続、さあそれからは……。

焼けぼっくいに火が点《つ》いた思いで、ぐんと円熟味の加わったサイコ・スリラーに、クラーク熱は再び前にも増して僕の心に鮮烈に甦ったのだった。

彼女の最新作は『DADDY'S LITTLE GIRL』（邦題「魔が解き放たれる夜に」新潮文庫）。

物語のヒロインであるエリーがまだ七歳だったとき、八歳年上の十五歳の姉アンドリアがニューヨーク州はウェストチェスター郡の田舎の村、ハドソン河沿いのオルダムにある自宅近くで何者かに殺された。そして三人の容疑者が浮かび上がった。一人は、アンドリアが密《ひそ》かにデイトを重ねていた、富裕で著名な家の出である十九歳のロブ。もう一人は彼女のスクールメイトでアンドリアに夢中であったポーリー。そして最後の一人が四十歳になる地元に住む便利屋の男ウィルであった。

アンドリアの死体が発見された、彼女が友達との秘密の会合場所として使っていた隠れ場所に両親を案内したエリーは、アンドリアが行方不明になった晩にこの場所を両親に教えてさえいたら、アンドリアが殺されることもなかったのにと両親にこっぴどく叱《しか》られ、責められた。しかしエリーの証言によって、ロブが第一級の殺人罪として捕らえられた。完全否定を続けたロブだが、結局二十二年間刑務所で刑期を務めたあと仮釈放されることとなった。このとき、アトランタ新聞の調査報道リポーターとなっていたエリーは、彼の出獄に猛烈に反対したものの、ロブは自由の身となりオルダムへと帰ってきた。エリーは身の潔白を証明しようとするロブの試みを阻止しようと同じくオルダムへと戻ってきて、彼の有罪をあらゆる手段を使って実証しようとするのだが、調査を進める中に、なんと恐るべき意外な新事実が浮かび上がってきたのだ。その新事実とは……。

犯罪によってずたずたに打ち砕かれた家族の肖像を見事な筆致で描くクラークの技は冴《さ》え、殺人者の揺れ動く心を捉《とら》える緻密《ちみつ》な洞察力からなる描写と相俟《あいま》って読者の心を虜《とりこ》にする。今回の物語はこんな出だしからはじまった。

WHEN ELLIE AWOKE that morning, it was with the sense that something terrible had happened.

2002. 9

元弁護士の描くハラハラドキドキ——Lisa Scottoline

「顔はその人間が何者であるかを現わす」とは哲学者マックス・ピカートの有名な言葉だが、アメリカ、イギリスの美女作家の中で、この人の笑顔ほど素晴らしいものはないと思うのが、L《リザ》・スコットラインだ。最初の出逢《であ》いはロスアンゼルスの書店であった。はにかんだ微笑と『MOMENT OF TRUTH』（邦題「代理弁護」講談社文庫）という題名にも気をひかれ、本を手に読み始めるや、彼女のはにかみの微笑《ほほえ》みの背後に鉄の意志が隠されていることを知ったのだった。

物語はフィラデルフィアの警察本部の小さな取調室の中からはじまる。著名な法律事務所の資産管理部門を担当する四十三歳の弁護士ジャック・ニューリンの前に、刑事が二人。ジャックは妻殺害の容疑で自白供述書を取られているのだが、彼の心は不安におののいていた。無理もない、いくら弁護士で口が達者とはいえ、ベテラン刑事二人を相手に嘘《うそ》で固めた殺人の告白をしようとしているのだから……。

前夜遅く、帰宅したジャックは居間の床に倒れている妻のホナーを発見した。彼女はなんとあろうことか鋭利なナイフで身体《からだ》の数ヶ所を刺されていて、既に息絶えていたのだ。この時、とっさにジャックの頭に閃《ひらめ》いたのは、殺したのは自分の娘のメイジに違いないという思いであった。ジャックがショックと悲痛な思いの中で必死に頭を働かせて考え出した結論は、娘の身代わりとして自分が殺人者になることであった。彼は、すばやく妻の血を自分の服になすりつけ、現場の状況を自分が犯人と断定されるようにしつらえ、周囲の状況をしっかりと確認した上で自ら警察に通報したのであった。

刑事を前にようやく自白を終えたジャックは、自分の嘘を確固たるものにするために、まだ新人で殺人事件の経験も未熟な駆け出し女性弁護士メアリー・ディナンツィオをあえて弁護士に指名した。ところが、ところが、ジャックの思惑は見事にはずれてしまったのだ。何もできないと思って弁護をゆだねたメアリーは、思惑に反して、見事な直観力と思考力と行動力を兼備した上に駆け引きや深慮遠謀にも長《た》けたまことに優秀なるルーキーだったのだ。

ジャックの自白になにやら不審を感じたメアリーは、「余計な詮索《せんさく》は止めろ、私がやったんだ」と叫ぶジャックの声を無視して、独自に調査をはじめたのだった。すると調査を進めれば進めるほどメアリーの前に、次々と意外な事実が浮かび上がってきた。自分でも母親を殺したと信じ込んでいた十六歳の娘メイジ。だからこそ娘の罪を背負い込んだジャックなのだが、娘の思い込みの陰には強烈なドラッグが存在し、しかも殺された母親にはなんと莫大《ばくだい》な遺産があったのだ。一歩一歩、事件の核心に近づいていくメアリーに、いつのまにか危険が迫ってくる……。果して彼女は無事に事件を解決できるのか……。

女性の新人弁護士の闇雲《やみくも》の奮戦記ともいえる懸命な活躍はハラハラドキドキの連続で、新鮮な驚きとサスペンスに満ちていて引き込まれる。しかも誠意と叡智《えいち》に溢《あふ》れた筆致は登場人物たちの心の動きを真っ向幹竹《からたけ》割りのごとく、すっきりと解剖してくれる。あの恥かしげにはにかんだ姿の作者が、かくも眩《まぶ》しい素敵な小説を生み出してくれるとは……。

そして彼女の経歴を巻末で知って大いに納得したのだった。リザは、J《ジョン》・グリシャムやS《スコット》・トゥローたちと同じく現役のバリバリの弁護士から作家に転身した一人だったのだ。実際の弁護士稼業での様々な実体験に裏打ちされた物語は読者の心を摑《つか》み、真実味は心を揺する。この本が彼女の七作目の作品であることを知り、慌《あわ》てて書店へと過去の作品を求めて走ったのは三年ほど前のことであった。以来、彼女の新作を待ち侘《わ》びては読んでいるのだが、最新作はこの春に出版された九作目の『COURTING TROUBLE』。今回も物語のヒロインである女性弁護士の大ピンチを切り抜ける見事な戦い振りを描くサスペンス・スリラーをいつものように愉《たの》しく、ハラハラドキドキしながら堪能《たんのう》したのだった。

Anne Murphy barreled through the bustling lobby of the William Green Federal Courthouse, her long, auburn hair flying. She was about to do something crazy in court and couldn't wait to get upstairs. If she won, she'd be a hero. If she lost, she'd go to jail. Anne didn't think twice about the if-she-lost part. She was a redhead, which is a blonde with poor impulse control.

物語は法廷に駆け込む二十八歳の女性弁護士アン・マーフィの記述からはじまる。もし、勝利すればヒーローだが失敗すれば監獄入りするという彼女がこれからやろうとする法廷でのクレイジーな行動とは何なのか？　その中身をここでバラすことはお楽しみがなくなるので避けるが、彼女はセクシャル・ハラスメントを扱ったこの日の裁判で、見事、クレイジー作戦が成功し、弁護士として大勝利を勝ち獲《と》った。しかし、この裁判は彼女にとってほんの小手調べ、ルーキーとしての資質を問われる大きな裁判が七月四日の独立記念日、ウィークエンド休暇のあとの火曜日に控えていた。たまたま留守番をしてくれるという絵描きのウィラに愛猫《あいびょう》メルを預けて勇躍下準備のため、ジョージアの海辺へとやってきたのだが、土曜日の朝、いつものジョギングを爽《さわ》やかな海沿いの道で済ませたアンは売店で売っている新聞の写真と見出しを見て驚いた。彼女の顔写真が大きく載っている新聞には「女性弁護士殺害される」とあった。

自分はここにいるのに、なぜ殺されたことになったのか？　答えは一つ、留守番のウィラが殺され、アンと見間違えられたことしかない。このときとっさに彼女の頭に浮かんだ恐怖は、アンへのストーカー行為が高じて刑務所入りしているケヴィンのことであった。彼女は、犯人がケヴィンなのか、殺されたのが本当にウィラなのか探るため、自分は死んだことにされていようと決めたのだった。

Play dead.

For now, it was the only way to stay alive.

かくして弁護士アンの見えない敵との戦いがはじまったのだ。

2002. 10

スリルとロマンス！——Iris Johansen

アンデルセンの童話から抜け出したような妖精《ようせい》を思わせる北欧風の美女作家Ｉ《アイリス》・ジョハンセンに出逢《であ》ったのは二年半前のアメリカはマイアミの路上でのことであった。この日、三月末とはいえ、もう真夏の雰囲気の、太陽の光が燦燦《さんさん》とふりそそぐ昼下がりのマイアミ市のメインストリートを歩いていたとき、僕の目は颯爽《さっそう》とこちらに向かって歩いてくる一人の熟年女性に釘付《くぎづ》けになった。何と素晴らしい姿なのだろう。カンカン帽らしき麦ワラ帽には可愛《かわい》らしい花が飾られている。僕はこれぞマイアミ族の典型かと、暫《しば》し立ち止まって見惚《みと》れてしまったのだが、目がふとある一点にとまった。なんともう一人の美女がこちらを向いているではないか。それは手提げのバスケットから半分以上外に出ているハードカバーの裏表紙に載っている女流作家の顔写真であった。

僕はハードカバーが素敵なアクセサリーとなっていることに感嘆しながら、一体このニンフのような美女作家は誰なのか？と見知らぬ作家への興味と熟年女性の愛読する本への興味にひかれて慌《あわ》てて彼女を斜め後ろから追尾して、タイトルが『THE SEARCH』（邦題「爆風」二見文庫）であることを知り、その足で書店へと駆け込み探し当てて本を買い求めたのだった。

物語はトルコのバラトという小都市から始まる。四日前の地震によって壊滅状態となった街中の或《あ》る崩落寸前の家屋の中で必死に生存者を探す、この物語のヒロインであるサラと彼女の手足となって働く救助犬のモンティ。サラとモンティはアメリカ国内災害救難救急隊ATFのK－9の一員としてこれまで数々の救助活動をアメリカ国内のみならず世界的にも行ってきたが、モンティは長いこと閉じ込められている老人や子供たちを得意の嗅覚《きゅうかく》と勘で探し当て、沢山救い出している雄のゴールデン・リトリバーなのだ。モンティは何かを発見して鳴き声をあげ、サラに知らせた。危ないからすぐに家を出なさいとの上司の再三にわたる警告を無視して捜査に当たっていたサラは、さらなる制止の声を振り切ってモンティに近づき、重なっている石を懸命に取り除くと、そこにはロザリオをしっかりと握りしめた女の子の手があった。しかし彼女はすでに死後二日を経過していた。到着以来、三十六時間以上を不眠不休で生存者捜索に携わっていたサラとモンティは漸《ようや》く上司の命令に従い一旦《いったん》作業を打ち切ることにしたのだが、このサラとモンティに突然予想外の仕事が飛び込んできた。

話は一転して中南米はコロンビアのサント・カマロへ移る。今しも、密林を切り拓《ひら》いた土地に建てた最新鋭技術を網羅した秘密情報センターの灰燼《かいじん》と帰した焼け跡に呆《ぼう》然《ぜん》と立ちつくす社長のローガン。襲撃されたのは二日前のことであった。彼に個人的な深い恨みを抱くラザックが、ローガンの最新施設を狙《ねら》って復讐《ふくしゅう》の攻撃をしかけてきたのだった。死者は四人、重傷者二人、そしてこの時センターを任せられていたバセットはラザック一味に拉致《らち》され、いずくともなく連れ去られていた。佇《たたず》むローガンの手には襲撃者がラザックであることを彼に知らせる二人にとって因縁《いんねん》の古代エジプトの深紅に光るルビーのスカラベが握られていた。

バセットを人質にして多額の身代金《みのしろきん》を要求するのか、ラザックの次なる行動を待つ中で、ローガンは何が何でもバセットを探し救い出すことを決心したのだが、この危険で困難な仕事を頼めるのはサラとモンティしかいないことを確認したのだった。ローガンとは旧知の仲であったサラは、彼からの依頼をにべもなく断った。黒い取引も辞さないローガンを日頃から嫌っていたからだ。彼との付き合いはサラの親友であり、この物語のもう一人のヒロインである遺体の頭蓋骨《ずがいこつ》から顔を復元する第一人者のイヴによるもので、ローガンは短い間だがイヴの愛人であったからだ。かたくなに拒否するサラに、ローガンは裏の手を使って上院議員のトッドに手を廻し、サラに圧力を加えた結果、彼女は止むなくバセット捜査のローガン・チームにモンティとともに加わることとなったのだ。

安全をすべて保証すると言ったローガンの言葉は単なる空手形であった。密林に分け入り捜査を開始したサラとモンティの前には想像を超えた危険が待ち構えていたのだ。ローガンへの復讐に燃えるサディスティックで狂気の復讐鬼ラザック、果たして死の嵐《あらし》をまぬがれることができるのか……。しかもサラとローガンには予期せぬ出来事が待っていた。

書評誌に、稀《まれ》なる男性読者向けの女性小説と書かれたように女性の心を爽《さわ》やかに掬《すく》った物語はサスペンスフルな展開と相俟《あいま》って男心を揺する独特の一編だ。

さてアイリスの最新作は、今年四月に発売された『BODY OF LIES』（邦題「嘘《うそ》はよみがえる」講談社文庫）。今回のヒロインはサラの親友である復顔像製作の専門家のイヴ・ダンカン。名もない遺体の骨から、その人間を割り出し、名前を特定し犯罪もまた白日の下に晒《さら》す彼女の日常の仕事は死と向き合うことだが、今回の事件は彼女自身のみならず家族や彼女の身近な回りの人間をも死の恐怖に晒すこととなったのだ。事の発端はアメリカ上院議員メルトンからの電話であった。なんとしてでもイヴに身元不明の殺人犠牲者の身元割り出しに協力してくれとの強い要請であった。現在のせっかく勝ち獲《と》った平和な生活を今更よその仕事で乱したくないし、現在の手持ちの仕事で一杯だからと断る彼女だったのだが……。

“No, Senator Melton.” Eve said firmly. “I’m not interested. I have enough work to keep me busy for the rest of the year. I certainly don’t need any more.” “It would help us enormously if you could see your way clear to changing your mind. It’s a very sensitive situation and we need your help.” The senator paused. “And, after all, as a citizen, you do have a patriotic duty to—”

結局、事件を引き受けざるを得なかったイヴなのだが、ルージュ・バトンと名づけられたプロジェクトに参加した彼女は暫《しばら》くして気づいたとき激しくも恐ろしい身も凍る陰謀の真只中《まっただなか》にいることを知ったのだった。果たしてイヴの運命や如何《いか》に……。

2002. 11

コーンウェル以上?!——Kathy Reichs

ヘリコプターも操縦してしまうというP《パトリシア》・コーンウェルの才媛《さいえん》ぶりは、以前のこのコラムで紹介したが、彼女を一躍人気ベストセラー作家にのし上げたのは、読者の意表を衝《つ》いた新鮮なキャラクター女性検屍官《けんしかん》ケイ・スカーペッタを主人公にしたクリミナル・スリラー・シリーズであった。今やシリーズも十三回目を数え、ケイはもはや読者にとって忘れ難い馴染《なじ》みのキャラクターとして定着したことはご存知のとおりだが、このコーンウェルとケイにとって大変な強敵が現れたのだ。

そのライバルの作家はK《キャシー》・ライクス。ヒロインの名はテンペ。彼女の三作目の『DEADLY DÉCISIONS』（邦題「骨と歌う女」講談社文庫）が発表されたときの書評を見て驚いた。〝今でこそライクスの作品はコーンウェルのケイ・スカーペッタ・シリーズのような小説と紹介されているが、いずれ近い将来、コーンウェルの方がライクスのようなと紹介されるであろう〟と書かれていたからだ。彼女への評価がとても高いことをあらためて知ったのだが、この三作目に関しては後述することとして、僕がライクスのことを知ったのは、ひょんな出会いからであった。

三年前の春先、アメリカを訪れていた僕は、アトランタの書店で何か面白いハードカバーはないか、と目をきょろきょろと書架に並んだ本の背表紙に走らせていた。すると、何やら気になる見知らぬ作家の名前が目に飛び込んできた。KATHY REICHS。問題はREICHSであった。独文科で育った僕の頭の中にとっさに浮かんだのは「ドイツ帝国」を意味するドイツ語読みのライヒスであった。なんとまあ強烈な名前だわい、と本を書架から引き抜いてタイトルを確かめたら、そこには英語とフランス語の混ざった『DEATH DU JOUR』(邦題「死の序列」角川書店)とあった。名前がドイツでタイトルが英仏ミックスとはこれ如何《いか》に、ではないが、なにやらとても興味を惹《ひ》かれて本の中身を調べたら、それこそコーンウェルのスカーペッタのお株をそっくり奪うような女性法人類学者をヒロインにしたクリミナル・スリラーであること、しかも作者のライクス自身が物語のヒロインと同じく正真正銘のこの道の世界的権威の医学博士であることを知って大興奮したのだ。法人類学者である女性作家ライクスとは、一体どんな風貌《ふうぼう》をしているのか、と裏表紙の写真を見たら、そこには僕の青春時代の忘れ得ぬ映画の一つであるフェデリコ・フェリーニ監督の「道」でジェルソミーナ役を演じた、かの名女優ジュリエッタ・マッシーナにそっくりの女性がにっこりと微笑《ほほえ》んでいるではないか。僕は懐《なつ》かしさに思わず本を胸に抱きしめた。

P・コーンウェルの『検屍官』、T《トマス》・ハリスの『羊たちの沈黙』、M《ミネット》・ウォルターズの『女彫刻家』と肩を並べる作品だ、と書評の載っている彼女の二作目の『DEATH DU JOUR』。作者自身が法人類学者としてアメリカのノースカロライナ州とカナダのケベック州の二ヶ所を基点として日々活動している姿をそのままヒロインであるテンペランス・ブレナンに引き写した感がある小説は、実際の体験からなる緻密《ちみつ》な描写によって読者に強烈なるインパクトをもたらすことは勿論《もちろん》、通称テンペと呼ばれるヒロインのキャラクターもまた爽《さわ》やかで品格があり、専門である骨の鑑定で埋もれていた人格を再現する技によって暴かれる犯罪は迫真のリアリティを生み出している。本物の医学者の作家の登場にごくりと生唾《なまつば》を飲む思いで大拍手したのだ。

さて、コーンウェルを凌《しの》ぐ、とあった三作目だが、物語は、九歳の女の子エミリーがカナダはモントリオール市の路上で無残にも射殺され、その遺体の検証から始まる。さらに続いて今度はアメリカのノースカロライナ州に住む十代の女の子が家から姿を消したあと、一〇〇マイル以上も離れた場所からその白骨の一部が見つかった。テンペは、幼く若い女性の死を嘆き、猛然と怒りにふるえ、この事件を検証してゆくうちに、とてつもない無法者の悪の集団であるバイク・ギャングたちの世界へと足を踏み込むこととなった。果たしてテンペが立ち向かった悪との対決の先にはどんな危険が待ち受けているのか？　今回も二作目と同じく、読みながら絶えずコーンウェルのケイと心の中でテンペを比較している自分に苦笑してしまったのだが、ケイに較《くら》べて人間的な破綻《はたん》が全然ないとも言えるテンペが少し知的過ぎて物足りないような気がしたのだ。しかし物語の出来栄《できば》えは見事で、キャラクターではコーンウェルがやや勝り、プロットではライクスがやや勝るといった感じで、両者のこれからの激突がとても愉《たの》しみとなったのだ。

ということで、今やコーンウェルのケイ・シリーズと同じく目が離せなくなったライクスのテンペ・シリーズ。その四作目に当たる新作のタイトルには『GRAVE SECRETS』。その冒頭の一節を紹介すると……。

“I AM DEAD. They killed me as well.” The old woman's words cut straight to my heart. “Please tell me what happened that day.” Maria spoke so softly. I had to strain to catch the Spanish.

今回の物語の舞台は中央アメリカのグアテマラ。首都のグアテマラ市から北西百二十五キロにある六〇〇〇フィートの高地にあるチュパン村を訪れたテンペ。二十年前にこの村で起こった大量虐殺《ぎゃくさつ》事件と思われる不幸な出来事を調べるためにグアテマラの法人類学財団から招かれてこの地に来たのだ。二十年前の夏のある朝、兵士の一団が村に乱入してきたのだ。そこで何が行われたのか？ 五つある墓地の一つ、二十三人の女性と子供たちが葬《ほうむ》られているといわれる場所でテンペはコテを使って冷たく凍った湿った大地を掘っていった。記録は何も残されておらず何人埋められているかも分からない。地面はマホガニー色から墓地特有の黒さに変わった。灰と黒焦《くろこ》げの燃えかすが出てきたからだ。コテがこつんと何か固いものに当たった。それは二歳にもならない子供の骨であった。テンペによって次第に無法の実態が暴かれていくが、それを知られてはまずい大きな組織が動き出した。テンペの身に迫る死の危険、果たして彼女の運命は……。

サンデー・エクスプレスに“Better than Patricia Cornwell”と書かれたテンペの物語は、これからが益々《ますます》楽しみだ。

2002. 12

爽《さわ》やかにして斬新《ざんしん》……――Anna Quindlen

『BLACK AND BLUE』（邦題「黒と青」集英社）というタイトルが目に飛び込んできた瞬間、思わず立ち止まった。四年半ほど前のニューヨークはマンハッタンのバーンズ&ノーブル書店でのことであった。かのフランスの名作、スタンダールの『赤と黒』と『黒と青』が頭の中で交錯したからだ。〃ヘェー、『黒と青』とは一体どんな小説なのか？〟、手にとって作家の名前を見ると、A《アナ》・クィンドレンとあった。本を裏返すと、そこには叡智《えいち》のひらめきをたたえた素敵な瞳《ひとみ》の女性が爽やかな笑顔でこちらを見つめていた。知性の溢《あふ》れた笑顔にひきこまれるようにハードカバーの頁《ページ》を開くと、冒頭の文章は、“The first time my husband hit me I was nineteen years old.”とあった。

〝十九歳のとき、はじめて夫に殴られた〟の書き出しではじまる物語にこちらはぐんぐんとひきこまれ、気がついたときには、二十分近くも立ち読みをしてしまったのだった。

アメリカの小説に夢中になっている僕が、どうにも悲しみと憤《いきどお》りで心のやり場に困る作品にぶつかることがある。それは、妻や子どもに暴力をふるう一家の主の物語、逆らうことのできない弱者をいじめる家庭内暴力、いわゆるDVを扱った物語だ。アメリカでもっともポピュラーなベストセラー女流作家である、このコラムでも取り上げたD《ダニエル》・スティールやM《メアリー》・H《ヒギンズ》・クラークは、しばしばこの問題をテーマに小説を発表し、今やアメリカの現代を象徴する悲劇といった感さえあるので、クィンドレンの『黒と青』も同じテイストの小説かと読み出したのだが、誇張を感じさせない静かな語り口と精緻《せいち》な筆致で丹念に綴《つづ》られる物語は恐ろしいまでのリアリティがあり、家庭内暴力を扱ったこれまでのどの小説とも違う迫真力に心を奪われたのだった。

物語は、この小説のヒロインでナレーターでもあるフラン・ベネデットが一人息子のロバートを連れて、そっと家から逃げ出す場面からスタートする。彼女は看護婦で、夫のボビーはニューヨーク市警の警官。二人は芯《しん》から惚《ほ》れあって、熱烈な恋愛の末に結ばれたのだが、結婚後、夫は暴力をふるうようになり、フランはそのことで苦しんでいた。

鼻骨を折られ口唇《くちびる》を切り、顔中血まみれになるまで殴打《おうだ》される。それでも彼女は夫への愛情を棄《す》てきれず、そんな父親とは知らずに慕う息子や職場の人たちにも、また母や妹にも打ち明けられず、〝暗闇《くらやみ》のキッチンで転んだ〟〝階段で落ちた〟などと嘘《うそ》をつき通して、この日まで耐えて来たのだ。

だが、またしても手ひどく殴られたフランは、このままでは息子にも嘘をつき通せないばかりか、自分の女性としての、人間としての尊厳と心が死んでしまうことを悟り、ついに夫のもとを去ることを決意したのだ。実はその背景には、病室でフランが世話をした患者から聞かされた、そうした夫の暴力に悩み苦しむ女性たちに救いの手をさしのべる全米組織の存在があった。

半信半疑の思いで電話してきたフランの訴えに組織は速やかに反応した。フロリダ州中部の小さな町に隠れ家を提供し、名前もエリザベスと変えて住むことに手筈《てはず》が整えられた。新たな人生を歩み出すフラン。組織が斡旋《あっせん》してくれた病人のホーム看護の仕事も順調に進み、心と体の傷も次第に癒《い》えていくのだが、なんと、この平穏な幸せの日々にも夫の影が忍び込んできたのだ。果して、彼女は夫から逃げ切れるのか……。

フランの心を通して語られる文章は、静かなトーンの陰に秘められた燃え立つような情熱を感じさせる。結婚とは。人生とは。微妙に揺らぐ女心、一つとして簡単には白黒をつけられぬ人間の心の難しさと不確かさ。その複雑な心理の綾《あや》の中で新しく女性として生まれ変わっていくフランの内面の変化が心憎いばかりに見事に描写されている。

爽やかにして斬新、叡智《えいち》と真実に満ちた人生と結婚を扱ったクィンドレンの物語は、希望を失った単なる論争家として女性を描いているのではなくて、自分の愛する者のために、また自分自身のために、知性ある人間として、どう戦って正しい道を選ぶかを、真の女性のすがたで描き切っているのが素晴らしい、と書評でも絶賛された。

さて、その彼女の新作小説は、『BLESSINGS』。物語は、ティーン・エイジャーの若きカップルの車内からはじまる。七月二十四日の明け方近い深夜、エンジンを切りヘッドライトを消した車は静かにある一軒の家へと向かうマカダム舗装道路の坂道を滑っていった。湖とも思える大きな池の畔《ほとり》にポツンと建っている広い屋敷の持主は、この本のタイトルともなっているブレッスィング家のリディア・ブレッスィング。屋敷横にあるガレージの前に車を駐《と》めたカップルは、後部座席からドリンク・コークと赤く書かれたカードボードの箱を持って降り、ガレージの二階にある部屋へと通じる階段の前にそっとその箱を置き、さっと車に戻り逃げ去った。まさにこの瞬間からブレッスィング家の世界ががらりと変わることとなったのだ。朝まだき、早くも一日の仕事のために起き出したこの家の使用人であるスキップ・カディは、部屋から降りた階段下で箱を発見し、中身をのぞいて驚いた。なんと、中に女の子の赤ちゃんが眠っていたのだ。カディは密《ひそ》かに彼女を自分の手で育てることを固く決心したのだが、この屋敷と広大な土地をしきる女家長であるリディアもまた自分のある思いから、彼女の子を育てるのを応援しようと決心したのだ。カディとリディア、生まれも育ちも違えば境遇もまったく違う二人が、なぜ棄てられた女の子を育てようと決心したのか？　物語は二人の秘められた過去を次第に浮き彫りにしながら、何が人格を形成するのか、何が正義で何が不正なのか、を解き明かし検証しながら、愛情、救済、人生とは？——を静かなタッチで克明に描く見事な感動の物語となっている。

クィンドレンの文章がどんなものなのか、ある一節を添えておく。

The house sat, big and white, low and sprawling, in a valley of overgrown fields, its terrace gardens spilling white hydrangeas, blue bee balm, and bushy patches of catnip and lavender onto a flagstone patio that ran its length.

2003. 1

内科医の冴《さ》えた筆致――Tess Gerritsen

好きになった作家との出逢《であ》いは実に様々で、その一つ一つが愉《たの》しい想《おも》い出となっているが、今回紹介するT《テス》・ジェリッツェンの場合も、ちょっといつものパターンとは違っていた点で特に印象深い一人だ。というのは、作者が女性であることを、本の途中までまるで気がつかなかったからだ。

最初に手にした本は『THE SURGEON』（邦題「外科医」文春文庫）。一昨年、パリの空港で、日本へ帰る飛行機の中で読む面白い本があれば、と探していたとき目にとまったのがこの本であった。タイトルが『外科医』とあまりにもシンプルだったことに興味を惹かれたのだ。搭乗時間が迫っていたこともあって、何も吟味することなく買うことを決断し、さっさと機内の人となったのだが、読み始めたら本から目が離せなくなった。大ヒットだったのだ。

物語は、イタリック体で書かれた犯人の独白のプロローグから始まる。自分の殺した女性の死体が、今日、どのような経緯を辿《たど》って発見されるか、を頭に描いて楽しんで書いた記述だ。今朝早く、殺した女性の勤め先であるトラベル・エージェンシーでは、いつもきちんと出勤してくるダイアナがいつまでたっても会社に現れないのに不審を抱く。何かあったのか、と同僚の男性が彼女の家に何度電話しても何の応答もない。次第に不安になった彼は上司に相談し、許可を貰《もら》って住まいを訪ねる。管理人とともに部屋に入り、寝室を覗《のぞ》いたとき、彼らは彼女の惨殺《ざんさつ》死体を発見し仰天する。パトカーのサイレンが鳴り響き、警官が殺到する。ほんとうなら、その現場に立ち会いたいのだが、俺はそんな誘惑に負けてむざむざ捕まるような阿呆《あほう》じゃない。高くなった朝日が窓から明るく差し込むボストン郊外のスターバックスでコーヒーを飲みながら、俺の心はあの殺人現場の寝室へ帰りたい欲望にじっと耐えている。俺は絶対にミスを犯さないユリシーズ様さ。俺のやることはパーフェクトだ。今日死体は発見される。

　こうした犯人の独白でスタートした物語の第一章は、その一年後の新たなる犠牲者の法医学解剖から始まる。執刀医のまわりに集まったのはボストン市警の殺人課の刑事たちで、担当主任刑事はトーマス・ムーア。彼は、折角のヴァケーション先から急遽《きゅうきょ》呼び戻されたのだ。死体を挟んだ向かい側には、殺人課でたった一人の女性刑事で、この物語のヒロインである三十三歳の黒髪で小柄なジェーン・リゾリがいた。

　被害者の女性はパートナーと二人で花屋を経営するエレナ。いつもは朝六時には必ず店を開けているのに、この日は現れず、不審に思った兄によって家で死体が発見されたのは朝の九時過ぎであった。死亡推定時刻は、真夜中の零時から朝の四時までの間であるが、彼女の身辺には男性の影もない。彼女は、潔癖と仕事熱心で近所でも評判の一人住まいのカソリック教徒であった。

　家はまったく荒らされた形跡はなく、宝石類も一切盗まれていない。ただ特異なのは、全裸の姿で手足と口を強力な粘着テープで固定され、しかも生きたまま子宮を抉《えぐ》り取られた上で、最後にとどめの一撃をのどに受けて殺されていることであった。まさに一年前に殺された三十歳の一人住まいの女性ダイアナとまったく同じ手口であった。両者とも腹部の傷は見事に処理されていて、外科医でもなければ、いや、それ相応の熟練した技術を持っていなければできない子宮摘出手術であった。子宮の行方はわからず、その残忍な手口、強姦《ごうかん》し、生きたまま女性を切り刻む犯人の非情さと異常さに怖気《おぞけ》をふるいながら、犯人はボストン市のある病院に勤める医師なのでは？と刑事たちは推測した。

ところが犯人捜査にあたったムーアとリゾリは、驚くべき事実を発見した。それは、二年前に同じ手口で殺されかけた美人医師キャサリンの存在であった。テープで固定され強姦された彼女は、腹部を切り刻まれる寸前に、犯人を銃で撃ち殺したのだ。彼女の過去はミステリアスで謎《なぞ》に包まれているばかりか、新たにこのたび登場した殺人鬼からも命を狙《ねら》われていることがわかったのだ。犯人は彼女の過去にも現在にも精通しているようだが、果して死んだはずの犯人が復讐《ふくしゅう》のために生き返ったのか……。物語は新人女性殺人課刑事リゾリがセクシャル・ハラスメントを含めた殺人課の男性刑事たちとの確執の中で、孤軍奮闘しながら犯人を追いつめてゆく姿が心理面の描写とともに克明に描かれていて、心を掬《すく》われる。冷静な語り口と医学面でのディテールの描写力の凄《すご》さと女心の動きを見事に浮き彫りにする筆致の冴えに、もしや、と途中で調べたら、やはり、作者のジェリッツェンは女性で、しかも内科医であったのだ。

物語のあまりの恐ろしさと面白さに、引き込まれるようにして本文に熱中してしまったのだが、本の裏表紙には、S《スティーヴン》・キングの〝この本を読んだら電気代がかさみますよ、なぜってジェリッツェンの本を初めて読む人はきっと一晩中起きていることになるから〟との称賛の言葉が載っていたのを見て、思わず〝その通り〟と心の中で手を叩《たた》いたのだ。彼女の最新作のニューヨーク版『THE APPRENTICE』には写真が載っていた。アジア系の美女であることを知って意外であったが、その知的で神秘性をたたえた瞳《ひとみ》と意志の力を感じる口元は想像通りであった。

さて、今回もジェリッツェンは読者を恐怖のどん底に陥《おとしい》れる。真夏のボストンにまたもや異様な殺人鬼が現れたのだ。裕福な夫婦を狙って侵入した犯人は、壁に貼《は》りつけた主人の前で妻を散々ナイフでいたぶり凌辱《りょうじょく》した上、最後には主人ののどをかき切り、妻の死体を持ち去るという事件であった。それは前作『THE SURGEON』の犯人の手口に酷似していた。女性刑事リゾリは再び身震いした。あの男が復活したのか……。

彼女の文章はどんな英文なのか、物語の冒頭の一節を紹介して終わりとする。

Already the flies were swarming. Four hours on the hot pavement of South Boston had baked the pulverized flesh, releasing the chemical equivalent of a dinner bell, and the air was alive with buzzing flies.

2003. 2

人間の目くるめく欲望を抉《えぐ》る――Jackie Collins

さて、どん尻《じり》に控えしは……。ではないが、いよいよ女流作家シリーズの掉尾《とうび》を飾るのは、とっておきの美人作家J《ジャッキー》・コリンズ。彼女との出逢《であ》いは、一九九八年、ディズニーワールドを訪ね、オーランドから日本への帰り路《みち》にトランジットで立ち寄ったアトランタ空港に遡《さかのぼ》る。現代建築の粋を集めた空港内のモールの一角にあった書店に入ったとき、真っ先に飛び込んできたのがジャッキーの顔であった。『NEW ARRIVAL』のコーナーの書棚に何故《なぜ》か一冊だけハードカバーが裏向けになっていて、大写しの彼女の顔写真が睨《にら》むような感じでこちらを見ていたのだ。

ハリウッドの女優といった方がぴったりの華やかであでやかな美女の妖艶《ようえん》なブルー・グレイの瞳に引き込まれるように本を手に取り、表紙をひっくり返して見ると、タイトルには『L.A.CONNECTIONS』（邦題「LA闇《やみ》のコネクション」扶桑社ミステリー）とあった。さらによく目を凝らすと、そこには「POWER・OBSESSION・MUR-

DER・REVENGE」と象徴的な四つの言葉がサブ・タイトルとして並んでいて、一体この作家はどんな物語を書くのか、と冒頭の一節を読みはじめたのだが、アメリカのコミック誌に登場する現代風俗のトップを行くといった女性や男性たちの登場する物語の面白さに、またアメリカの現代社会の映し絵のようなお話に夢中になったのだった。

物語は一九九七年のロスアンゼルスのフェアファックスから始まる。深夜十二時近く、一台の光り輝くブルーのメルセデスがファーマーズマーケットの既に閉店しているブックストアの前に停車し、中から黒のサングラスに黒の革手袋、そして全身黒ずくめの制服姿の運転手が降り立ち、ぐるりと周囲を見渡した。すると、すぐそばに駐車してあったカマロから一人の美少女が、通話していた携帯電話の相手にそそくさと別れを告げながら、車から出て後手にドアをロックした。彼女は不気味な運転手に近づくや、〝ハーイ〟と声をかけ、〝私、キンバリーよ、あんたはミスターXの用でここへ来たんでしょう？〟と言葉を継いだ。運転手はかすかにうなずき、黙って後部ドアを開け、彼女をうながした。ドアを閉め車に乗り込んだ運転手は、ミスターXが目隠しをするようにと言っているので、座席にあるアイマスクをするように、と彼女に告げ、車を発進させた。

キンバリーとは彼女のコールガール名で、実際の名はメアリ、ハリウッドの名士たちのお相手をするようになってまだ十八ヶ月、あどけなさを十分に残す美少女であった。アイマスクをつけた彼女を乗せて走ること約二十分、車は減速し、門の開く音とともに広壮な敷地へと乗り入れ、やがて見事な建物の前にピタリと停まった。出ろ、という運転手の言葉に彼女はアイマスクを外し車の外へと出た。入口の扉を鍵《かぎ》で開けた運転手は彼女を真っ暗な玄関ホールへと押し込んだ。豪華なシャンデリアに感嘆する少女に、運転手はこれが今日の取り分だ、といって分厚い札束の入った封筒を渡した。無造作に封筒をショルダー・バッグに突っ込んだ彼女は、〝ミスターXはどこにいるの、ベッドルーム？〟と聞いた。〝いや、彼は外だ〟。運転手はリビングルームを通り抜け、彼女を中庭へと連れ出した。〝どこでもいいけど〟。サイズ36のCカップの胸を誇示しながらプールサイドに立った彼女に、運転手は〝ミスターXはお前が泳げるかどうか知りたいのさ〟と言った。真っ黒に塗られたプールの底を見つめながら、また、なぜこの場所がこんなに暗くしてあるのかを訝《いぶか》りながら、彼女は同情を求めるように、〝私、泳げないのよ〟と答えた。そのとたん、運転手は彼女をポンとプールに突き落とした。〝習うにせよ、先《ま》ずはじめることさ〟。落とされた場所はプールの端の一番深いところであった。必死にあがき、何度か浮上したものの、やがて力尽きて沈んでゆく少女を見ながら、ミスターXはひそかに暗闇《くらやみ》の中で大満足したのだった。

物語は、このミスターXを中心に、美人でセンス溢《あふ》れる雑誌記者のマジソン、高級コールガールのクリスティン、著名なクライアントたちを人形遣いのように自在に操るエージェントのフレディ、さらにはフリーランスのカメラマンのジェイク、そして魅力満点の黒人女性ニュースキャスターのナタリといった、それぞれが現代を象徴する個性的でチャーミングな登場人物たちが入り乱れて、野望と欲望とセックスが渦巻くハリウッド、ロスアンゼルスを舞台に殺人事件を追って、予断を許さぬ展開で巻末へと疾走する。まさに現代アメリカ社会の申し子のような風俗作家コリンズとの出逢いに狂喜したのだった。

その彼女の最新作は『L.A.CONNECTIONS』の続編とも言うべき物語の『DEADLY EMBRACE』。前編ではサポート的な役割で登場した美人雑誌記者マジソンと彼女の父親マイケルが今回はセンターステージに登場といった物語。マイケルはマフィアの親玉で、そのハンサムな風貌《ふうぼう》と相俟《あいま》って艶事《つやごと》には事欠かない。彼の愛人となっているのがかつてラス・ヴェガスのショーガールであったダニー。彼女との間には、現在ヴェガスのホテルとカジノの持ち主にまでなった新進気鋭の経営者である息子のヴィンセントと、ヨーロッパへとヒッピーの旅に出てはるか年上の男性との間に子供をみごもりトラブルの渦中にあるティーン・エイジャーの娘ソフィアの二人の子供がいた。マジソンにとっての異母兄妹だが、父親のマイケルはなんと目下、二人の殺人の容疑を受けて逃走中なのだ。しかも、殺されたのはマジソンの生みの母親ベスと彼女が母親であると信じていたステラであった。物語は、この殺人の真偽と、この事件に絡《から》む多額な金額の行方を巡って、登場人物たちがめまぐるしく交錯する中で激しい火花が散る。書評誌に“Soapy Sex-o-Rama”と書かれたこの物語。現代アメリカ社会を知る上では貴重な一冊といえよう。

彼女の文章の一節を紹介して終わりとする。

She was true peach, with soft-as-satin skin, natural honey blond shoulder-length hair, wide-apart pale blue eyes, real breasts, and extraordinarily long legs.

それではまた、いずれどこかで逢える機会を楽しみに。

2003. 3

本のある日々――あとがきにかえて

僕の人生、六十七年間を振り返ったとき、物心ついた頃から今日まで一日も欠かさなかったのは読書であることに気が付いた。読書と書くと何だか大袈裟《おおげさ》に聞こえてしまうが、とにかく小さかった頃の絵本を含め、必ず毎日本を手にしていた記憶がある。

僕の本好きがどこから来ているのかについてはI章にも記したが、小学校から国民学校に変った時代も、近所でも本好きの少年として通っていて、僅《わず》かな小遣いの大半を当時の貸本屋さんに使っていたことを憶《おぼ》えている。大日本講談全集に夢中になり、物語と登場人物の面白さの虜《とりこ》になった頃で、その後親戚《しんせき》の家で見つけた世界少年少女文学全集の面白さと相俟《あいま》って読書の素晴らしさを芯《しん》から知った時代であった。それ以来今日まで、本は何物にも替えがたい貴重な宝であり、本は僕にとって命に次いで大事なものだといっても言い過ぎではない。

今ではその大好きな本を好きなだけ自由に買えるようになったが、僕にも欲しい本を思うように買えない時代が長いことあった。もうずいぶんと昔のことだが、結婚したての頃にどうしても欲しい本をめぐって家内ともめたことがあった。

本はグレート・ブックという、今日の西欧文明を築いたと思われる五十人の哲学者、思想家、小説家を選び出し、彼らの全著作を載せた英語版の凄《すご》い全集で、価格はたしか二十八万円ぐらいだった。三十年以上前の二十八万円というのは僕にとって、いや僕たち夫婦にとって大変な金額で、なんども無理だから止《や》めようと諦《あきら》めてはみたものの、どうしても欲しい。

ギリシャの哲学者からスピノザ、カントやヘーゲル、さらにはゲーテ、シェークスピアは勿論《もちろん》のことマルクスに至るまで、五十人の全著作が載っているのだ。そして、この先がこの本の最高の売りなのだが、人間社会のあらゆる基礎的なテーマを項目立てて、これら西欧文明を築いた先達たちの著作のどの部分がその項目に該当するのかを分析しているのである。まさにその名のとおりグレート・ブックであったから、考えれば考えるほど欲しいという気持ちが湧《わ》き上がってきた。

そして月賦《げっぷ》でも販売していることを知った瞬間、ついにこらえ切れずに買うことを決心してしまったのだ。しかし、どーんと送られてきた大量の厚手の英語本に家内が眼をむいた。「高いから止めるといっていたのはこの本じゃなかったの？」「一体幾らしたの？」家内の立て続けの質問に僕はたじろいだが、仕方なく値段を言ったところ、家内は絶句してしまった。

結婚して三年、まだ売れっ子とはいえず、東宝の専属俳優を辞めてフリーになったばかりの僕は、漸《ようや》く勃興《ぼっこう》してきたテレビ界からの単発ドラマの出演依頼を受けてなんとか生活を支えていたときだった。この本の金額はほぼ三ヶ月分のわが家の家計費に相当するもので、月賦だからと説明しても彼女の顔は曇ったままであった。

「事前に相談もしてくれないで」とさらに言葉を継ごうとする家内に向って、僕は思わず口を滑らした。「こういう本は女房を質に入れても買うべき本なのだ」と。僕のこの言葉を聞いた瞬間の家内の表情は今でも脳裏にこびりついている。

「ああ、そうなの」という何とも複雑な乾いた表情で、これは「やばい!!」と思った僕は、「今のはたとえばの冗談」と慌《あわ》てて取り繕ったのだが、その言葉は完全に無視され、彼女は拍子抜けするくらい静かに部屋を出ていった。いくら冗談と訂正しても、僕の心の底にあった、本が大事だという本音が出てしまったことは歴然たる事実で、「女房を質に」という譬《たと》えは最悪の冗談になってしまったのだが、もう後の祭りであった。

僕の本好きを知っていた家内は、それまで少々の無理は黙って見過してくれていたのだが、その後かなり経《た》ってからそのときの彼女の感想を聞いた。一言の相談もなく高額の本を買ってしまった僕に、何かとても冷たいものを感じたという。とにかくこの事件のあとしばらくは、なんとなく夫婦の間がぎくしゃくしていた。このとき僕が切に願ったのは、自分が買いたいと思う本を誰に気兼ねすることなく買える、経済的余裕のある生活を確立したいということであった。

一般的に考えてみれば、僕の本への愛着は並外れているといえるのだろう。世間には一度読んでしまった本はもうどうでもよくて、他人に只《ただ》であげるか、棄《す》ててしまうという人がいるようだけれど、僕には到底理解できない。生来、あまり物欲がなくて、着る物にしろ、身につけるものにしろ、とにかく取り敢《あ》えずあればいいという方の僕なのだが、こと本の話となると自分でもおかしいと思うぐらいの執着心が湧く。読むことも大好きだが、本そのものが大好きなのだ。だから本を買ったときの喜びは格別なものがあり、特に欲しかった本を手に入れたときなどは何度も手に取っては、矯《た》めつ眇《すが》めつ手触りを愉《たの》しむことになる。

僕にとって最高の幸せは、書斎で本棚にぎっしりと詰った本を眺めることなのだ。周囲を見回すと、書架にはいろいろな想《おも》い出の詰った本が背表紙を光らせて並んでいる。気の向くままに一冊ずつ取り出しては、表紙をやさしく撫《な》で、裏表紙を確かめる。そしておもむろに頁《ページ》をめくってみる。すると、その本にまつわる想い出がどっと甦《よみがえ》ってくる。だから本を棄てたり売ってしまったりすることなど、僕にはとうてい考えられないことなのだ。

その僕が、実はたった一度だけ大きな過《あやま》ちを犯したことがあった。というのは、現在のわが家へ引越したとき、家内の要請に負けて岩波文庫の大部分とその他の単行本の何冊かを棄ててしまったことがあるのだ。

家内は、とても思い切りがよくて、要らなくなったものはさっさと棄てることのできる性分である。一方僕はといえば、本は勿論のこと、他の物もなんとなく思い切って棄てられないタイプの人間なのだ。そこで、この点で、つまり棄てる棄てないで、わが家ではいつも軽い揉《も》め事になる。

話は少々横道に外れるが、外国旅行などに出かけても、破れた靴下も棄てられずに持って帰ってくる僕に家内はいつもあきれ顔。一体どうしてこんな靴下を鞄《かばん》の中に入れて帰ってくるのか信じられないと嘆く。僕が、せっかく日本から連れて行った物を、破れたからといって外国に置き去りにするのは忍びないからだと説明すると、家内は、もうそれはビョーキねと宇宙人を見るような顔つきに変わるのだ。

だから本に関しては、それこそこれまで何百回となく、棄てる棄てないの応酬が繰り返されてきた。読まなくなった本や要らなくなった本が必ずあるはずだから、整理のためにも棄てたらという家内の言葉に、僕はいつも言を左右にして、どんな本にも愛着があって棄てられないのだと言い続けてきた。しかし、つい家内の言葉に負けて、あの時は棄ててしまったのだ。いや、家内だけのせいにしてはいけない。僕がこれは棄てるしかないかと決心したのだ。その理由は、中学・高校時代にせっせと集めた古い岩波文庫本やその他の単行本の、あまりにもひどい傷《いた》みようにあった。

今の人にはまったく信じられないことかもしれないが、終戦直後の物の全然ない時代に出版された本は紙質が極端に悪かった。ガラス戸のないオープンな本棚の上段に、僕の青春のシンボルといった思いでずらりと並べられていた岩波文庫は、太陽光などのせいで灼《や》けて真っ黒になり、それこそ活字が読めないほどに傷んでしまっていた。

引越しとあって久し振りに本棚から岩波文庫を取り出してみると、どれもこれも茶色を通り越して、物凄い焦茶色《こげちゃいろ》になってしまっていた。その姿を見たときのショックは、あれから二十二年経った今でも鮮明に甦る。

そして、呆然《ぼうぜん》と焦茶本の岩波文庫を手に立ちすくむ僕の耳元で、家内が囁《ささや》いたのだ。

「これじゃ読めないでしょ。思い切って棄てなさいよ」と。

翌日、僕はまさに断腸の思いで岩波文庫の一つ星、二つ星、三つ星、四つ星のほとんどの本を棄てた。また単行本も、文庫と同じように灼けてしまったうえに、紙質の悪さから頁をめくるとボロボロになってしまうものを選り分けて棄てた。その中には大事なS《シュテファン》・ツヴァイクの『マリー・アントワネット』や『ジョゼフ・フーシェ』も含まれていた。

しかし本を棄ててしまったことへの後悔は、ゴミの回収車がそれらを運び去った直後に強力なものとなって襲ってきた。棄ててしまってから気がついたのは、それらは二度と取り返すことのできない本だったということである。棄てる決心をしたときは、新しい本を買い替えれば済むことだと自分に言いきかせたのだが、実際に棄ててみるとそう簡単ではないと分ったのだ。

たとえ焦茶色に変色して活字が読みにくかろうが、頁が多少バラバラになっていようが、それらの本に替るものはないのだということを痛切に思い知ったのだ。長い間いつも僕の視線を満足させてくれていた岩波文庫の一群と、思い出の単行本の数十冊が消えてしまった新しい家の書架は、ポッカリと大きな穴が空いたようであった。それは僕の心そのものでもあった。この痛みは日を追うにつれ、年数が経過するにつれ大きくなった。さらに痛恨事となったのは、いつでも買い替えられると思っていた想い出深い岩波文庫がどんどん絶版になり、そのほとんどが買い替え不能になってしまったことであった。

それでも、もっと早く、棄てた後すぐに揃《そろ》え直していれば、幾つかは新刊で補充できたのに、棄ててしまったことを後悔するばかりで、忙しさに紛れてうかつに年を過しているうちに、いつの間にか書店から僕にとって珠玉ともいえる文庫本が消えてしまっていたのだった。「臍《ほぞ》を噬《か》む」とはこのことかと、今も折に触れ思い出しては大きなため息とともに棄てた本への思慕の念に駆られている。

かくして本は二度と棄てないと決めた日から二十二年。本は着実に増え続けた。そして、九年前から関わることになった本の番組、NHK・BSⅡの「週刊ブックレビュー」によって一挙にそのスピードは加速度を増していった。

引越しの際に棄ててしまった後の、僕のあまりの嘆き節の激しさに、「亭主はこれほどまでに本が好きだったのか」と改めて認識し、憐憫《れんびん》の情を感じたせいか、家内は長いこと鳴りを潜めていたが、猛烈な勢いで増え続ける本の恐怖に、最近では「このままではいずれ床が落ちるから、棄てろとはいわないけれど、何とか対策を講じて頂戴《ちょうだい》」と、形を変えてしきりに警告を発するようになった。

聞くところによると、井上ひさしさんの家では、実際に本の重さで床が抜けてしまったそうだが、井上さんの十三万冊以上という蔵書には到底及ばぬ、その十分の一以下の蔵書数とはいえ、狭いわが家の一階と二階の書庫には収まりきらず、床まで山積み状態となってしまった。そのうち家内の警告どおり、次第にわが家は書庫側が本の重さで沈みはじめ、ベランダへ通じるドアの引き戸がゆがんで、鍵《かぎ》をかけなければきちんと閉まらないという緊急事態に陥ってしまった。

それにしても本は重いなぁとつくづく思う。二十年ほど前から、英語のハードカバーを読むのが、〝大〟のつく愉しみとなった僕は、アメリカやヨーロッパへ旅行する際には、このときとばかりに本を買い漁《あさ》り（といってもまだ自制心が働いて目茶買いとまではいかないが）、二十冊くらいの小説をトランクに入れて持ち帰る。しかし、その重さといったら……。

ホテルで荷物を取りに来てくれるボーイさんが、持ち上げようとした瞬間に、予想に反するトランクの抵抗に驚いて慌てて持ち直し、気合を入れてやっと運び出すなんてことはしょっちゅうだ。その度に僕が「ブックス」と声をかけると、ボーイさんは、あっそれでかと納得顔になる。

本の重さは空港でも大問題となった。超過料金を請求されそうになるというトラブルまで起こってしまい、ハラハラドキドキもののスリルを経験してからは、トランクにはせいぜい十冊程度を収め、残りは機内持込み手荷物として自分で持つことにした。ところが、これがもう死ぬほど重い。泣きたくなることもしばしばである。しかし、好きな本のためならこれくらいのことは我慢、我慢と、外国へ出るたびに今でも続けている。この頃は少し智恵《ちえ》もついて、スチュワーデスの皆さんが判で押したように引いている例のヤツを使うようになったので、ちょっとは楽になったが、段差のあるところでは相変わらず手で持ち上げなくてはならず、今もって大労働を強いられている。

数年前の話だが、ロンドンから乗ったBA便が空港管制官の指名ストに遭って滑走路上で立ち往生してしまい、ようやく一時間半遅れでオランダのスキポール空港に到着したことがあった。乗り継ぎ便の東京行きオランダ航空の出発時間はギリギリに迫っており、BAの地上係員の「走れば間に合う」という指示に従って、必死になって走った。また運の悪いことに、BA航空とオランダ航空極東便の発着場所は、広大な空港施設の両端にあった。その遠いことといったら、僕の感触では確実に一〇〇〇メートルはあった。

懸命に走りに走り、息も絶え絶えになってようやくゲートに辿《たど》り着いたのだが、「ああ無情!!レ・ミゼラブル」。既に飛行機はゲートから離れ出していた。係員がオオ!!と両手を広げる前で、僕は床に仰向《あおむ》けに倒れこんでいた。そして倒れると同時に、大声で悲鳴をあげていた。東京便に乗り遅れたという無念さもさることながら、ずっと胸に抱えて走ってきた物凄い重さのボストンバッグが、倒れた瞬間に僕の顔面を襲ったのだ。僕は転がったまま、しばし起き上がることができなかった。

自分では全力疾走したつもりが全然スピードが出ていなかったのも、途中で何度もへたって止ってしまったのも、全部ボストンバッグ一杯に詰め込んでいた十冊のハードカバーのせいなのである。一冊がだいたい四〇〇頁のハードカバーは重いのだ。

ところで、僕が最初に手にした原書は、D《ディック》・フランシスの『TWICE SHY』（邦題「配当」ハヤカワ・ミステリ文庫）だった。記念すべき一冊ということで、今でも本棚の一番目立つところに置いてある。この本を皮切りとして、好きな外国作家の作品はすべて、新刊のハードカバーで読むことを心掛けている。

「原書で読んでいる」などというと面映《おもはゆ》いが、僕の英語力がどれほどのものかとなると、これはもう甚だ心許《こころもと》なくて、もし正規の試験を受けたりしたら、恐らくひどい成績になると思う。しかし、原書を読むのにはさほど支障がなく、面白く読んでいるのだから、これはこれでいいと思っている。

外国語は、格好はよくなくても最終的に通じ合えればそれでいいのだ、というのが僕の基本的姿勢である。振り返ってみれば、これまで根を詰めて勉強したという意識は僕にはまったくなくて、何冊も何冊も原書を読んでいるうちに、いつの間にか次第に直感のようなものが研ぎ澄まされてきたというのが実感だ。

黙読しているときに、さっと頭に浮かぶ解釈とフィーリングには、えもいわれぬ味わいがあり、しばしその感覚に恍惚《こうこつ》となってしまう。この至福を誰かと共有したいと懸命に日本語にしてみるのだが、想像力と才能に欠けているせいか、訳してみたとたんに、原文の光彩が消えてしまうような気がする。これはいったいどうしたわけなのだろう。これまで何度かそういう経験をしてからは、ひとりで密《ひそ》かにこの感覚を愉しむことになってしまっているのだが、本当にそれはもうぞくぞくするような愉しさなのだ。

作家はそれぞれ独特の文体を持っていて、たとえば僕の大好きなD・フランシスは、キビキビとした簡潔で要を得た文体で実に気持ちがいい。

話は変わるが、原文を読んでいて気づかされるのは、英語という言語が膨大な量のボキャブラリーと多様な語法を持っていることである。時として、次から次へと見知らぬ単語の羅列に、本当にこれが英語の文章なのかと、唖然《あぜん》とすることもある。しかもそんなことが起こるのは、決まって小説のとっかかり、冒頭部分なのだ。面白いというべきか、困ったというべきか……。

作家はだれでも物語の出だしに凝るものだと思う。主人公が登場する前に、周囲の状況やら物語の舞台となる場所を説明したりする。そこでは文章に工夫を凝らし、難解な言葉や意味深な修飾語を重ねたりすることもあるだろう。その結果僕は、原書を読みはじめた最初の頃、冒頭部分で撃退されてしまったことが何度もあった。そこを我慢して少々分らなくても辛抱強く読み進んでいくと、突然に光が差してくるように理解できるようになる。このあたりが英語の表現力の類《たぐい》まれな豊かさと多様性を感じさせるところなのだが、それが世界共通語として、もてはやされる原因でもあるのだろうと思う。

新刊のハードカバーとの出会いは、このように毎度毎度新鮮な驚きと喜びに満ちていて、その幸せは筆舌に尽くしがたいが、書評番組に出演するようになって、まったくの趣味であった読書が仕事となってから、僕の生活は一変してしまった。

僕がNHKのプロデューサーから、放送開始から二年になる「週刊ブックレビュー」の司会を三年目から担当しないかという誘いを受けたのは一九九二年の正月のことだった。大好きな本の番組の司会ができると知ったとき、僕は即座にOKしていた。「週刊ブックレビュー」は、僕にとって理想の番組の形であったし、これまでなぜ本を扱った番組があまりなくて、あっても長続きできないのかという疑問が、絶えず心のなかにあったのだ。

司会はお引き受けしたが、一回の放送のために読まなければならない本は、少ないときで五冊、特集コーナーで作家を招くときもあるので、多いときには八冊くらいになる。ということで結局隔週で番組を受け持つことになった。一ヶ月に二回ということになっても、一ヶ月に十冊から十五冊を仕事のために読まなければならない生活がこのときから始まった。そのままの状態で八年以上過してきたのである。

最近僕は人前で、「読書のセリフ化」ということをよく口にする。以前盛んに連続ドラマに出演していたころ、「よくあれだけのセリフを覚えられますね」と質問されることがよくあった。その都度、「ええ、あれは仕事ですから。それに、覚えてちゃんとセリフを言わなければ、仕事が終わりませんからね」と答えていた。

驚かれるのはありがたいが、長年俳優をやっていると、一度か二度台本に目を通せばセリフが頭に入ってしまうようになる。職業となるとそんなものではないかと思うし、実はこれはどんな仕事についてもいえることなのではないだろうか。人間、土壇《どたん》場《ば》に追い詰められれば何でも出来てしまうというが、セリフ覚えも、言うなれば「土壇場の技」というべきものだし、またそれは瞬間湯沸し器のようなものでもあって、本番でしゃべった後はきれいさっぱりと忘れてしまうのだ。しかしこれは見方を変えれば、覚えたものは必要がなくなったら直《す》ぐに忘れる、そして忘れるからこそ次の新しいセリフが覚えられるということになる。

「読書のセリフ化」と僕がいったのは、実はそれに類することなのだ。仕事で次から次へと読む本は、いわば必要に迫られて読むものだから、必要がなくなれば、あっという間にその内容のディテールは忘れてしまう。強く印象に残ったことだけが心に積もっていく。

司会を始めてから四年目くらいまでは、それこそ元気一杯で、大好きなハードカバーを読む時間は減ってしまったものの、それまでは絶対に読めなかった本や、読もうとしなかった本を読めるのが収穫だとばかりに濃密な読書生活を愉《たの》しんでいたのだが、一ヶ月に十数冊という読書量はボディブローのように、じわりじわりと効いてくることになった。五年目に入るころから、目に見えて読書力が落ちてきたのである。六十三歳を過ぎてドライバー・ショットの飛距離が落ちたのと時を同じくして……。

「寄る年波」とはこのことかと、一時は老化を嘆く気持ちになったが、考えてみれば原因は他にもあった。いつの間にか、書評やエッセイの執筆の仕事が増えていたのである。愉しみであった本も、書評となれば単純に愉しんでいるわけにもいかない。原稿執筆のために難行苦行を強いられることにもなる。書評を依頼されることは読書好きの僕にとっては実に名誉なことで、その嬉《うれ》しさがまた新たな読書への意欲へと繋《つな》がるのだが、機会を重ねるごとに、本の面白さを新しい読者のために引き出すことの難しさを痛切に感じるようになった。

そもそも僕に何か書くことのきっかけを作ってくれたのは、ゴルフ・エッセイストの今は亡《な》き夏坂健さんであった。出会いは十数年前に遡《さかのぼ》るが、たまさかNHKのゴルフ・レッスン番組に出演したとき、先生役の杉原輝男《てるお》さんのサポート役として夏坂さんがいらしたのだ。収録後、数ホール愉しもうということになって、ティーオフしたのである。

このとき夏坂さんは心臓病の大手術後のリハビリ中で、クラブを握ることを禁じられていたため、フェアウェイをひたすら歩くという状態だった。一緒に歩きながら披露されるゴルフへの熱い思いと該博な知識、ショットの合間に飛び出す類まれなウイットに魅せられ、すっかり夏坂さんに傾倒してしまったのだった。全盛期のハンディは0《ゼロ》であったと伺い、病み上がりとはいえ、そのマイク・タイソン張りの逆三角形のゴリラ的体形（失礼!!）には眼を見張るものがあり、復活したらというお誘いに、ぜひお願いしますとお答えしたのだった。

再会の機会が訪れたのはその一年半後だった。夏坂さんが執筆している「ゴルフ・

コース訪問記」に僕も同行することになったのだ。一緒にラウンドした愉しさと驚きは爆発的なものだった。まさに理想的ともいえる華麗なスウィング、巧みな技、そしてプレーの合間に語られる古今東西のゴルフにまつわるエピソード。ゴルフはこれほど愉しいものであったのかと、改めて夏坂さんに出会えた幸運に心から感謝したのだった。それまでも一時はプロになろうかと考えたくらいにプレーにのめりこんだ時期もあったりしたのだが、そこには知的な愉しみというものはなかった。夏坂さんの話を聞き、エッセイを読むようになって、ゴルフの底知れぬ競技としての奥の深さを知ったのだ。まさに、ゴルフに対して眼からウロコが落ちる思いであった。

その夏坂さんが、僕にしきりに文章を書くことを勧めてくれたのだ。夏坂さんの口癖は、「僕はお墓はいらない。なぜって、僕の書いたものが、僕の本が素晴らしい記念碑、つまりお墓だから」。そしてこう続けた。「だから、あなたも絶対に本を残すべきだ。文章を書きなさい。あなたなら書けるから……」

そんなある日、夏坂さんがゴルフ仲間として呼んで下さったのが、新潮社の寺島哲《てつ》也《や》さんと木村達哉《たつや》さんだった。そして、お二人の強い勧めで新潮社のPR誌「波」に、夏坂さんの『ゴルファーを笑え!』の書評を書くことになったのである。僕の人生が大きく変った。それからしばらくしてこれまた「波」に、『法律事務所』で爆発的にブレイクしたリーガル・スリラーの雄、J《ジョン》・グリシャムの『ペリカン文書』の書評を書いたのである。

今考えると、いろいろな意味でこの書評が僕の人生のエポック・メーキング的なものとなった。これが担当者の眼に留まって、NHK・BSⅡの「週刊ブックレビュー」の司会をすることになったからである。その後書評やエッセイといった依頼が少しずつ飛び込んでくるようになり、僕の「物書き」として仕事のバックボーンともなっている「波」のコラム「エンターテインメントnow」は嬉しいことに約八年も連載が続いている。

今回この本に収録したのは、トーハンのPR誌「ラック・エース」に一九九六年四月号から一年間連載した「至福のとき」と、九七年四月号から九九年十二月号まで連載した「本棚のすき間から世界を覗《のぞ》く」、そして「エンターテインメントnow」(一九九三年十一月号から二〇〇一年四月号まで)に加筆訂正したもので、僕にとってははじめての単行本である。

ここに謹《つつし》んで、今は亡き夏坂健さんに心から感謝の念を捧《ささ》げるとともに、機会を与えて下さり折に触れて貴重なサジェッションをいただいた、新潮社、現「フォーサイト」編集長の寺島哲也さんとスタートからずっと「エンターテインメントnow」をサポートして下さった木村達哉さん、そして本作りの段階で協力して下さった辛島美奈《からしまみな》さんにも心から御礼を申し上げる。そして何はともあれ、世に出るはじめての本を手にとって下さったすべての方に深く御礼を申し上げたい。有難うございました。

児玉　清

二〇〇一年九月

文庫化に寄せて

生れてはじめての、僕にとって記念すべき本『寝ても覚めても本の虫』が出版されたのは二〇〇一年の十月、まさに二十一世紀初頭という実に区切りのいい年であったが、以来、五年が経過した二〇〇六年十月に文庫化されるという知らせを聞いたときの喜びは、はじめての出版にまさる喜びがあった。

僕の人生にとってはじめての文庫本、そう思った瞬間、僕の頭の中に真っ先にフラッシュした映像は、中学二年のころのこと、書店で欲しくてたまらなかった文庫本の並んだ書架の前に立って本を眺めている自分の姿であった。「わが青春の岩波文庫」でも触れているのだが、小説への、フィクションへのあくなき憧憬《しょうけい》を抱くきっかけとなったのが、岩波や新潮といった文庫本だったのだ。猛烈に本を読みたいという渇望《かつぼう》、恰《あたか》もS《シュテファン》・ツヴァイクの作品のタイトルにあるアモク、つまり熱病のように本を読みたい熱き想《おも》いを癒《いや》してくれたのが、廉価《れんか》な文庫本だった。親からの小遣いをやりくりして、食べたい盛りだったのに我慢して文庫本を、それも一番安い、岩波ならば一つ星のものを次から次へと読み漁《あさ》りはじめたのが十四、五歳のころからだったのだ。

日本文学、イギリス文学、フランス文学にドイツ文学と手当り次第といった感じで夢中になり、いつもポケットには文庫本を入れていたので、友だちに「文庫本男」なんて呼ばれてからかわれたことも懐《なつか》しい。いうなれば文庫本は「僕の青春のシンボル」だったのだ。爾来《じらい》約六十年、文庫本は絶えず僕の人生のかたわらにあった。それだけに僕の本が文庫本になると聞いた瞬間に若き日の文庫本にまつわるいろいろな想いがどっと心に溢《あふ》れたのだ。

何度も何度も読んで、ぼろぼろとまではいかないものの、めくれかえってぐにゃぐにゃになってしまったR《レイモン》・ラディゲの『肉体の悪魔』。十七歳という作者の年齢に驚き、その早熟振り、いや、なまじの大人など足下にも及ばない成熟した大人性に、同じ少年なのに月とスッポン以上の開きがあると、到底叶《かな》わぬ天才のもの凄《すご》さに慨嘆し感嘆し感動し、人妻マルトに心底心を奪われてしまったこと。三回も買ったのに、なぜかコーヒー代が足りないときにぶつかって結局、その足し分のため古本屋さんに売るという不思議な巡り合わせとなったH《ヘルマン》・ヘッセの『車輪の下』。何度読み返しても涙々また涙の伊藤左千夫の『野菊の墓』。人に貸すと返ってこなくて、何度も買ったツヴァイクの『哀愁のモンテカルロ』。この本を読んで暫《しば》しの間、人間不信、女性不信に陥った、いや恋愛不信といった方が正しいか、B《バンジャマン》・コンスタンの『アドルフ』。ひょんなことから俳優になって四年ぐらいたったときのこと、まだまだ貧乏暮しもいいとこなのに、なけなしの金をはたいてポンコツ車を買うつもりが、先方の口舌にのせられてそれを頭金にして月賦《げっぷ》で国産の新車を買わされる破目となり、その新車を駆ってドライブに出てはガス欠となり、その度に僅《わず》かなリットルのガソリン代のために古書店に消えた、ゲーテの『伊太利《イタリア》紀行』(上・中・下)などなどそれぞれの文庫本への想い出は数限りなくある。

今回の文庫化に当ってフォローをしてくれた人が新潮社文庫編集部の西村博一氏。彼の提案で、『寝ても覚めても本の虫』を二〇〇一年に出版したあとに少々書き溜《た》めていたものとNHK出版の「英会話レッツスピーク」誌に連載した英米女流作家編の中からピック・アップした人々を新たに文庫本に収録した。本書は追加のものを含めすべて原書で読んだものであることから、執筆当時は未訳であるので原書のタイトルのままで書いているのを、その後翻訳されているかを一つ一つ調べ日本語版のタイトルを書き加えるという根のいる作業をしてくださった新潮社校閲部の菅野良志子さんにも感謝の念を捧《ささ》げたい。

単行本の出版から五年以上の歳月が過ぎた。その間に僕の大好きな作家たちにも変化があった。あれだけ熱い本を次から次へと産み出してくれたリーガル・スリラーの雄J《ジョン》・グリシャムも自叙伝ともいえる『ペインテッド・ハウス』を境にトーン・ダウンの感じで、早くも老いを思わせたが、新作『THE INNOCENT MAN』では実際にあったある大リーガー選手の事件を題材にしたノンフィクション物語で新たな方向を見出《みいだ》した想いで刮目《かつもく》させられたのが嬉《うれ》しい。

一九二〇年生れで同じ歳《とし》だったA《アーサー》・ヘイリーとD《ディック》・フランシス。ヘイリーは八十四歳で亡《な》くなり、フランシスはこの六年余りの沈黙を破って八十六歳にして新作『UNDER ORDERS』（邦題「再起」早川書房）を出版した。バハマのニュー・プロビデンス島の素敵な別荘に住むヘイリー氏を訪ねたときのことが今でも鮮やかに記憶に甦《よみがえ》る。朝の恒例の散歩の最中に出逢《であ》い、共に歩きながら話をした元気な姿、奥様と一緒にプライベート・ボートを見事に操船して運河を案内してくれたことも忘れられない想い出だ。かたや、愛妻メアリさんの死後新作を出さなかったフランシスは、息子のフェリックスに励まされ、このまま新作を出版しなければ（書かなければ）、とかく噂《うわさ》が流れていた、奥さんのメアリさんが本当は本を書いているとの憶測が真実になってしまう、と新作を発表したという。もう新作は出ないものとすっかり諦《あきら》めていただけに僕が驚喜したことはいうまでもない。隻腕《せきわん》の元騎手シッド・ハレーが四度目の登場となる新作は、主人公を含め全体に若返った感さえあり、ラブ・シーンもあったりで、フランシス健在に歓喜し復活に万歳した一冊となった。

大好きなN《ネルソン》・デミルもこのところしっかりと新作を出版してくれていて、実際の民間航空機事故を題材に、テロか事故か、それとも天災か、いや国家の謀略か、『プラムアイランド』以来お馴染《なじ》みのヒーロー、ジョン・コリーが大活躍する『ナイトフォール』に次いでの新作『WILD FIRE』も彼の活躍振りが楽しく、アメリカという国の巨大な暗部がデミルの巧みなストーリー・テリングで焙《あぶ》り出される思いで、単なるサスペンスを超えた問題作となっていて、今後の新作が益々《ますます》待たれて楽しみだ。奇想天外でありながらリアリティ溢れる奇抜な作家C《カール》・ハイアセンの新作『NATURE GIRL』も堪能《たんのう》した一冊、相変らずの舌なめずりするような面白さに大拍手、今なお絶好調なのに大感謝なのだ。冷戦終了後、新たなる領域へと踏みこんで見事に開拓したJ《ジョン》・ル・カレの久し振りの有難い新刊は『THE MISSION SONG』。

まだまだ愛する作家たちが健在であることに新作が出るたびにホッとし感謝する日々が続いている今日此頃《このごろ》なのだ。そして、ひたすら、どうぞいつまでも老いを乗り越えて本を書き続けて欲しいと日々祈る毎日なのだ。

そんなこんな僕の本に寄せる熱き片想いを本書を通していささかでも感じとっていただければ、僕にとってこれにすぐる喜びはありません。お買上げお読み頂き感謝の気持で一杯です。有難うございました。

二〇〇六年師走《しわす》

児玉　清

この作品は平成十三年十月新潮社より刊行された。
文庫化にあたり第Ⅳ章を加え、改訂を行なった。

T・ハリス
高見浩訳
羊たちの沈黙（上・下）
FBI訓練生クラリスは、連続女性誘拐殺人犯を特定すべく稀代の連続殺人犯レクター博士に助言を請う。歴史に輝く〝悪の金字塔〟。

T・ハリス
高見浩訳
ハンニバル（上・下）
怪物は「沈黙」を破る……。血みどろの逃亡劇から7年。FBI特別捜査官となったクラリスとレクター博士の運命が凄絶に交錯する！

T・R・スミス
田口俊樹訳
チャイルド44（上・下）
CWA賞最優秀スリラー賞受賞
連続殺人の存在を認めない国家。ゆえに自由に凶行を重ねる犯人。それに独り立ち向かう男――。世界を震撼させた戦慄のデビュー作。

T・R・スミス
田口俊樹訳
グラーグ57（上・下）
フルシチョフのスターリン批判がもたらした善悪の逆転と苛烈な復讐。レオは家族を守るべく奮闘する。『チャイルド44』怒濤の続編。

B・シュリンク
松永美穂訳
朗読者
毎日出版文化賞特別賞受賞
15歳の僕と36歳のハンナ。人知れず始まった愛には、終わったはずの戦争が影を落していた。世界中を感動させた大ベストセラー。

I・マキューアン
小山太一訳
贖罪（上・下）
全米批評家協会賞・W・H・スミス賞受賞
少女の目撃した事件が恋人たちを引き裂いた。そして、60年後に明かされる茫然の真実――。世界文学の新たな古典となった、傑作長篇。

P・オースター
柴田元幸訳

ムーン・パレス

日本翻訳大賞受賞

世界との絆を失った僕は、人生から転落しはじめた……。奇想天外な物語が躍動し、月のイメージが深い余韻を残す絶品の青春小説。

P・オースター
柴田元幸訳

トゥルー・ストーリーズ

ちょっとした偶然、忘れがちな瞬間を掬いとり、やがて驚きが感動へと変わる名作「赤いノートブック」ほか収録の傑作エッセイ集。

P・オースター編
柴田元幸他訳

ナショナル・ストーリー・プロジェクト（I・II）

全米から募り、精選した「普通」の人々のちょっと不思議で胸を打つ実話180篇。『トゥルー・ストーリーズ』と対をなすアメリカの声。

J・アーチャー
永井　淳　訳

百万ドルをとり返せ！

株式詐欺にあって無一文になった四人の男たちが、オクスフォード大学の天才的数学教授を中心に、頭脳の限りを尽す絶妙の奪回作戦。

J・アーチャー
永井　淳　訳

ケインとアベル（上・下）

私生児のホテル王と名門出の大銀行家。典型的なふたりのアメリカ人の、皮肉な出会いと成功とを通して描く〈小説アメリカ現代史〉。

J・アーチャー
永井　淳　訳

ゴッホは欺く（上・下）

9・11テロ前夜、英貴族の女主人が襲われ、命と左耳を奪われた。家宝のゴッホ自画像争奪戦が始まる。印象派蒐集家の著者の会心作。

新潮文庫最新刊

黒川博行著
螻蛄
—シリーズ疫病神—
最凶「疫病神」コンビが東京進出！　巨大宗派の秘宝に群がる腐敗刑事、新宿極道、怪しい画廊の美女。金満坊主から金を分捕るのは。

春日武彦著
緘黙
—五百頭病院特命ファイル—
十五年間、無言を貫き続ける男——その謎に三人の個性派医師が挑む。ベテラン精神科医が放つ、ネオ医学エンターテインメント！

香月日輪著
下町不思議町物語
小六の転校生、直之の支えは「師匠」と怪しい仲間たち。妖怪物語の名手が描く、少年と家族の再生を助ける不思議な町の物語。

富安陽子著
シノダ！　チビ竜と魔法の実
パパは人間でママはキツネ。そんな信田家にやって来たチビ竜がもたらす騒動とは。不思議とユーモア溢れるシノダ！シリーズ第一弾。

今江祥智編
それはまだヒミツ
—少年少女の物語—
いやなことも、楽しいことも、まとめてひとつ——。苛立ちや葛藤、そして歓びに満ちた若者の心をリアルに描く、傑作アンソロジー。

五味太郎著
ときどきの少年
路傍の石文学賞受賞
少年は見ることだけが仕事です——。世界中で愛される絵本作家が描く、少年時代の謎めくエピソードや懐かしい風景。傑作エッセイ。

寝《ね》ても覚《さ》めても本《ほん》の虫《むし》

新潮文庫　こ－38－1

平成十九年二月一日発行
平成二十四年二月十五日七刷

著者　児《こ》玉《だま》清《きよし》
発行者　佐藤隆信
発行所　株式会社　新潮社

郵便番号　一六二―八七一一
東京都新宿区矢来町七一
電話　編集部(〇三)三二六六―五四四〇
　　　読者係(〇三)三二六六―五一一一
http://www.shinchosha.co.jp

価格はカバーに表示してあります。
乱丁・落丁本は、ご面倒ですが小社読者係宛ご送付ください。送料小社負担にてお取替えいたします。

印刷・大日本印刷株式会社　製本・憲専堂製本株式会社

ISBN978-4-10-130651-3　C0195